Prépas ECG-ECT

2021-2022

LES SECRETS POUR INTÉGRER HEC

Comment réussir votre prépa et entrer dans l'école de vos rêves

Olivier SARFATI

DUNOD

Création maquette : La Femme Assise
Maquette intérieure : PCA
Illustration de couverture : © Adobe Stock

Armand Colin est une marque de
Dunod Éditeur, 11 rue Paul Bert, 92240 Malakoff
ISBN 978-2-10-082390-1

Sommaire

PARTIE 3

Les conseils matière par matière

MON *histoire*

« Réussir, c'est aller d'échec en échec sans jamais perdre son enthousiasme »

Winston Churchill

Rassurez-vous, cette entrée en matière sera brève ! Il aurait pu ne pas figurer dans cet ouvrage mais il est le point de départ de cette envie de transmettre qui brûle en moi depuis plus de 25 ans et qui m'a conduit à être aujourd'hui à la fois un enseignant et un directeur de prépa épanoui. Parler de mon histoire est alors apparu comme une évidence, un geste de transparence vis-à-vis de l'étudiant qui s'apprête à découvrir les méthodes qui m'ont fait passer de l'ignorance à l'excellence académique. Aussi invraisemblable que cela puisse paraître, le récit qui suit est authentique. Soyez les bienvenus dans mon passé.

L'ANNÉE
de Terminale

«*Monsieur Sarfati, vraiment ne faites pas une prépa HEC, vous n'avez pas le niveau en maths*» lança Mme Pagayo[1] en pleine réunion parents-profs devant ma mère, atterrée. Mme Pagayo sait de quoi elle parle : elle est prof de maths et prof principale de ma classe. Et dans le fond, son discours se comprend : après un début à 11 de moyenne au premier trimestre, mon second trimestre affiche un minable 6/20 de moyenne en maths. A un mois de l'examen final, je réalise la prouesse de décrocher la plus mauvaise note de tout le lycée au bac blanc de maths : 3/20. La descente aux enfers.

Pourquoi de tels résultats ? Sans rentrer dans trop de détail, ces performances sont d'abord le résultat d'une certaine légèreté – pour ne pas dire paresse – de ma part. À 17 ans, on me le pardonnera. Mais cette chute n'aurait pas été possible sans l'incroyable absence de pédagogie de Mme Pagayo. Un vrai néant. D'une force rare. J'en ai encore un souvenir intact. Toutes ces craies usées sur le tableau noir à recopier le cours sans interroger un seul élève, trois heures durant. Toutes ces formules qu'elle manipulait avec maestria mais qu'elle échouait à transmettre. Comment faisait-elle pour ne pas voir que les étudiants étaient sur la touche ? Cela reste encore un mystère pour moi.

Toujours est-il qu'il fallait se décider. Faisant fi du conseil éclairé de Mme Pagayo, j'ai finalement déposé un dossier pour entrer en prépa HEC au Lycée Michelet. Contre toute attente, le dossier fut accepté mais je n'avais pas encore le bac en poche ! Trois semaines intensives de révision m'ont permis de le décrocher sans mention avec un modeste 10/20 en maths ! À l'époque, le bac était déjà une quasi-formalité… La prépa pouvait enfin commencer.

1. Ce n'est évidemment pas son vrai nom que je préfère taire ici…

LA PREMIÈRE ANNÉE *de prépa*

Autant ne rien vous cacher : ma première année de prépa fut difficile. Mauvaises notes à la chaîne, amateurisme dans les méthodes de travail, rythme de fou… Mon énergie débordait mais elle était mal canalisée. Mes camarades me regardaient un peu comme l'idiot du village : « *Le pauvre Olivier : travailler autant pour finir avant dernier du dernier concours blanc* » devaient-ils penser tout bas… À l'époque, on passait les concours dès la première année. Comme prévu, ce fut une catastrophe ! J'ai gardé l'original de mes notes à l'ESCP. Les voici sans commentaires :

CONCOURS D'ADMISSION : ESCP 1995

N° DU CANDIDAT 8546 P

MR. SARFATI
OLIVIER

129 GRANDE RUE

42310 SEVRES

ÉPREUVES ÉCRITES

		NOTES	COEFF.	NOTES COEFF.	
DISSERTATION	HEC	04,00	5	20,00	
HISTOIRE-GEOGRAPHIE	ESCP	03,00	4	12,00	
MATHEMATIQUES I	ESCP	06,75	5	33,75	
MATH II (G)	HEC.ESCP.ESCL	04,80	4	19,20	
SYNTHESE DE TEXTE	ESCP	08,00	4	32,00	
LANGUE VIVANTE I ANG		08,98	5	44,90	
LANGUE VIVANTE II ESP		08,15	3	24,45	
			30	186,30	6,21
			1	TOTAL	MOYENNE

Nbre de candidats admissibles : 1119
Nbre de points du dernier admissible : 298,79

CLASSEMENT : 4190 SUR 4908 CANDIDATS

Une deuxième année s'annonçait et, comme vous pouvez le constater, ce n'était pas gagné…

LA DEUXIÈME ANNÉE *de prépa*

Il fallait se rendre à l'évidence. Il restait un peu plus de 8 mois pour redresser toutes les notes. Viser l'excellence partout était impossible dans le temps imparti. Il fallait faire des choix stratégiques et miser sur les matières clés. C'est ce que j'ai fait. En revoyant toutes mes méthodes de travail, j'ai rapidement décollé en seconde année pour atteindre la première place du classement de l'unique concours blanc de l'année avec 360 points (12/20 de moyenne) et un double 16/20 en maths. Le second de la classe était à 300 points… Je remercie au passage le génie pédagogique de ma prof de maths de l'époque : Mme Parzysz. Cette rencontre est sans doute à l'origine de mon éclosion et de ma passion pour la pédagogie.

Après deux ans de travail acharné semé d'embûches, le grand jour approchait. Mon état d'excitation était à son paroxysme. Ces trois semaines d'écrits restent encore aujourd'hui un grand souvenir. Les oraux ? Un souvenir tout aussi immense. Résultat dans l'émotion la plus intense : HEC.

QUEL BILAN TIRER *de cette histoire ?*

Avec cette expérience du concours et le recul de 15 ans de coaching de candidats, je peux vous dresser aujourd'hui la liste des ingrédients de la réussite de ce concours et sur lesquels je reviendrai tout au long de l'ouvrage :

- **Être bien entouré :** compte tenu de mon expérience catastrophique en terminale et de ma résilience en 2e année de prépa, je ne pouvais pas ne pas évoquer l'importance d'avoir les bons professeurs pour vous permettre de réaliser de grands progrès. Sans Mme Parzysz, prof de maths géniale et bienveillante, sans Alain Nonjon, mon incroyable et inspirant prof de géopolitique, et sans les cours complémentaires que j'ai pris en maths lors de mes deux années de prépa, je n'aurais sans doute pas intégré HEC. Être bien entouré, c'est aussi, avoir le bon environnement familial et affectif. Dans mon cas, mes parents ne connaissaient absolument rien au monde de la prépa et cela m'a complètement libéré.
- **Un « potentiel caché ».** Je préfère être honnête avec vous : HEC n'est pas donné à tout le monde. Si c'était le cas, ça se saurait. En revanche, on peut partir de très très bas et décrocher cette école. J'en suis la preuve vivante. Mon potentiel était simplement bien enfoui et le débroussaillage fut long et pénible ! J'ai connu nombre d'étudiants en échec académique malgré un potentiel immense et qu'il a fallu reconstruire. Certains sont aujourd'hui à HEC. Par définition, le potentiel est un paramètre que l'étudiant ne maîtrise pas. Il ne doit donc pas être une obsession et tout le travail consiste à travailler les autres facteurs clés qui suivent.
- **Des méthodes de travail très précises.** La redéfinition de mes méthodes de travail en seconde année a été un déclic important pour activer le décollage en maths. Les étudiants malins et méthodiques que je côtoie au quotidien m'en donnent la preuve tous les jours : sans méthodes de travail, point de salut !
- **Une organisation ultra-rigoureuse.** Pendant mes deux années de prépa, et pour la première fois de ma vie, je me suis réellement organisé. Une partie très précise est consacrée à l'élaboration du planning de travail. Cet outil a été déterminant dans l'optimisation de mes progrès.
- **Un mental de champion.** Je ne pouvais pas finir cette liste sans vous parler de cet ingrédient majeur. Pour supporter les mauvaises notes, les phrases assassines

de vos professeurs et le regard parfois malveillant de vos camarades, il faudra être robuste. Pour que le stress se transforme en excitation, il vous faudra aussi faire preuve de tempérament. Ces qualités mentales sont innées chez certains mais elles s'acquièrent également. La partie consacrée à la préparation mentale vous en livrera les clés.

Les chapitres suivants recueillent le meilleur de toutes ces années d'accompagnement d'étudiants brillants et malins. Au-delà des méthodes personnelles qui m'ont conduit au succès à ce concours, c'est l'ensemble des méthodes et secrets de candidats brillants qui sont regroupés dans les pages qui suivent.

Depuis 2013 et la création de mon institut, mes secrets se sont enrichis au contact des nombreux étudiants qui nous font confiance et des enseignants chevronnés de mon équipe qui me font encore grandir au quotidien.

Vous avez entre les mains des conseils précieux pour votre trajectoire en prépa. Faites-en bon usage et vous n'aurez aucun regret à l'issue de cette magnifique aventure académique et humaine.

Partie I

LA PRÉPA ET MOI

Chapitre 1

LA PRÉPA HEC (ECG) EST-ELLE UNE FILIÈRE D'AVENIR ?

	VRAI	FAUX
La prépa HEC est la filière la plus sûre pour intégrer une grande école	✘	
J'ai plus de chance de créer une startup à succès si j'ai fait une grande école	✘	
Une très grande majorité d'anciens étudiants de prépa ont adoré leurs années en prépa	✘	
La prépa HEC n'est pas ouverte à tous		✘

Beaucoup d'encre a coulé et coule encore dans la presse autour de cette question. Quand certains semblent penser que la prépa est en enfer, d'autres défendent le contraire et disent que c'est la seule voie où l'exigence est encore au rendez-vous dans notre système éducatif où le nivellement vers le bas se généralise.

Je vais donc être très clair sur ce sujet. À la question « la prépa HEC est-elle une filière d'avenir ? », ma réponse est un grand OUI ! J'ai animé une conférence lors d'un salon organisé par le quotidien *Le Monde* autour de cette question.

En substance, voici les quelques grandes idées et faits à avoir en tête et qui vous feront réaliser que la prépa HEC (ECG) est encore la voie royale pour accéder à des postes à responsabilités.

LA FORCE
des grandes écoles

Si vous voulez faire une prépa HEC, c'est d'abord parce que vous souhaitez rejoindre une grande école. Et vous avez raison ! En décrochant un diplôme de grandes écoles, vous augmenterez grandement vos chances :

- De monter votre entreprise avec succès ;
- D'avoir des postes à responsabilités dans des entreprises de toutes tailles ;
- D'avoir une carrière aussi variée que possible.

Quelques chiffres sur ces différents sujets ne vous feront pas de mal.

La voie royale pour l'entrepreneuriat

C'est une idée assez peu répandue et qui pourtant est cruciale dans le monde de demain où la capacité à entreprendre sera une qualité clé. En faisant une grande école, vous aurez plus de chances d'entreprendre avec succès. Pourquoi ? Pour trois raisons principales :

- La prépa vous permet de développer les qualités de l'entrepreneur : capacité à gérer les difficultés, à s'organiser, à développer les *soft skills*, à se remettre de multiples échecs, à gérer le stress, etc.
- Le réseau des grandes écoles vous permet d'accélérer votre projet en rencontrant plus facilement les bonnes personnes ;
- Les investisseurs regardent en priorité la qualité de l'équipe et avoir une grande école est un avantage certain par rapport à ceux qui auront suivi une autre voie.

Et les chiffres sont là pour le prouver : en 2017, selon la Conférence des Grandes Écoles (CGE), qui regroupe près de 200 écoles de commerce et d'ingénieurs, ¾ des fondateurs des startups françaises présentes au CES de Las Vegas cette année-là étaient issus d'une grande école.

LE SAVIEZ-VOUS ? CES ENTREPRENEURS À SUCCÈS QUI ONT FAIT UNE GRANDE ÉCOLE

Quelques exemples d'entrepreneurs, parmi tant d'autres, sortis d'une grande école de commerce :

- *Jonathan Benassaya : ESSEC et fondateur de Deezer ;*
- *Adrien Nussembaum : HEC et fondateur de Mirakl, une licorne franco-américaine valorisée à plus d'un milliard de dollars ;*
- *Pierre Kosciusko-Morizet : HEC et fondateur de Price Minister, revendu à Rakuten ;*
- *Catherine Barba, ESCP et serial entrepreneur ;*
- *Jonathan Cherki : ESSEC et fondateur de Content Square, une licorne également valorisée à plus d'un milliard de dollars.*

Si vous voulez maximiser vos chances de créer une startup à succès, faites une grande école !

La voie royale vers la direction d'entreprises

Vous le saviez déjà : pour avoir des responsabilités dans des entreprises de toutes tailles, faire une grande école, c'est évidemment une bonne idée. Je ne vais pas m'éterniser, car c'est une évidence. Juste quelques chiffres utiles :

- En 2019, HEC est la formation la plus représentée chez les PDG CAC40 : 11 diplômés, devant l'ENA (10) et Polytechnique (9) et Science Po (6).
- Entre 80 % et 90 % des PDG français du CAC40 ont fait une Grande École.

La variété des carrières possibles

C'est aussi l'une des très grandes forces des grandes écoles et du modèle prépa : la variété des carrières possibles, les fameuses et nombreuses portes ouvertes que vous découvrirez une fois diplômés.

Quelques exemples de métiers et célébrités associées :

- Politique : François Hollande (HEC)
- Journalisme : Claire Chazal (HEC), Christophe Barbier (ESCP)
- Musique : Jean-Jacques Goldman (EDHEC)
- Humour : Henry Tran (ESSEC)

Il y en a plein d'autres que je vous laisse chercher sur internet ou plus tard, dans l'annuaire des alumni quand vous aurez intégré une grande école !

LA PRÉPA EST LA VOIE ROYALE *pour intégrer une grande école*

La prépa HEC est la voie la plus judicieuse pour intégrer une grande école :

Avoir une grande école, c'est bien mais pour y entrer, est-il judicieux de faire une prépa HEC ECG ? La réponse est là encore un grand OUI car c'est le cursus le plus efficace pour rejoindre une grande école.

Quelques chiffres encore :

- En 2020, le nombre de places aux « Parisiennes » : 205 places pour les candidats AST (Admis sur titre) contre 1 215 pour les candidats de prépa HEC.
- À HEC, la sélectivité est de 3 % pour les admissions sur titre contre 7,5 % par le concours prépa : 25 places contre 400…

La prépa HEC vous permettra de développer les qualités déterminantes

Je l'ai déjà mentionné plus haut mais rappelons rapidement les qualités que vous allez développer en choisissant une prépa HEC :

- **Hard skills :** ce sont les compétences « hard », techniques, académiques. Vous développerez en un temps record les qualités suivantes : esprit critique, capacité de synthèse, langues vivantes, culture générale, culture scientifique, compréhension des enjeux du monde contemporain, gestion de projet, capacité d'organisation, etc.
- **Soft skills :** en plus des *hard skills*, vous développerez également les qualités de communication, curiosité et envie d'apprendre, gestion du stress, gestion de l'échec, créativité.

En choisissant une prépa HEC, vous ne vous trompez pas de voie…

LA PRÉPA HEC EST LA VOIE ROYALE *pour réussir dans le monde de demain*

Un rempart contre l'incertitude de l'avenir

Dans un monde de plus en plus incertain, où planent les menaces sanitaire, sécuritaire, environnementale et économique, la prépa HEC, au même titre que la prépa scientifique, est une filière qui vous permettra d'amorcer votre vie active dans les meilleures conditions. Surtout, vous y développerez des qualités qui vous permettront de rebondir tout au long de votre carrière dans ce monde incertain.

LE SAVIEZ-VOUS ? 85 % DES EMPLOIS DE 2030 N'EXISTENT PAS AUJOURD'HUI
(Source : Dell & institut pour le futur - 2017)

La prépa HEC se modernise et s'ouvre à tous

Ceux qui ne connaissent pas bien le monde de la prépa HEC le décrivent parfois comme un système dépassé, à bout de souffle et qui n'a pas su s'ouvrir à la modernité des nouvelles approches pédagogiques.

Je ne partage absolument pas ce point de vue. Cela fait des années que je dirige un institut qui précisément a choisi de moderniser radicalement le modèle prépa grâce à l'innovation pédagogique et technologique, à la méthodologie (dont ce livre est une illustration), à l'épanouissement et à la préparation mentale, fondamentale pour réussir les concours. Non, la prépa n'est plus synonyme d'enfer. Et là aussi, j'ai des chiffres !

LE SAVIEZ-VOUS ? CETTE ÉTUDE DE L'EDHEC QUI VA VOUS RASSURER !

L'EDHEC, école du top 5, a publié en mai 2020 une étude réalisée auprès de 2028 étudiants de prépa avant les épreuves d'admission. Qu'en est-il ressorti ?

À la question à compléter « Vos années d'études en classe préparatoire furent une expérience : … », voici les adjectifs les plus cités :

- *95 % enrichissante*
- *87 % passionnante*
- *79 % heureuse*
- *72 % collective*

Avec un niveau de pression de 7,2/10, il est à noter que la prépa est évidemment une étape où vous allez devoir apprendre à gérer le stress. C'est une évidence.

Étude EDHEC publiée en mai 2020 sur les étudiants de prépa

Mais retenez aussi ce dernier chiffre de l'étude : **76 % des sondés referaient l'expérience de la prépa HEC contre *8 %* seulement qui ne referaient pas de prépa**.

Enfin, n'oubliez pas que la prépa HEC est ouverte à tout le monde, grâce aux mécanismes d'égalité des chances qui existent pour réduire la fracture géographique et l'inégalité d'accès aux grandes écoles.

Les cordées de la réussite ou les associations comme Article 1 peuvent aider.

Replay conférence Olivier Sarfati sur les classes préparatoires

Notez enfin que les prépas privées hors contrat aident aussi et mettent à mal les clichés selon lesquels elles accentueraient les inégalités. Dans notre cas, de nombreux provinciaux, parfois boursiers, choisissent de faire leur prépa à distance auprès de notre institut et réduisent ainsi drastiquement le coût de leur logement qui aurait été problématique à Paris.

En un mot comme en cent, la prépa HEC est définitivement une filière d'avenir !

Chapitre 2

SUIS-JE FAIT POUR LA PRÉPA HEC (ECG) ?

	VRAI	FAUX
Avoir le bac sans mention et intégrer HEC, c'est possible	✘	
Avoir le bac au rattrapage et intégrer l'ESSEC, c'est possible	✘	
Vivre en province, faire sa prépa à distance et intégrer HEC, c'est possible	✘	
Se coucher tous les soirs à 22 heures et intégrer le top 3, c'est possible	✘	

« Ils ne savaient pas que c'était impossible alors ils l'ont fait »

Mark Twain

TOUT *est possible*

Je vais être direct : intégrer HEC en partant de loin, c'est possible. J'ai absolument tout vu en près de 30 ans de métier. J'ai même l'un de mes amis qui a eu l'ESSEC alors qu'il avait eu le bac au rattrapage… Ou encore des étudiants de ma promo à HEC ayant redoublé une classe au lycée.

Vous pourriez me rétorquer que le monde a évolué et que le niveau des bacheliers s'est détérioré. Et vous auriez raison de le dire ! Mais je persiste. Depuis que je dirige mon institut, j'ai vu passer de nombreux ovnis dont le niveau initial était catastrophique dans bien des matières, notamment en mathématiques, la matière clé du concours. Et pourtant, ils ont intégré les meilleures écoles.

Aussi, j'ai une bonne nouvelle à vous annoncer : les grandes écoles ne sont plus uniquement réservées à une élite ayant grandi dans les grandes villes et ayant les moyens de se payer un logement à Paris pour faire sa prépa ! Si vous n'avez pas envie de faire votre prépa en dehors de votre ville de naissance, c'est tout à fait possible à présent grâce aux classes prépas à distance. Aujourd'hui, la prépa HEC (ECG) est donc une possibilité offerte à tous. Chassez donc les idées préconçues qui altèrent votre jugement et sans doute celui de vos parents.

La question que vous devez vous poser est plutôt : quelles qualités dois-je avoir ou dois-je développer pour avoir de grandes chances d'intégrer une grande école ? C'est la question à laquelle je vais répondre tout de suite ! Dans le chapitre qui suivra, je répondrai à une autre question clé : comment choisir sa prépa ?

LES QUALITÉS QU'IL FAUT AVOIR *aujourd'hui ou qu'il faudra développer*

Je ne vais pas vous mentir : pour intégrer HEC, ou une école du top 3, il faut avoir développé de nombreuses qualités lors de vos années en prépa. Voici les qualités les plus importantes.

Avoir un niveau académique initial avec des points forts et peu de points faibles

Avec un niveau académique faible dans plusieurs matières, il est tout à fait possible d'intégrer une école du top 10 si vous adoptez le bon état d'esprit et que vous respectez les principaux conseils que je vais livrer dans cet ouvrage.

En revanche, si vous visez le top 5 ou le top 3, il est souhaitable que vous ayez en terminale un niveau académique relativement prometteur avec des points forts, par exemple en langue vivantes, en matières littéraires ou, idéalement, en mathématiques.

Sur cette dernière matière, un minimum de 10/20 de moyenne en première et terminale est tout de même préférable. Si vous avez en dessous, il va falloir apprendre à aimer cette matière car vous allez beaucoup la travailler !

Et quelle que soit l'option que vous choisissez en prépa (maths appliquées ou maths approfondies), je vous recommande vivement de choisir en terminale la spécialité maths ou, à défaut, l'option maths complémentaires.

Les ovnis que j'ai rencontrés et qui partaient de loin avaient tous un point fort :

- Ken LeCoutre, c'était la culture générale (et il est d'ailleurs professeur de culture générale dans mon institut avec sa méthode révolutionnaire de la dissertation parfaite) ;
- Tigrane K., qui a eu le bac au rattrapage, était bilingue en anglais ;
- Cyril K., mention AB au bac, avec 12-13 en maths, était bilingue en anglais. Il a

fait sa prépa entièrement à distance dans mon institut et a eu l'ESSEC en 2 ans, en étant admissible à HEC.

Avoir une grosse capacité de travail

C'est le second impératif, et sans doute le plus important : avoir le goût de l'effort. Rien de grand ne sera possible sans travail. Nous y reviendrons quand j'aborderai le planning de travail dans un chapitre à venir, mais sachez-le : en prépa, il faut travailler environ une trentaine d'heures en plus de ses cours. Schématiquement, si vous avez 30 heures de cours dans votre prépa, il vous faudra travailler au bas mot 30 heures à la maison.

UN EXEMPLE DE RÉPARTITION DE 30 HEURES SUR UNE SEMAINE :

Du lundi au jeudi	*Vendredi*	*Samedi*	*Dimanche*
4 heures	Pause !	7 heures	7 heures

C'est un minimum. Certains poussent jusqu'à 40 heures de travail en plus des heures de cours…

FUN FACT MON EXEMPLE PERSONNEL DÉLIRANT EN 1RE ANNÉE

Conscient de mon niveau initial vraiment catastrophique dans quasiment toutes les matières, je n'avais pas le choix : il fallait que je travaille comme un dingue. Du coup, en 1re année de prépa, je travaillais tous les soirs jusqu'à 2 h du matin et 14 h par jour pendant les vacances scolaires. Un rythme de fou. Dangereux même. Et des tâches inutiles que je mettais dans mon quotidien comme la lecture du journal Le Monde *tous les soirs de 1 h à 2 h du matin ! J'ai ajusté l'année d'après en carré. Je ne lisais plus* Le Monde, *je me couchais à minuit tous les soirs, mais je gardais un rythme de 14 h pendant les vacances. Ça a payé mais c'était sportif !*

Si vous ne parvenez pas à développer votre capacité de travail en prépa, cela ne marchera pas. Ou du moins, cela ne sera pas suffisant pour avoir les meilleures écoles. Tout est une question d'ambition finalement. Si votre ambition n'est pas de repousser vos limites pour explorer tout votre potentiel, alors acceptez de ne pas avoir une école bien classée. Et il n'y a absolument pas de honte à cela. Vous trouverez toujours des exemples de personnes n'ayant pas fait de grandes écoles et ayant eu une grande carrière ou une vie très heureuse. Mais sachez qu'en moyenne, avoir une grande école vous ouvrira de nombreuses portes tout au long de votre carrière, comme je l'ai rappelé dans le chapitre « la prépa HEC est-elle une filière d'avenir ». Sans grande école, vous en aurez moins. En moyenne.

FUN FACT **UN AUTRE EXEMPLE DÉLIRANT, À L'ENVERS…**
Au début de ma carrière, j'ai accompagné une étudiante dont les parents étaient extrêmement motivés. Le problème, c'est que ce ne sont pas les parents qui passent le concours… La fille, elle, ne voulait absolument pas travailler plus de 2h par jour pendant les vacances. « J'ai besoin de me reposer, tu comprends… » J'ai surtout compris à ce moment-là qu'elle n'allait pas avoir une grande école. J'ai demandé à la mère d'arrêter les cours car je n'ai jamais aimé être inutile. La fille a finalement eu l'ESC Rennes.

Accepter les mauvaises notes et/ou accepter d'être dans les derniers de sa classe

En rentrant en prépa, vous allez sans doute devoir tirer un trait sur vos habitudes du lycée : les bonnes notes… Les 15/20 de moyenne sont souvent divisés par 3,4 ou 5 en prépa. En langue et en maths notamment. En langue, les notes peuvent même être proches de 0, à cause de l'épreuve de traduction.

Et ces mauvais résultats risquent d'altérer grandement votre confiance. Il n'est pas facile d'avoir grandi avec des bonnes notes et de découvrir en prépa qu'on vous aurait menti et que votre niveau est finalement largement insuffisant presque partout.

Mais ce n'est pas tout. En plus des mauvaises notes, il n'est pas impossible que vous vous retrouviez dernier de la classe, vous qui aviez jusqu'à présent toujours été dans les meilleurs de votre classe au collège et au lycée.

CAS PRATIQUE
Les deux questions qui tuent !

Pour jauger votre état d'esprit, posez-vous donc très sincèrement ces deux questions :

- **Question 1 :** Suis-je prêt à avoir des mauvaises notes pendant mes deux années de prépa et continuer à beaucoup travailler ?
- **Question 2 :** Suis-je prêt à être dernier de la classe pendant mes deux années de prépa et continuer à beaucoup travailler ?

Si la réponse est affirmative dans les deux cas, alors je suis très confiant !

Avoir un mental de champion

Vous commencez à comprendre les qualités que l'on va attendre de vous. Mais vos années de prépa seront également faites d'aléas, de moments de doute, de passages à vide. Il faudra parfois s'armer de beaucoup de patience pour y arriver. La partie « préparation mentale » est donc un enjeu de plus en plus important en prépa, comme dans toutes les disciplines de haut niveau.

Je reviendrai sur ce sujet dans la partie sur le mental mais retenez l'essentiel : en classe prépa, vous allez devoir repousser vos limites et acquérir progressivement le mental d'un champion. Si vous êtes entourés d'enseignants qui ont conscience de cette dimension importante, ce sera évidemment un plus.

Si après la lecture de ce chapitre, vous voulez aller plus loin, **testez-vous grâce à notre test en ligne** qui vous donnera un score à comparer à celui de plusieurs alumni de mon institut ayant intégré une grande école.

Bonus numérique
« Suis-je fait pour la prépa ? »

Chapitre 3

COMMENT CHOISIR SA PRÉPA ?

	VRAI	FAUX
Pour choisir ma prépa, il me suffit de regarder les classements		✘
Dans la plupart des prépas, les étudiants progressent	✘	
La question la plus importante est de savoir si la prépa que je choisis me correspond	✘	
Il est possible de changer de prépa en cours d'année	✘	

RÈGLE N° 1
Ne choisissez pas qu'un seul critère pour faire votre choix de prépa

Si vous ne deviez retenir qu'un seul conseil de cette partie, ce serait celui-ci : **ne fondez pas vos choix sur un seul critère** (bien souvent : il s'agit des résultats d'admission des prépas, données par le classement de *L'Étudiant* ou de *Challenges* par exemple). On peut s'épanouir et réussir à intégrer HEC depuis une « petite » prépa tout comme on peut ne pas supporter la pression dans une grande prépa… Il faut donc vous poser certaines questions.

Vous sentez-vous plus à l'aise pour travailler lorsque vous être près de votre famille et de vos amis ? Ou avez-vous besoin d'espace et d'indépendance pour vous consacrer entièrement à la prépa ? Vous sentez-vous stimulés par une classe où tous les élèves ou presque sont meilleurs que vous, ou au contraire, préférez-vous faire partie de la tête de classe pour vous sentir valorisés ? Attendez-vous de vos professeurs qu'ils soient exigeants, parfois un peu durs, ou au contraire, qu'ils estiment vos progrès et vous encouragent régulièrement ? Les réponses à ces questions dépendent également de ce qu'il sera crucial de déterminer pour bien choisir votre prépa, à savoir : votre profil d'étudiant.

RÈGLE N° 2
Définissez honnêtement votre profil

Il faut d'abord avouer qu'il existe une infinité de profils d'étudiants, et que l'on ne saurait établir une typologie exhaustive. L'idéal restant de venir établir votre profil personnalisé en journée d'immersion avec nos experts. En attendant, nous pensons que beaucoup se reconnaîtront dans un des trois grands types suivants : **le compétiteur, le bon élève ou le potentiel caché**. Nous vous proposons de définir si vous en faites partie grâce à un petit calcul :

Pour chaque qualité décrite ci-dessous, essayez de trouver un élément qui prouve que vous disposez de la qualité décrite. Par exemple, si vous faites un sport en compétition, vous pouvez ajouter 1 point à votre score pour « esprit de compétition ». Si vous avez déjà l'habitude de travailler plus de deux heures chaque soir en terminale, vous pouvez ajouter trois points pour « grande capacité de travail », etc.

- Grande capacité de travail : 3 points
- Capacité de concentration : 1 point
- Gestion du stress : 1 point
- Capacité de mémorisation : 1 point
- Confiance en soi et ambition : 1 point
- Esprit de compétition : 1 point
- Motivation forte : 1 point
- N'a pas peur du jugement des autres : 1 point

Vous obtenez alors un score de « potentiel » allant jusqu'à dix, à placer en ordonnée. En abscisse, vous devez calculer votre moyenne des deux derniers trimestres. Vous pourrez alors vous positionner sur ce graphique :

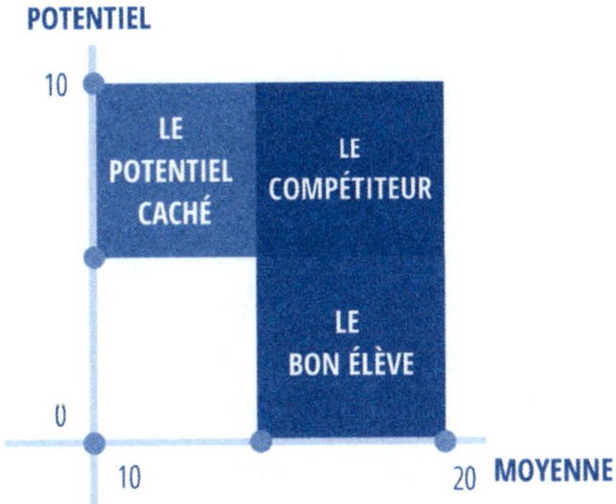

Le compétiteur

Ces élèves ont généralement de bonnes notes au lycée dans toutes les matières et aiment être mis sous pression : la compétition est une source de motivation chez eux, quitte à être en bas de classe. Ce type d'étudiant préférera les prépas publiques ou privées du top 10.

Le bon élève

Ces élèves ont également de bonnes notes au lycée mais s'épanouissent en étant plutôt en tête de classe : ils supportent mal les mauvaises notes, le stress ou le jugement des autres, des facteurs qui les découragent très vite et les empêchent d'avancer. L'environnement de travail, la bienveillance des professeurs sera alors un point clé pour l'épanouissement de ce type de profils. Si dans mon institut, la bienveillance et de l'épanouissement des étudiants sont les piliers de notre identité, force est de constater que beaucoup d'étudiants souffrent encore de professeurs humiliants, ou d'une compétition exacerbée au sein de leur classe. Pour un étudiant « bon élève », c'est rédhibitoire. On remarque ainsi que ce n'est pas toujours une bonne idée de viser le top 10 des prépas de France ! Le choc de ne plus être le premier risque d'entraîner un abandon, ou encore le fait d'être loin de son entourage peut conduire certains étudiants à sombrer en dépression.

FUN FACT **GUILLAUME, BON ÉLÈVE CRAMÉ EN TROIS MOIS DE PRÉPA**

Cet exemple n'est malheureusement pas très fun mais doit vous servir d'illustration : Guillaume était un brillant lycéen de province qui a eu la chance d'intégrer le prestigieux lycée Henri IV en prépa. Le problème : il s'est retrouvé dernier de la classe dans quasiment toutes les matières, lui qui était habitué aux premières places du podium… En trois mois de prépa, et sans doute malgré la bienveillance de ses camarades voire de ses enseignants, il a craqué et a préféré se réorienter. Dommage car, avec son niveau académique très nettement au-dessus de l'étudiant moyen de prépa, il aurait eu une grande école. Que lui a-t-il manqué ? Sans doute des qualités dont j'ai parlé dans le chapitre précédent, et peut-être était-il aussi dans une prépa qui, bien que prestigieuse, n'était pas adaptée à son tempérament. Guillaume était un bon élève, pas un compétiteur…

Le potentiel caché

Ces étudiants ont un véritable potentiel caché sans forcément avoir un dossier béton pour entrer dans les prépas publiques du top 10. Ils peuvent également avoir quelques lacunes dans certaines matières. Cependant, ils sont dotés de qualités d'organisation, de grandes capacités de travail et d'une énorme motivation, des qualités clés pour réussir au concours. À titre personnel, j'étais dans cette catégorie donc quand des étudiants de ce type de profil viennent candidater dans notre institut, nous sommes toujours à l'écoute car ce sont les étudiants formidables à coacher et qui m'ont procuré par le passé de grandes émotions : quel plaisir de les voir partir de loin puis intégrer une grande école !

FUN FACT CES POTENTIELS CACHÉS QUI ONT INTÉGRÉ LE TOP 3

J'ai eu la chance d'accompagner de nombreux « potentiels cachés ». **Sofia H.**, *dans les dernières de sa prépa parisienne : admise à HEC !* **Grégoire L.**, *dans les derniers de sa prépa à Berthollet (Annecy) : admis à l'ESCP Europe avec un magnifique 17/20 en culture générale alors que son professeur lui prédisait le pire…* **Damien H.**, *en difficulté dans sa prépa à Tours en bizuth : admissible à l'ESCP Europe en carré et admis à l'EM Lyon.* **Arnaud L.**, *dernier en maths dans sa prépa parisienne en bizuth avec 0/20 de moyenne au dernier concours blanc : admis à HEC deux ans plus tard, signant sans doute la plus forte remontada de l'histoire de la prépa HEC en maths !* **Selma B.**, *virée de sa prépa parisienne en bizuth : admise à l'ESSEC deux ans plus tard ! Le point commun de ces étudiants : leur état d'esprit. Alors s'il y a encore des récalcitrants, je vous le répète haut et fort : avec le bon état d'esprit, les bons profs et les bonnes méthodes, on peut potentiellement intégrer n'importe quelle école. Je terminerai par une citation éclairante d'* **Amine B.** *que l'on a accompagné et qui* *est aujourd'hui diplômé de l'ESSEC : « Aujourd'hui plus que jamais, je crois que le travail intelligent peut venir à bout de tout ».*

Il y a également un aspect psychologique derrière ce profil type : certains étudiants ont la volonté de faire une prépa pour montrer à leurs proches que leurs appréhensions sont faussées. En effet, certains parents ont tendance à décourager leurs enfants à se lancer dans cette voie de peur qu'ils ne supportent pas la charge de travail demandée ou qu'ils n'aient pas le niveau adéquat pour intégrer une bonne école.

Pourtant, de nombreux étudiants voient en ce pessimisme une motivation d'autant plus grande pour tenter la prépa et prouver aux autres qu'ils y sont parvenus malgré tout. C'est ce genre de détails qui font la différence que l'on peut déceler lors d'entretiens de motivation.

En résumé, chaque étudiant a un profil unique, et ne s'épanouira dans sa prépa que si cette singularité est prise en compte. Pour s'y retrouver dans le choix de sa prépa, une dernière règle s'impose donc : allez à la rencontre des prépas de votre choix.

RÈGLE N° 3
Allez à la rencontre des prépas et posez-vous plusieurs questions

C'est le dernier conseil que je peux vous donner dans le choix de votre prépa, et sans doute le plus important. Ne tombez pas dans le piège de ne regarder que le classement, comme dit plus haut. Définissez avec vos parents un plan d'attaque pour répondre à ces quelques questions :

1. Quel est mon profil : potentiel caché, compétiteur, bon élève ?
2. Ai-je envie de quitter ma ville pour faire ma prépa ?
3. Quelle est la prépa dont la vision pédagogique correspond le plus à mes attentes ?
4. Quelle est la prépa qui fait le plus progresser ses étudiants ?
5. Dans quelles prépas sont les étudiants ayant intégré qui m'inspirent le plus ?
6. Quelles prépas me proposent le plus de souplesse, notamment en matière de choix d'options (maths appliquées ou approfondies, économie ou géopolitique) et de possibilité de changer d'options en cours d'année ?

Vous ne parviendrez sans doute pas à répondre à toutes ces questions mais au moins essayez. En fonction de votre profil, l'argument le plus important à prendre en compte est, selon moi, celui de la valeur ajoutée de la prépa : si vous intégrez une grande prépa dont la valeur ajoutée est faible, vous risquez de ne pas maximiser votre potentiel. Pour mesurer la valeur ajoutée, vous n'avez pas le choix : il faut vraiment aller à la rencontrer des établissements. Les classements ne suffisent absolument pas car ils sont biaisés par le recrutement : si une prépa ne retient que des étudiants à 19/20 de moyenne, il n'est pas étonnant qu'elle ait un taux d'admission élevé…

Choisissez aussi autant que possible une prépa où vous aurez la souplesse de changer de combinaisons d'options : c'est assez fréquent de se rendre compte, par exemple, que le niveau « maths approfondies » est trop exigeant…

LE SAVIEZ-VOUS CHANGER DE PRÉPA À TOUT MOMENT, C'EST POSSIBLE !

Détendez-vous. Vous avez le droit de ne pas avoir fait le bon choix. J'ai vu de nombreux étudiants changer de prépa en fin de première année pour rejoindre des prépas plus en phase avec leur profil. Paul-Louis Donnard, que j'accompagnais en cours complémentaires à l'époque, a quitté le lycée Stanislas en fin de première année pour rejoindre une prépa mieux classée. Le choix a été gagnant : il a eu HEC. En cours d'année, c'est également possible mais uniquement dans les prépas privées hors contrat, plus souples sur le sujet. Dans mon institut, c'est même assez fréquent : ***Cyril K.*** *qui a quitté le lycée Montaigne au bout de deux mois de prépa et qui est le premier étudiant à avoir eu envie de faire sa prépa entièrement en ligne chez nous. Résultat : l'ESSEC en deux ans. Ou encore* **Matthieu G.***, qui a quitté le lycée Hoche en début de 2e année pour nous rejoindre et intégrer l'ESSEC. D'autres exemples doivent exister dans d'autres instituts privés hors contrat bien sûr. Demandez-leur de vous donner des exemples car je ne les connais pas ! Soyez donc apaisés. Vous avez le droit à l'erreur.*

Bonus numérique
Le guide du futur étudiant de prépa HEC

Partie II

LES SECRETS D'UNE ORGANISATION GAGNANTE

Chapitre 4

SOIGNEZ VOTRE ENVIRONNEMENT DE TRAVAIL

	VRAI	FAUX
Si je mets mon smartphone en mode avion à côté de moi, je serai aussi performant que s'il n'est pas dans ma chambre		✘
Certaines applications sur mon smartphone me permettront de gagner en efficacité	✘	
Il est préférable de travailler avec des boules Quies	✘	
Je peux continuer de travailler comme au lycée sur mon lit avec mes amis sur Discord !		✘

L'INTRO QUI FAIT DU BIEN

On commence cette partie cruciale par un court chapitre sur l'environnement de travail. Court ne signifie pas inutile. Il est absolument vital que l'environnement dans lequel vous serez plongés pendant deux voire trois années soit adapté à la performance. Certains secrets seront difficiles à respecter car en totale opposition avec vos environnements passés. Mais avec de la discipline, vous y arriverez et en cernerez les bénéfices. C'est parti !

LES SECRETS D'UN ENVIRONNEMENT DE TRAVAIL PROPICE *à la performance*

Secret n° 1 — *Ayez des petits cahiers et des portes-vues*

Cahiers ou classeurs ? C'est le premier dilemme qui se pose. Mon avis :

- Achetez des petits cahiers pour y mettre les astuces, les erreurs à éviter, les points de cours délicats, et ce dans toutes les matières ou presque. En maths notamment mais aussi en langue et en géopolitique/économie.
- Achetez des portes-vues, et non des classeurs, pour le cours et les mises en situation (exercices de maths, dissertations, essais, traduction, etc.). Pour quelles raisons éviter les grands cahiers ? Parce qu'en prépa, le cours n'est pas toujours linéaire et des feuilles vous seront remises en permanence. Il est donc plus efficace d'avoir un porte-vues dans lequel, pour chaque pochette plastique, vous y insérerez un chapitre entier.

SECRET DE COACH

Écrivez-en vrac dans vos petits cahiers et relisez-les

Ne vous prenez pas trop la tête dans la structuration de vos petits cahiers. L'idée, c'est vraiment d'écrire en vrac les points utiles de votre cours et de vos mises en situation. Et n'hésitez pas à y répéter plusieurs fois les mêmes points délicats. Si la formule de la loi normale vous pose problème dix fois, écrivez-la dix fois dans votre cahier. Dans la marge de vos petits cahiers, vous avez éventuellement le droit de catégoriser le type de points. Par exemple, voici à quoi ressemblerait une page de votre petit cahier de maths :

Probabilités	Densité de la loi normale :…
Algèbre	Formule du produit matriciel :…
Calcul	Astuce à retenir : k=k+1-1

SECRET D'ALUMNI :

Les petits cahiers d'Arnaud

« En maths, je partais de très très loin puisque j'avais 0 de moyenne dans cette matière au dernier concours blanc à la fin de la première année. J'ai ensuite sollicité le coaching d'Olivier et en maths, j'ai suivi son conseil : à la fin de ma prépa, j'ai dû accumuler une dizaine de petits cahiers de maths dans lesquels se répétaient de nombreux morceaux choisis utiles et qui me posaient problème. Je les relisais régulièrement. Aux concours, j'étais blindé et j'ai grandement limité la casse en maths aux concours. » Arnaud, admis à HEC malgré un niveau initial catastrophique.

Secret n° 2 — Privilégiez l'écriture manuscrite et utilisez votre ordinateur à bon escient

C'est l'un des conseils que vous aurez le plus de mal à respecter. Vous vous êtes trop habitués à taper vite sur votre ordinateur. C'est forcément très tentant d'utiliser votre ordinateur en salle de classe pour taper absolument tout ce que dit votre professeur, notamment en économie et en géopolitique. Pourtant, je vous conseille grandement de n'utiliser que rarement votre ordinateur en séance et de privilégier l'écriture manuscrite…

Laissez-moi tenter de vous convaincre :

- **Le concours que vous passez est un concours manuscrit** : il faudra donc apprendre à écrire très vite et lisiblement. Prendre des notes en cours augmentera grandement votre capacité à écrire vite et bien. Taper sur un ordinateur, au contraire, ne vous entraîne pas suffisamment à l'écriture manuscrite rapide.
- **Les études ont amplement démontré que l'écriture manuscrite permettait de beaucoup mieux mémoriser les notions vues en cours.** De cette façon, vous serez dans l'obligation de synthétiser l'information délivrée par l'enseignant et de la retranscrire sous forme de notes codifiées.

Pourtant, vous persistez souvent à adopter la stratégie suivante :

- Je tape sur mon ordinateur absolument tout ce que dit mon professeur, en mettant mon cerveau en mode OFF ;
- Je remets en marche mon cerveau à la maison et je galère à faire mes fiches pour résumer tout ce que j'ai tapé ;

- Je n'ai plus le temps pour exercer ma mémoire ou me mettre en situation.

Cette stratégie est clairement inefficace… Je vous propose plutôt une stratégie performante qui consiste à :

- Écouter activement votre enseignant et n'écrire que les éléments fondamentaux de sa pensée : les concepts clés, les auteurs, les chiffres clés, etc.
- **Reprendre les notes** que vous avez prises et utiliser votre ordinateur pour construire vos éventuelles fiches synthétiques ;
- **Faire des *blind-tests*,** « que sais-je » ou « test de la feuille blanche » (je reviendrai à plusieurs reprises sur cette idée dans cet ouvrage) pour vérifier que vous avez mémorisé les connaissances importantes de votre cours : on prend une feuille blanche et on écrit dessus tout ce que l'on sait sur la notion que je cherche à réviser ;
- **Libérer ainsi du temps pour vous exercer.** Comme la phase de fichage est beaucoup plus courte avec cette stratégie, vous libérerez ainsi un temps précieux pour faire des exercices, des introductions et des plans détaillés.

Arriverez-vous à respecter ce conseil ? Pas sûr mais j'aurai au moins essayé !

LE SAVIEZ-VOUS ? CLASSE INVERSÉE + REPLAY = EFFICACITÉ DÉCUPLÉE !

En tant que directeur d'une prépa, je prends particulièrement à cœur ces sujets de performance de la pédagogie. Ce pourquoi chez MyPrepa nous avons fait deux choix radicaux : généraliser la classe inversée et l'enregistrement de toutes les séances. Concrètement, les étudiants n'ont plus à se prendre la tête en cours puisque les supports de cours sont chez eux dans leur espace personnel LiveClass (notre plateforme d'apprentissage) et en cas d'incompréhension sur une notion, un concept, ils peuvent revoir le replay d'une séance à tous moments. L'efficacité pédagogique en est évidemment décuplée.

Secret n° 3 Ayez un nombre très limité d'ouvrages de référence

Là aussi, c'est un conseil que vous aurez du mal à respecter car vos professeurs vont souvent vous donner une liste d'ouvrages très longue. Notamment en culture générale où certains enseignants passionnés (et sans doute passionnants) ont tendance à penser qu'on a le temps de lire des œuvres littéraires et philosophiques en prépa…

Soyez au contraire très sélectifs dans vos choix. Pour chaque matière, choisissez deux à trois ouvrages au maximum.

- **En maths** : un ouvrage de cours + un ouvrage d'exercices et annales ;
- **En langues** : un ouvrage de traduction + un ouvrage de travail de l'écriture (essais) ;
- **En géopolitique** : un manuel synthétique + un ouvrage de dissertations + un ouvrage de cartographie ;
- **En économie** : un ouvrage de cours synthétique + un ouvrage de dissertations ;
- **En contraction** – synthèse : rien ;
- **En culture générale** : un ouvrage synthétique de référence de culture générale (en première année) + un dictionnaire de notions philosophiques (en première année) + un ouvrage de fiches d'auteurs et de dissertations (en deuxième année).

SECRET DE COACH

Les ouvrages remarquables de chez Dunod

Ok, je ne suis pas objectif ici mais allez jeter un œil aux ouvrages que mes enseignants ont écrits. Ces ouvrages sont remarquables et nous avons passé beaucoup (vraiment beaucoup) de temps pour les écrire. En maths, l'ouvrage que j'ai dirigé et co-écrit avec des enseignants de haut niveau réputés en prépa (dont Stéphane Preteseille, le meilleur prof de maths en prépa que j'ai rencontré jusqu'à présent) ; en géopolitique, un ouvrage dirigé par Matthieu Alfré, professeur très renommé en prépa ; en économie un ouvrage coordonné et écrit entre autres par trois enseignants chevronnés, Philippe Riutort, Claire Joigneaux-Desplanques et Charlotte Vernet-Habasque ; et en culture générale, les ouvrages de fiches d'auteurs et de dissertation d'Anne-France Grenon. Feuilletez-les en librairie ou sur internet, et jugez par vous-mêmes !

Secret n° 4 *Chassez les écrans !*

Je vous ai invités à écrire de manière manuscrite pour faire un usage intelligent de votre ordinateur. Mais ce n'est pas tout. Je vous conseille très fortement de limiter l'utilisation de votre objet préféré : votre smartphone. Au début, votre concentration sera complètement en berne et les smartphones y sont pour beaucoup. Comme vous le savez sans doute, les smartphones, et notamment les applications de réseaux sociaux, sont une véritable drogue : les notifications et les pages que l'on peut faire défiler à l'infini stimulent en permanence notre système de récompense et créent un effet addictif largement démontré par la science. En résumé, nous sommes tous drogués aux écrans, et je m'inclus dedans. Une pathologie nouvelle a émergé : la nomophobie ou peur d'être éloigné trop longtemps de son smartphone…

LE SAVIEZ-VOUS ? LE SMARTPHONE, MÊME EN MODE AVION, NUIT À LA CONCENTRATION S'IL EST À CÔTÉ DE VOUS !

Tout est dit dans le titre. Des études ont déjà montré ce phénomène et c'est logique : même éteint, votre smartphone vous pénalise car il éveille en vous l'envie de le toucher et de consulter les notifications de vos applis préférées !

Quelques remèdes simples donc :

- Supprimez toutes les notifications ;
- Mettez votre portable le plus souvent en mode avion et éloignez-le de votre espace de travail (votre bureau) ;
- N'utilisez pas votre smartphone après 22 h (sauf éventuellement le week-end) car il altère votre capacité à vous endormir rapidement ;
- Lorsque vous l'utilisez, mettez-vous un objectif clair : « je commence par Insta 10 minutes, puis Snap 10 minutes, puis Discord 10 minutes ». Et *basta* !

Je reviendrai sur ces conseils dans la partie sur l'hygiène de vie car enseigner, c'est répéter et ce conseil est particulièrement précieux.

Secret n° 5 *Téléchargez toutefois les applis utiles*

La liste n'est évidemment pas exhaustive mais quelques applis seront particulièrement utiles en prépa :

- **Anki** : idéal pour mémoriser le vocabulaire en langues ;
- **Forest** : une appli qui optimise votre concentration ;
- **Petit Bambou, Headspace, Respirelax** et autres applis de méditation et de cohé-

rence cardiaque : idéal pour gérer le stress ;
- **Yuka** : pour valider la valeur nutritionnelle de ce que vous avez dans l'assiette ;
- **7 minutes** et autres applis de work-out : parfait pour faire une dizaine de minutes de sport de manière intensive et organisée ;
- **Word reference** : un dictionnaire de référence effectivement pour l'apprentissage des langues ;
- **Podcast addict** : pour y retrouver quelques podcasts importants comme « BBC Global News » ;
- **La Prensa** : parfait si vous faites espagnol et que vous souhaitez lire la presse. En cliquant sur un mot, vous pourrez en trouver directement la traduction, pratique.

Secret n° 6 Achetez une liseuse électronique

À vrai dire, les experts estiment que lire sur liseuse est légèrement moins efficace que lire sur un livre en papier. Mais je vous conseille néanmoins de faire l'acquisition d'un Kindle ou d'un Kobo car une liseuse est un formidable outil d'apprentissage des langues. Vous cliquez sur un mot et la traduction arrive instantanément et vous pourrez même revoir tous les mots recherchés pour faire des révisions de vocabulaire.

De plus, vous y trouverez de nombreuses œuvres gratuites car rentrées dans le domaine public : Victor Hugo, Oscar Wilde, Alexandre Dumas, Gustave Flaubert, Émile Zola. Puisez à loisir. Lisez gratuitement quelques passages des chefs-d'œuvre de ces auteurs pour affiner votre style.

SECRET DE COACH

Abonnez-vous à The Economist et faites des sélections « best of »

J'y reviendrai sur la partie consacrée à l'anglais mais l'une des vertus magnifiques de mon Kindle est que je peux m'abonner à *The Economist* et sélectionner des morceaux que je peux ensuite copier-coller sur un fichier Word, idéal pour améliorer son style ! Dans mon institut, je remets systématiquement à tous mes étudiants mes sélections d'articles. Faites-en autant !

Secret n° 7 — Achetez un livre de lecture rapide pour booster votre capacité à lire en diagonale

Votre capacité à lire vite sera particulièrement sollicitée en prépa. Heureusement, il existe des techniques de lecture rapide vous permettant d'apprendre à lire intelligemment un texte à idées, avec notamment l'ouvrage de référence de François Richaudeau.

SECRET D'ALUMNI

Imène et la lecture rapide

« La lecture rapide a été une découverte en prépa qui m'a permis d'être beaucoup plus efficace dans mon travail. Grâce à l'ouvrage de Richaudeau, mes lectures en géopolitique étaient beaucoup plus centrées sur l'essentiel et j'étais capable de décrypter les idées clés d'un texte de 20 pages en quelques minutes. Ces techniques me servent encore aujourd'hui dans la vie active lorsque par exemple je dois lire un contrat de 50 pages ! » Imène, diplômée d'HEC et camarade de ma promo !

EN UN MOT
LES SECRETS À RETENIR POUR VOS RÉVISIONS

1. Ayez des petits cahiers et des portes-vues.
2. Privilégiez l'écriture manuscrite et utilisez votre ordinateur à bon escient.
3. Ayez un nombre très limité d'ouvrages de référence.
4. Chassez les écrans !
5. Téléchargez toutefois les applis utiles.
6. Achetez une liseuse électronique.
7. Achetez un livre de lecture rapide pour booster votre capacité à lire en diagonale.

Chapitre 5

CONSTRUISEZ UN PLANNING DE TRAVAIL OPTIMISÉ

	VRAI	FAUX
Je n'ai jamais su m'organiser donc je n'arriverai pas à m'organiser en prépa		✘
Le planning de travail est indispensable en prépa	✘	
Il est préférable de planifier également les à-côtés de la prépa	✘	
Je dois fixer mon planning de travail à l'année et ne jamais le retoucher		✘

SECRET D'ALUMNI

« Mon secret pour intégrer HEC ? Je respectais à la lettre un planning de travail que je m'étais construit. Par exemple si la séance de maths se terminait en plein milieu d'un exercice, je contenais mon envie de poursuivre l'exercice et je passais à la matière suivante ! »

Loïc Collet, HEC

L'INTRO QUI FAIT DU BIEN

« Olivier, laisse tomber ton histoire de planning : je n'ai jamais réussi à en respecter un seul en 18 ans d'existence… » Voilà le genre de phrases que j'ai beaucoup entendu depuis que je coache des étudiants de prépa. Je peux vous avouer aujourd'hui que, jusqu'en prépa, j'étais également incapable de me discipliner et de travailler plus de deux heures d'affilée. Mes amis me fuyaient et ne voulaient pas travailler avec moi : j'avais le don de les divertir, ce qui n'est pas d'une grande aide à l'approche des examens…

Ce n'est qu'en prépa que le planning de travail m'est apparu incontournable. Et croyez-moi, on finit par s'y faire ! Les premiers pas seront délicats mais avec une solide volonté, vous trouverez le bon tempo. Si un chapitre entier est consacré à cet outil, ce n'est pas fortuit : le planning de travail est LA pierre angulaire de vos futurs progrès…

POURQUOI FAIRE *un planning de travail ?*

La question est louable et je vais tâcher d'y répondre en avançant deux arguments principaux :

- Le planning de travail vous permettra de ne pas avoir à réfléchir à la répartition des matières pendant la semaine. Une fois établi, ce sera donc un formidable outil antistress sur lequel vous pourrez vous reposer au quotidien. Affichez-le au-dessus de votre bureau et respectez-le, tout simplement.
- Mais l'argument le plus convaincant est le suivant : à HEC, quasiment tous les étudiants ont suivi un planning de travail. Si les meilleurs l'ont fait, pourquoi pas vous ? Pour l'anecdote, je parlais à un ancien HEC et père de l'un de mes étudiants. « *Quel était ton secret méthodologique à ton époque ?* » Sa réponse : « *je respectais à la lettre un planning de travail que je m'étais construit. Par exemple si la séance de maths se terminait en plein milieu d'un exercice, je contenais mon envie de poursuivre l'exercice et je passais à la matière suivante !* » La méthode du planning de travail n'est donc pas nouvelle et faisait déjà le bonheur des étudiants d'antan !

Toute la question est maintenant de savoir comment construire le planning de travail idéal. Votre planning idéal.

Le planning hebdomadaire

Pour commencer, dressons quelques règles fondamentales et conseils à respecter pour élaborer le planning idéal.

Secret n° 1 — *Construisez un planning ambitieux mais réaliste*

Si vous piquez du nez généralement vers 11 heures, il est absurde de caler des séances entre 11 heures et une heure du matin. De même, si vous estimez que le week-end doit être consacré exclusivement aux loisirs, il faudra probablement tirer un trait sur les plus grandes écoles… Tout est une question de dosage.

Secret n° 2 Planifiez également vos loisirs

Il est absolument vital que vous consacriez une partie de votre temps à la récupération. Les burn-out étudiants existent et peuvent vous faire complètement rater un concours. Alors soyez vigilants et planifiez également vos loisirs dans votre planning hebdomadaire. Par exemple, l'une de nos anciennes élèves tenait absolument à sa séance de tennis le vendredi soir. Nous l'avons calée dans son planning. D'autres auront besoin de nager ou de faire de l'équitation le dimanche. Notez-le sur le planning hebdomadaire type.

Secret n° 3 Faites des mathématiques au moins 2 heures par jour

Si votre emploi du temps le permet, il faut travailler les mathématiques entre 2 et 3 heures par soir en semaine, et entre 4 et 6 heures par jour le week-end. Ce point est fondamental. Les maths sont vraiment une matière à façonner au quotidien. Ne lâchez surtout pas. Je pense notamment à ceux qui ont choisi l'option « maths appliquées », qui abandonnent les maths en première année et ont accumulé trop de retard pour assurer aux concours. Je le redis : les maths doivent être votre priorité au quotidien. Cette matière est difficile mais juste : si vous la travaillez en permanence en respectant les conseils que je donnerai plus loin dans cet ouvrage, vous progresserez de manière certaine.

Secret n° 4 Travaillez les deux langues vivantes quasiment tous les jours

C'est un peu comme les maths. Une langue s'entretient au quotidien en variant les plaisirs : un jour la traduction, le suivant l'expression écrite, sans oublier le vocabulaire et les résumés d'articles. J'y reviendrai dans le chapitre consacré aux langues vivantes. Le passage d'une langue à l'autre n'est pas toujours aisé. Si vous pouvez éviter de les enchaîner, c'est mieux. Globalement, sur une semaine, essayez de caler 6 séances d'une heure en LV1 et 4 séances d'une heure en LV2. À ajuster bien sûr en fonction de vos contraintes.

Secret n° 5 — Consacrez une séance à la rédaction d'introductions ainsi qu'à l'élaboration de plans détaillés

En géopolitique comme en économie, vous serez jugés sur votre capacité à produire une bonne dissertation à la fois fluide, bien écrite, bien structurée, précise et parfaitement dans le sujet. Il vous faut donc travailler la rédaction au moins une fois par semaine, par exemple le dimanche. Vous serez alors des machines le jour J : votre style sera fluide et les plans rapidement trouvés.

Secret n° 6 — Calez des séances de révisions régulièrement dans toutes les matières

C'est l'un des secrets de la réussite de nos étudiants aux concours. Nous leur imposons des révisions permanentes dans toutes les matières. Et c'est une véritable révolution pour vous qui, au lycée, avez été habitués à ne travailler qu'à la petite semaine ! Changez cette habitude car le travail au jour le jour sans révision est complètement insuffisant en prépa. En ayant des bonnes notes aux DS de la semaine, vous aurez l'illusion de progresser mais vous serez surpris le jour du concours…

FUN FACT

Pour l'anecdote, je repense à ce cube du lycée de Saint Jean de Passy qui m'appela pour savoir comment Thibault, l'un de nos étudiants en cours complémentaires, pourtant moins bon que lui toute l'année, avait pu intégrer l'ESSEC en carré grâce aux maths alors que ses notes de l'année laissaient à désirer : « tout simplement parce que, contrairement à toi, il révisait le concours et non pas le DS de la semaine… »

Secret n° 7 — Faites des révisions mathématiques d'anciens chapitres sur deux jours

En maths, forcez-vous à réviser pendant deux séances de 3 ou 4 heures un chapitre qui n'a rien à voir avec le chapitre du moment. Par exemple, si votre prof traite les probabilités, accordez 5 séances par semaine au travail de ce chapitre mais libérez deux séances pour le travail des polynômes. Quand vous arriverez aux concours blancs, vous aurez déjà tout révisé. Et le jour J, vous serez beaucoup plus serein sur tous les chapitres. Contrairement à vos camarades qui, eux, vivaient à la petite semaine…

Secret n° 8 Acceptez de désobéir

Je ne vais sans doute pas me faire que des amis auprès du corps enseignant mais ce conseil est important. J'y ai même consacré tout un article sur notre site… Vous ne parviendrez jamais à faire tout ce que vos profs vous demandent. Je pense à ces profs de culture générale qui demandent de lire des œuvres de 500 pages en quelques semaines mais aussi à ces profs de maths qui matraquent les étudiants d'exercices difficiles et sans correction. Ne perdez pas votre temps à trop chercher et concentrez-vous sur les exercices corrigés. Notamment en bizuth où la pensée mathématique n'est pas assez mûre pour se frotter aux exercices difficiles. Dans les matières littéraires, concentrez-vous sur les ouvrages mentionnés dans ce livre et pour le reste, servez-vous d'Internet ou bien soyez très sélectifs.

FUN FACT

Je repense à Rémi, en prépa à Grenoble, que l'on suivait en accompagnement complémentaire. Lorsqu'il était en carré, son prof de culture générale demanda à toute la classe de lire un gros pavé soi-disant très important et que ceux qui ne l'auraient pas lu auraient une mauvaise note à l'interro écrite qui porterait sur l'œuvre. « Olivier, pensez-vous que je doive lire ce livre » ? Moi : « franchement, la valeur ajoutée de ce livre pour réussir ta dissertation le jour du concours me semble très limitée. Donc à ta place, je ne le lirais pas et j'irais trouver des résumés et analyses intéressantes sur internet. ». Quelques semaines, plus tard : « Olivier, j'ai écouté votre conseil et j'ai majoré à l'interro ! ».

Secret n° 9 Soyez intelligents dans la sélection des exercices traités

Les étudiants se demandent souvent ce qu'il faut faire à l'intérieur des plages fixées par le planning. Je ne peux pas répondre à cette question ! Tout dépend de vos points forts et points faibles dans les différentes matières. Soyez donc sélectifs et lucides sur les chapitres à travailler. Si, en anglais, les modaux vous posent problème, fixez plusieurs séances sur cette thématique. Si c'est le chapitre sur la révolution industrielle que vous avez tendance à oublier en histoire ou économie, planifiez de temps en temps une séance sur ce chapitre. Si c'est le calcul de sommation qui vous plombe en maths, faites-en plus souvent. En un mot, comme en cent, soyez intelligents et adaptez-vous !

Secret n° 10 Ne tombez pas dans le piège de la sur-organisation

J'ai parfois accompagné des étudiants pleins de bonne volonté qui mettaient un point d'honneur à organiser à l'extrême leur travail. Par exemple, ils s'interrogeaient sur la façon optimale de caler une révision sur un chapitre donné : « *Alors, je viens de voir le chapitre sur le commerce en vocabulaire anglais, je vais donc le revoir à J+3, puis à J+10, puis à J+30, comme ça, d'après un ouvrage que j'ai lu, j'optimiserai la mémorisation* »… Je l'affirme haut et fort, malgré tout ce que vous pourrez lire : c'est du pipeau ! Chaque étudiant est singulier. Les stratégies de révision seront donc propres à chacun. J'irai même plus loin : c'est contre-productif car, compte tenu de l'ampleur des chapitres à traiter, ce genre d'organisation sera insupportable à mettre en place et très consommatrice de temps. Je le redis : soyez intelligents et faites simplement preuve de bon sens dans la sélection des chapitres à revoir. Vous ne pourrez jamais tout revoir dans les moindres détails donc acceptez-le et soyez pragmatiques.

Notez enfin que votre planning ne doit pas être figé dans le marbre ! Il y aura forcément des imprévus qui vous empêcheront de le respecter à la lettre : khôlles qui débordent, cours rattrapés, rendez-vous médicaux… Le tout est de se montrer intelligent et de le respecter dans les grandes lignes à l'échelle de la semaine.

Voici un exemple d'emploi du temps et de planning de travail personnel que nous donnons à nos étudiants :

Planning option Géopolitique

	Lundi	Mardi	Mercredi
8h15-9h15		Travail personnel - Maths cours et applications	Travail personnel - revue d TD LV2
9h20-10h20	Géopolitique (3h) AG 9h-13h	Maths (3h45) JM 9h-12h45	LV2 (2h) RD ou DC
10h30-11h30			
11h35-12h35			LV2 TD (1h) RD ou DC
12h35-13h55			
13h55-14h55	Maths reprise exercices ou PYTHON	LV1 : thème/version	Maths (3h30) JM 13h10-16h35
15h-16h		LV2 : thème/version	
16h10-17h10	Anglais TD (1h) MA 16h45-17h45	Travail personnel - Fichage HGG	
17h15-18h15	Travail personnel - Fichage HGG	Maths reprise exercices ou PYTHON	Anglais (2h) DP 16h45-18h50
19h-20h			
20h-21h	Anglais reprise TD	Pause	Maths reprise exercices ou
21h-22h	Blind test Maths	LV2 : thème/version	SCILAB
22h-23h	Révisions petits carnets	Révisions petits carnets	Anglais thème, version

Légende : TD = travaux dirigés
Travail personnel conseillé

Planning option Economie (ESH)

	Lundi	Mardi	Mercredi
8h15 -9h15	Travail personnel - Maths cours et applications	ESH CJ 4h	Travail personnel - revue d TD LV2
9h20-10h20	Maths TD JCJ 9h30-12h30		LV2 (2h) RD ou DC
10h30-11h30			
11h35-12h35			LV2 TD (1h) RD ou DC
12h35h13h55			
13h55-14h55	Maths Cours JCJ 14h10-16h40	Maths Annales JCJ 13h55-16h55	ESH CJ 3h 13h30-16h35
15h-16h			
16h10-17h10	Anglais TD MA 16h45-17h45	Travail personnel - Maths cours et applications	Anglais Cours DP 16h45-18h50
17h15-18h15			
20h-21h			Maths reprise annales ou
21h-22h	Blind test Maths	LV2 : thème/version	PYTHON
22h-23h	Révisions petits carnets	Révisions petits carnets	Anglais thème, version

Légende TD = travaux dirigés
Travail personnel conseillé

Jeudi	Vendredi	Samedi	Dimanche
Anglais - DP (1h)	Travail personnel - Maths cours et applications		
ulture générale (2h) AFG	**Géopolitique (2h) FB**	Géopo - révisions semaine CG - révisions, méthode	Géopo - intro + plan détaillé Anglais thème, version
ontra/synth AFG 13h55-15h55 (composition 1 sem/2) **laths (3h+1/4h du merc) JM 16h10-19h25**	**Prépa mentale (1h30) JMS 14h10-15h40** Travail personnel - Blind test Maths **Conférence 17h-20h**	Maths - révisions thématiques (analyse, proba, algèbre) LV2 - thème, version	Maths - révisions thématiques (analyse, proba, algèbre) Révision petits carnets
Fichage Géopolitique ichage Culture Générale LV2 : thème/version	LV1 : thème/version Révision petits carnets		Révision petits carnets Bilan de la semaine

Jeudi	Vendredi	Samedi	Dimanche
Anglais Cours DP	Travail personnel - Maths cours et applications		
ılture générale (2h) AFG	**Maths Cours JCJ (3h30) 9h-12h35**	ESH - révisions semaine CG - travail des notions clés	ESH - intro + plan détaillé Anglais thème, version
ontra/synth AFG 13h55-15h55 (composition 1 sem/2) ravail personnel - Maths cours et applications	**Prépa mentale JMS 14h10-15h40** Fichage ESH **Conférence 17h-20h**	Maths - révisions thématiques (analyse, proba, algèbre) LV2 - thème, version	Maths - révisions thématiques (analyse, proba, algèbre) Révision petits carnets
Fichage ESH LV2 - thème/version	Anglais thème, version Révision petits carnets		Révision petits carnets Bilan de la semaine

Le planning des vacances

Je repense souvent, non sans émotion, à ces 14 heures journalières que je passais dans une salle de 2 m² au Mans chez ma tante ! Je devais être fou pour travailler autant. J'étais aussi terriblement en retard comme mes notes de bizuth l'ont montré précédemment. Je n'avais pas trop le choix. Les vacances étaient alors l'occasion de rattraper ce retard.

Pour vous rassurer, sachez que les étudiants sérieux que j'ai accompagnés depuis tant d'années n'ont quasiment jamais travaillé autant : généralement entre 8 et 10 heures par jour suffisent avec, en cadeau, des jours de repos absolu. Mais j'ai aussi géré des étudiants qui n'ont pas eu la force de travailler autant. Je leur concoctais alors un programme sur-mesure tout en restant franc avec eux : à talent égal, c'est toujours le plus travailleur qui intègre la meilleure école…

Voici quelques conseils à suivre pour optimiser vos progrès pendant les vacances.

Secret n° 11 — Accordez-vous une vraie pause pendant 2-3 jours si besoin

N'oubliez pas que les vacances sont l'occasion de travailler mais aussi de recharger les batteries. Sur les 15 jours, accordez-vous toujours de vraies journées de repos sans ouvrir un seul bouquin. Le travail vous manquera tellement que vous y retournerez avec une énergie décuplée !

Secret n° 12 — Procédez par « bloc » pour optimiser la mémorisation

Comme nous le verrons plus tard dans cet ouvrage, la mémoire exige de la répétition parfois « concentrée » afin d'ancrer les savoirs. Concrètement, si l'on prend l'exemple des maths, je vous conseille de faire 3 jours de probabilités, puis 3 jours d'algèbre, puis 3 jours d'analyse. Ce sera toujours plus efficace que d'alterner tous les jours ces trois catégories. De même, en langue, plutôt que de faire des phrases de thème quelconque où toutes les règles se mélangent, travaillez par chapitre : les phrases sur la concordance des temps, celles sur l'article défini, etc.

Secret n° 13 — Travaillez entre 6 heures et 10 heures (voire 12 heures pour les plus robustes) par jour

Il n'y a pas de règles figées. Le tout est de trouver le temps de travail qui vous permettra d'être efficaces sans trop vous épuiser. En dessous de 6 heures, vous jouez à un jeu dangereux. Ou bien vous êtes talentueux. J'en ai connu à HEC donc je sais que ça existe ! Mais les génies qui n'ont pas besoin de beaucoup travailler sont rarissimes. Dans ma promo, ils se comptent sur les doigts d'une main… Les autres : des bourreaux de travail. Entre 8 heures et 10 heures de travail quotidien : tel est sans doute le rythme moyen qu'un futur admis à HEC aura travaillé pendant ses années de prépa.

Secret n° 14 — Comblez les lacunes et révisez plutôt que de prendre de l'avance

Profitez des vacances pour rattraper l'éventuel retard que vous aurez accumulé dans certaines matières. Il est notamment fréquent que les étudiants arrivant en prépa ne connaissent pas suffisamment de vocabulaire courant en anglais. Savez-vous dire : rideau, armoire, cauchemar, fourchette… dans chacune des deux langues vivantes ? Si tel n'est pas le cas, alors révisez le vocabulaire courant ! En maths, reprenez les anciens sujets (DS, DM, concours blancs) plutôt que faire de nouveaux sujets : ne vous dispersez pas et dresser une liste de sujets à revoir.

Secret n° 15 — Faites plus de culture générale que d'habitude

Comme la culture générale n'est pas complément à l'honneur dans le planning hebdomadaire, profitez des vacances pour renouer avec cette matière et adoptez les conseils prodigués dans la partie concernée.

Comme pour le planning hebdomadaire, voici un exemple de planning de vacances :

	lundi	mardi	mercredi	jeudi	vendredi	samedi	dimanche
9h - 9h30	**ESH / Géopo**	**ESH / Géopo**	**ESH / Géopo**	**ESH / Géopo**	**ESH / Géopo**	**ESH / Géopo**	**ESH / Géopo**
9h30 - 10h	1ère année	1ère année	Dissert 1re année	1re année	1re année	1re année	Dissert 1re année
10h - 10h30							
10h30 - 11h							
11h - 11h30							
11h30 - 12h	**LV1**	**LV1**	**LV1**	**LV1**	**LV1**	**LV1**	**LV1**
12h - 12h30	thème - version	Essai, civi, résumé	vocabulaire courant &	Essai, civi, résumé	thème - version	Essai, civi, résumé	vocabulaire courant &
12h30 - 13h		article	spécifique	article		article	spécifique
13h - 13h30							
13h30 - 14h							
14h30 - 15h	Analyse	Analyse	Analyse	Proba	Proba	Proba	Algèbre
15h30 - 16h	& exos d'applications			& exos d'applications			& exos d'applications
16h - 16h30	& exos techniques			& exos techniques			& exos techniques
16h30 - 17h	(calcul)			(calcul)			(calcul)
17h - 17h30							
17h30 - 18h							
18h - 18h30	**CG**	**Maths**	**Maths**	**CG**	**Maths**	**Maths**	**CG**
18h30 - 19h	Fichage concepts, référ	Analyse	Proba		Proba	Proba	Fichage concepts,
19h - 19h30		sujets à refaire	sujets à refaire		sujets à refaire	sujets à refaire	références
19h30 - 20h		Révisions cahier			Révisions cahier		
20h30 - 21h							
21h - 21h30	**LV2**	**LV2**	**LV2**	**LV2**	**LV2**	**LV2**	**LV2**
21h30 - 22h	Essai, civi, résumé article	Thème version	Vocabulaire courant &	Essai, civi, résumé article	Thème version	Grammaire	Vocabulaire courant &
22h - 22h30			spécifique				spécifique

EN UN MOT LES SECRETS À RETENIR POUR VOS PLANNINGS

Pour le planning hebdomadaire

1. Construisez un planning ambitieux mais réaliste
2. Planifiez également vos loisirs
3. Faites des mathématiques au moins 2 heures par jour
4. Travaillez les deux langues vivantes quasiment tous les jours
5. Consacrez une séance à la rédaction d'introductions ainsi qu'à l'élaboration de plans détaillés
6. Calez des séances de révisions régulièrement dans toutes les matières
7. Faites des révisions mathématiques d'anciens chapitres sur deux jours
8. Acceptez de désobéir
9. Soyez intelligents dans la sélection des exercices traités
10. Ne tombez pas dans le piège de la sur-organisation

Pour le planning des vacances

11. Accordez-vous une vraie pause pendant 2-3 jours si besoin
12. Procédez par « bloc » pour optimiser la mémorisation
13. Travaillez entre 6 heures et 10 heures (voire 12 heures pour les plus robustes) par jour
14. Comblez les lacunes et révisez plutôt que de prendre de l'avance
15. Faites plus de culture générale que d'habitude

Chapitre 6

APPRENEZ À APPRENDRE ET PILOTEZ VOS PROGRÈS

	VRAI	FAUX
Seuls les génies intègrent HEC		✘
La quasi-totalité des admis à HEC ont développé une grande productivité dans le travail	✘	
En bachotant inlassablement, je vais intégrer une grande école		✘
Les meilleures pratiques de productivité vont grandement m'aider à progresser	✘	

« Apprendre sans réfléchir est vain. Réfléchir sans apprendre est dangereux »

Confucius

L'INTRO QUI FAIT DU BIEN

On ne va pas se mentir : pour avoir le bac, vous n'avez pas eu à trop souffrir ni à déployer des techniques particulièrement complexes. Parmi vous, certains ont sans doute eu un parcours honorable au lycée mais en travaillant parfois à la dernière minute, avec un casque sur les oreilles et les amis virtuellement à vos côtés par ordinateurs interposés. C'était le monde d'avant. Le monde d'avant la prépa. À présent, vous vous apprêtez à rentrer dans un univers beaucoup plus exigeant où le travail à la petite semaine ne fonctionne plus. Nous avons vu dans le chapitre précédent les clés d'un planning de travail optimisé. C'est un premier pas vers le professionnalisme. Mais allons plus loin à présent et découvrons ensemble les techniques qui vous permettront d'apprendre intelligemment cette masse colossale d'informations et de concepts qui vous attend. Ces conseils vous serviront toute votre vie.

APPRENEZ À APPRENDRE

LE SAVIEZ-VOUS ? LES TROIS GRANDS CANAUX DE MÉMORISATION

Vous le savez sans doute, nous avons trois principaux canaux de perceptions sensorielles :

- *Le canal auditif,*
- *Le canal visuel,*
- *Le canal kinesthésique.*

Nous utilisons ces trois canaux en permanence mais certains canaux prédominent selon les individus. Ainsi :

- *Un étudiant à dominante auditive aimera apprendre en répétant à voix haute et sera sensible à ce que les professeurs disent en classe ;*
- *Un étudiant à dominante visuelle aura besoin d'écrire pour mieux mémoriser ses leçons ;*
- *Un étudiant à dominante kinesthésique aura besoin d'être dans le mouvement, dans l'action, voire dans l'émotion pour fixer les savoirs.*

CAS PRATIQUE

Un petit test très simple pour connaître votre canal préféré : vous êtes sur une plage. Décrivez ce que cela évoque en vous ?

Les visuels parleront spontanément du soleil qui irradie, des cocotiers qui bordent la plage et s'étendent à perte de vue, de l'eau translucide, des montagnes que l'on voit au loin…

Les auditifs se laisseront plus volontiers bercer par le cri des mouettes, la musique du ressac, le chatouillement du vent sur nos oreilles…

Quant aux kinesthésiques, ils seront en train de jouer au foot sur le sable chaud, entourés de Brésiliens souriants, ou bien repenseront à leur premier flirt sur cette plage déserte du sud de la Sardaigne…

Chaque individu a un canal préféré mais le plus efficace pour mémoriser sera d'utiliser ces 3 canaux.[1] Pour ma part, je pense être un bon exemple puisque je n'avais pas de véritable dominante. Ma mémoire étant très limitée par rapport à la moyenne, j'avais besoin de mobiliser les 3 canaux en permanence et tout finissait par rentrer. Voyons plus précisément comment.

Les secrets pour apprendre efficacement

Quatre grandes méthodes de mémorisation vous seront utiles en prépa :

- La mnémotechnique,
- La compréhension,
- La répétition,
- La mise en situation.

Il s'agira de savoir combiner ces quatre méthodes pour optimiser la mémorisation des savoirs et savoir-faire.

Secret n° 1 *Utilisez la mnémotechnique*

La mnémotechnique, nous dit le Larousse, est l'ensemble des « *procédés utilisés en vue de mieux fixer certains souvenirs, ou d'être plus aisément à même de les retrouver* ». En clair, la mnémotechnique consiste principalement à trouver des astuces pour incruster les savoirs dans le cerveau.

En prépa, on utilisera essentiellement les associations phonétiques, les associations d'idées ou les jeux de mots. Ces trois astuces seront d'ailleurs souvent combinées. Listons quelques exemples évocateurs qui vous donneront sûrement des idées :

- **Maths : l'association « convexe – exp »**

Qu'est-ce qu'une fonction convexe ? Pour le retenir, je me dis encore aujourd'hui « convexe rime avec exp » comme exponentielle. Je sais alors que la dérivée seconde de l'exp est positive et que sa courbe représentative est au-dessus de toutes ses tangentes (je la visualise dans ma tête). Je conjecture alors que « toute

1. Notons que, contrairement à une idée reçue, la mémoire « photographique » n'existe pas. Les spécialistes ont démontré qu'on ne retient une image que parce qu'elle est associé à des mots et à du sens. Se prétendre doté d'une mémoire exclusivement visuelle est donc un non-sens !

fonction deux fois dérivable et dont la dérivée est positive est convexe. Et toute fonction convexe est au-dessus de toutes ses tangentes ».

- **Maths : l'association sin(a + b) et « signes »**

Rappelons ces horribles formules trigonométriques pour ceux qui auront choisi l'option « maths approfondies » :

$$\cos(a + b) = \cos a \cos b - \sin a \sin b$$
$$\cos(a - b) = \cos a \cos b + \sin a \sin b$$
$$\sin(a + b) = \sin a \cos b + \sin a \sin b$$
$$\sin(a - b) = \sin a \cos b - \sin a \sin b$$

Pour éviter les erreurs, je me racontais l'histoire suivante : « le sinus aime bien les signes, ce pourquoi quand je développe sin(a + b) le signe + est conservé. *A contrario*, le cosinus lui n'aimera pas les signes donc lorsqu'on développe cos(a + b), le signe + se transforme en – ». Cette association toute personnelle de retenir ces formules m'a fait gagner beaucoup de temps par rapport à ceux qui apprenaient ces formules par des moyens plus classiques.

En langues, les astuces phonétiques peuvent également être mises à l'honneur.

- **Anglais : l'association *Parrot – Carrot***

Voici une association que j'ai trouvée dans « une mémoire d'éléphant » d'Alain Lieury, livre passionnant traitant de la mémoire :

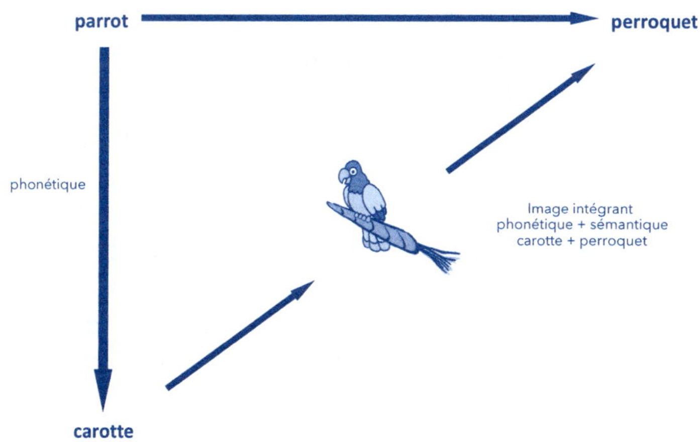

Pour mémoriser le mot anglais *parrot* qui signifie «perroquet», on visualise un perroquet sur une carotte et on fait alors l'association *parrot – carrot* diablement efficace. On combine ici association phonétique et visualisation d'une image amusante pour fixer le mot dans sa mémoire.

FUN FACT **L'ASSOCIATION PHONÉTIQUE GINOCCHIO – PINOCCHIO AVEC UNE ALUMNI**

L'une de mes anciennes élèves éprouvait les plus grandes difficultés pour apprendre certains mots de vocabulaire en italien. Ayant eu un nombre non négligeable de cours avec cette élève, j'ai très vite cerné que sa mémoire fonctionnait préférentiellement selon les modes visuel et kinesthésique. Je lui ai alors livré un secret : «pour retenir un mot, raconte-toi une histoire aussi loufoque que possible incluant ce mot et ce sera gagné» *Je lui ai pris l'exemple du mot «genou» qui se dit ginocchio en italien et qu'elle n'arrivait pas à retenir. Je lui ai alors improvisé l'histoire de Pinocchio dont la particularité est d'avoir des articulations en bois et notamment les genoux que Gepetto avait eu beaucoup de mal à confectionner ! Il baptisa alors ce genou le ginocchio ! Cette histoire complètement absurde assortie de l'association phonétique «ginocchio - pinocchio», n'avait qu'un seul objectif : retenir le mot. Elle le retiendra sans doute à vie. Et moi aussi au passage !*

SECRET DE COACH

Réservez la «méthode des lieux» à quelques dates éventuelles ou quelques mots de vocabulaire, guère plus

Autant vous le dire d'emblée : je ne suis pas un adepte de cette méthode. Certains étudiants l'utilisent et en sont contents pour mémoriser certaines dates mais elle ne fait pas l'unanimité. Quel en est le principe ? «Cette méthode consiste à coder en images ce que l'on doit apprendre et à placer chacune d'elles dans un lieu selon un itinéraire bien connu et représenté mentalement. Pour rappeler tous les éléments dans l'ordre, il suffit de refaire mentalement le trajet et de découvrir l'image qui a été placée en chaque lieu [2]».

Concrètement, je commence par définir un lieu que je connais parfaitement. Prenons ma chambre. Je veux retenir trois dates clés de la construction européenne :

2. *Une mémoire d'éléphant* – Alain Lieury

- Avril 1951 : traité de Paris et création de la CECA ;
- Juin 1955 : conférence de Messine
- 1957 : traité de Rome et création de la CEE

Pour les retenir, j'associe chacune des dates à un lieu. Par exemple :
- Avril 1951 est la porte d'entrée de ma chambre ;
- Juin 1955 est mon bureau qui se trouve à gauche de la porte d'entrée ;
- 1957 est le lit qui est dans le prolongement du bureau.

L'itinéraire ainsi fixé va dans le sens de la chronologie et permet de la mémoriser plus facilement.

Cette méthode de mémorisation était très répandue dans l'Antiquité car à cette époque, les gens ne savaient pas lire. Cette technique a donc progressivement disparu depuis. Si toutefois cette technique vous parle, n'hésitez pas à en faire usage. Les kinesthésiques et les visuels y trouvent parfois un intérêt. L'un de mes étudiants, très kinesthésique, la trouve très utile pour les chronologies. Pour ma part, j'estime qu'elle ne doit pas remplacer les autres méthodes exposées ici mais se poser en complément éventuel.

Vous l'aurez compris, la mnémotechnique sera votre alliée pour retenir certaines formules de maths, certains mots de vocabulaire ou certaines dates. Néanmoins, ces techniques de mémorisation ne vous sauveront que ponctuellement. Les méthodes qui suivent seront bien plus sollicitées et animeront votre quotidien.

Secret n° 2 — *Comprenez ce que vous apprenez*

Descartes disait déjà en son temps : « il est clair qu'il n'est nul besoin de la mémoire pour toutes les sciences. Car qui comprendra les causes, reformera en son cerveau, par l'impression de la cause, des fantômes tout à fait effacés ».

Sans être aussi catégorique que Descartes, je vais dans le même sens : pour mémoriser les informations en prépa, vous aurez besoin de les comprendre. Ce sera une exigence impérieuse. Notamment dans les matières où le raisonnement est clé : mathématiques, histoire-géo ou économie, culture générale mais aussi langues vivantes (pour mémoriser certains points de grammaire, il suffira souvent de comprendre leur logique).

CAS PRATIQUE N° 1

Redémontrez les formules de trigonométrie

Afin d'éviter de déployer une énergie folle à apprendre toutes les formules de trigonométrie par cœur, je vous invite à comprendre la démonstration. Rappelons deux formules de base :

$\cos(a + b) = \cos a \cos b - \sin a \sin b \qquad L_1$

$\cos(a - b) = \cos a \cos b + \sin a \sin b \qquad L_2$

En considérant $L_1 + L_2$, on obtient les formules connues :

$2\cos a \cos b = \cos(a + b) + \cos(a - b)$ *i.e* :

$$\cos a \cos b = \frac{1}{2}[\cos(a + b) + \cos(a - b)]$$

Et en remplaçant b par a, cela donne une autre formule connue :

$$\cos^2(a) = \frac{1}{2}[\cos 2a + 1]$$

Je vous laisse faire joujou avec les autres formules portant sur le sinus…

FUN FACT

Aux concours, je suis personnellement tombé à l'EM Lyon sur une question de trigonométrie mobilisant ces formules : j'étais bien heureux d'utiliser mon brouillon pour trouver rapidement la réponse ! Dans certains lycées, les colleurs exigent de connaître ces formules par cœur. Si tel est le cas dans votre prépa : désobéissez et refaites devant votre colleur la démonstration au tableau !

CAS PRATIQUE N° 2

Vérifiez vos formules de maths

Certaines formules, aussi basiques soient-elles, vous donneront parfois du fil à retordre. Nos étudiants, notamment en maths appliquées, hésitent encore sur des formules de logarithme, de puissances, d'exponentielles. Nous avons tous eu ces hésitations, moi le premier. Voici l'astuce qui me permettait de déjouer les pièges : lorsque j'hésitais, je prenais systématiquement un brouillon pour valider ou invalider mes intuitions.

Par exemple, si vous hésitez entre $(a^b)^c = a^{b\times c}$ ou $(a^b)^c = a^{b+c}$, il vous suffit de faire deux tests de vérification :

$(4^1)^2 = 4^2 = 16 \neq 4^{1+2}$ on voit bien que la seconde formule est fausse.

La compréhension vient ici renforcer l'apprentissage par cœur et apporte une sécurité très réconfortante pour le concours : vous savez que vous pourrez toujours compter sur votre brouillon pour vérifier vos formules si une hésitation vous tarabuste.

La chronologie de la construction européenne

C'est une question récurrente : comment retenir toutes ces dates, toutes ces chronologies insupportables qu'on nous demande d'apprendre par cœur ? À l'heure où je vous écris, la question m'a encore été posée hier par l'une de nos étudiantes !

Alors évidemment, on peut s'amuser à répéter inlassablement les chronologies et cela finira par rentrer. Certains mobiliseront des méthodes alternatives d'apprentissage (méthode des lieux décrite dans la partie sur la mnémotechnique). Mais avec le recul de plusieurs années de coaching, je pense que la façon la plus intelligente d'apprendre une chronologie est d'en cerner le sens que l'on découpera en grands thèmes. Par exemple, pour mémoriser la chronologie de la construction européenne, on essaiera de retenir le sens des évènements en les regroupant par grandes idées :

- La construction européenne a d'abord reposé sur l'économique : création de la CECA (traité de Paris en avril 1951) puis conférence de Messine en juin 1955 relançant le processus de construction en étendant le marché commun à toute l'économie ainsi qu'à l'énergie nucléaire. Le traité de Rome de 1957 parachève cette ambition avec la création de la Communauté Économique Européenne (CEE)
- Les élargissements se sont faits par vagues successives…
- L'Europe de la défense…

Cette approche a le grand mérite de vous obliger à comprendre les grandes étapes dans leur ensemble et de stocker le sens dans ce que les experts appellent la « mémoire sémantique ». C'est, avec la répétition, la technique de mémorisation la plus utile en prépa.

De manière générale, comprendre ce que vous apprenez présente plusieurs avantages de taille :

- Vous libérerez de l'espace dans votre cerveau en retenant la logique qui lie les informations entre elles et vous évitez ainsi de vous noyer dans le micro-apprentissage de toutes les informations prises séparément ;
- Vous développerez des capacités de réflexion et de vitesse de raisonnement indispensables pour faire la différence le jour J ;
- Vous renforcerez vos capacités de synthèse, d'interconnexion et d'ordonnancement des phénomènes, ce que les correcteurs apprécieront grandement.

Il me faut toutefois vous faire un terrible aveu : comprendre ne suffira pas… Il vous faudra également, répéter, encore répéter, toujours répéter…

Secret n° 3 *Répétez, répétez, répétez*

LE SAVIEZ-VOUS ? CES GRANDS PROFESSIONNELS QUI RÉPÉTAIENT, RÉPÉTAIENT, RÉPÉTAIENT !

Saviez-vous que le champion de tennis Andy Roddick (ex n° 1 mondial) faisait certains jours 3 000 revers dans la même après-midi (notamment lors de son premier entraînement avec Jimmy Connors…) ?

Saviez-vous que l'acteur Jean Dujardin, sur le tournage d'OSS 117, répétait en permanence son texte, même lorsque les scènes étaient déjà tournées ? « Ça me permet de faire mes gammes » rétorqua Jean à Michel Hazanavicius, le réalisateur, qui ne comprenait pas ce comportement absurde !

Je pourrais multiplier les exemples à l'infini. Tous les grands champions, toutes disciplines confondues, passent leur temps à répéter les mêmes gestes, les mêmes mouvements, les mêmes actions.

Vous n'en ferez donc pas l'économie si vous souhaitez devenir des « machines de guerre » aux concours ! Comme je viens de le dire, la compréhension ne suffira pas, notamment pour retenir des points de cours aussi complexes que, par exemple, la densité d'une loi normale dans le cas général.

La répétition inlassable permettra alors de fixer, d'imprimer l'information en vous et de la stocker dans ce que les experts appellent la « mémoire procédurale ». C'est la mémoire qui est activée par exemple lorsque l'on fait du vélo, lorsque l'on marche, lorsque l'on conduit…

La répétition sera dès lors une méthode de mémorisation incontournable pour acquérir fluidité, rapidité d'exécution et perfection. Ce ne sera pas facile car vous faites partie d'une génération inondée d'informations. La tentation de la nouveauté est grande, notamment en maths, où les étudiants ont cette fâcheuse tendance à multiplier les exercices à la va-vite alors que la répétition des grands classiques devrait être mise en priorité ultime.

Petit avant-goût des répétitions qui vous attendent et qui seront détaillées dans les chapitres qui suivent :

- En maths : vous devrez faire des rappels de cours en permanence et vous répéterez les mêmes exercices 3, 4 voire 5 fois jusqu'à parfaite maîtrise ;
- En géopolitique ou en économie, vous ferez des tests de la « feuille blanche » (ou « Blind test » ou test « Que sais-je ») autant que possible sur tous les sujets (notamment pour réviser les chapitres de première année lorsque vous serez en seconde année) ;
- En langue, vous réviserez sans cesse les chapitres de vocabulaire déjà appris afin de les digérer et ne jamais plus les oublier ;
- En culture générale, vous réviserez sans cesse les « pépites » que vous aurez débusquées et rédigées.

LE SAVIEZ-VOUS ? À QUELLE FRÉQUENCE RÉPÉTER UNE MÊME NOTION ?

C'est une question légitime qu'on nous pose tout le temps. Je n'ai pas de réponse unique à vous formuler car cela dépend évidemment du concept en jeu et de votre mémoire. Une chose est en revanche certaine et appuyée par la science : il faut répéter en espaçant à chaque fois de plus en plus. Ainsi, les cours de la journée devront être revus en priorité le soir même, puis il faudra revoir les notions mobilisées par exemple le week-end qui suit, puis le week-end d'après, puis un mois plus tard, etc. L'idée est vraiment d'avoir des répétitions rapprochées au début puis de plus en plus espacées. Attention, toutefois à ne pas planifier à l'excès vos répétitions. Retenez simplement l'essentiel : revoyez impérativement le soir même les cours de la journée puis révisez régulièrement notamment les week-ends.

Si le sujet vous intéresse, n'hésitez pas à creuser la théorie d'Ebbinghaus autour de la courbe de l'oubli.

Voyons à présent la méthode de mémorisation qui complétera les précédentes afin de fixer plus fermement les savoirs dans votre cerveau : la mise en situation…

Secret n° 4 Mettez-vous en situation en variant les formats

L'idée est simple : on apprend toujours de ses erreurs. Selon les tempéraments, les erreurs que vous ferez auront cette tendance à vous faire marrer, vous énerver voire vous mettre dans tous vos états. Ne vous êtes-vous jamais dit « bordel, comment ai-je pu faire cette erreur, c'était trop simple en fait ! » Pour ma part, j'ai passé toute ma première année à me faire cette réflexion lorsque je regardais les corrections des DS de maths…

Dans tous les cas, l'erreur ne vous laissera pas indifférent et donnera naissance à une émotion qui permettra de fixer le souvenir plus fermement. « Les émotions déclenchent sur le plan neurobiologique, par l'amygdale, une suractivation de l'hippocampe, la structure qui permet l'enregistrement » nous enseigne Alain Lieury[3], expert de la mémoire.

Listons quelques exemples de mémorisation par mise en situation que je vous invite à méditer pour optimiser la fixation des savoirs dans vos différentes matières.

Les « blind-tests », « Que sais-je » ou « tests de la feuille blanche »

Lorsque vous ferez des rappels de cours dans toutes les matières, ne vous ruez pas sur vos formulaires ou vos bouquins : commencez toujours par solliciter votre mémoire en premier pour ensuite vérifier dans un second temps si votre proposition est juste. Un prof d'Henri IV appelle ça les « tests de la feuille blanche ». On pourra aussi appeler cela un « blind test » ou un « Que sais-je » : on prend une feuille blanche et on pose sur papier tout ce que l'on sait sur le point de cours considéré. On vérifie ensuite sur un support de cours « officiel » (fiche, formulaire, cours du prof). Toutes les erreurs ou imprécisions que vous écrirez créeront une émotion fructueuse. Cette démarche, si vous la systématisez, sera beaucoup plus efficace que la simple relecture de fiches. Ainsi :

3. *Une mémoire d'éléphant* – Alain Lieury

- **En maths**, quand vous aurez besoin d'une formule sur une question donnée : faites un rappel en utilisant la mémoire d'abord puis validez-la ou corrigez-la à l'aide votre cours « officiel ».
- **En économie** : pour réviser un chapitre, prenez une feuille blanche et écrivez l'essentiel des mécanismes, des théories, des faits historiques à l'aide de votre mémoire. Puis reprenez un support de cours pour valider ou pas.
- **En histoire-géo** : même démarche. On liste sur une feuille blanche les dates clés, les faits historiques marquants, les définitions des notions clés, les défis majeurs, les arguments géographiques…
- **En langues** : sur une phrase de thème donné, on pose le point de grammaire en utilisant la mémoire puis en vérifiant dans un lexique grammatical.

Cette démarche est consommatrice de temps mais c'est une véritable clé pour gagner en précision, faire le lien entre cours et exercices en maths ou prendre de la hauteur sur les matières littéraires. Vous aurez l'impression d'aller moins vite que vos camarades. Mais les progrès seront palpables à l'arrivée.

L'analyse des erreurs

Même si la tentation est grande, ne brûlez jamais vos DS plantés ou concours blancs catastrophiques. Ayez la discipline de reprendre tous les points qui n'ont pas convaincu ou qui ont exaspéré le correcteur. Et il y en aura parfois beaucoup, notamment en première année.

Fixez toutes les horreurs à éviter absolument sur un petit cahier en écrivant l'horreur puis la correction.

La conférence entre amis

Dans toutes les matières, lorsque vous pensez avoir compris l'essentiel du cours, n'hésitez pas à étaler votre savoir à un ami ou un membre de votre entourage. Émotion garantie ! Si votre propos n'est pas parfaitement ficelé et didactique, vos amis n'hésiteront pas à vous en faire la remarque…

SECRET D'ALUMNI

« J'ai embauché ma petite sœur de 13 ans pour faire un jeu que je conseille à tous pour gagner un max de temps et avoir une vision panoramique du cours : à la fin de mon ouvrage d'économie se trouvait un index des notions et concepts. Elle me les a tous énoncés un par un et je devais en quelques mots, rapidement, être capable d'expliquer à ma sœur qui n'avait jamais fait d'économie en quoi la notion consistait. J'avais donc validé mes connaissances, et acquis une vision plus globale, plus distancée, plus exhaustive de toute la masse d'informations en Économie.» *Haris, diplômé de l'ESSEC*

Vous pouvez également faire des conférences tout seul dans votre chambre tel un conférencier dans une salle vide qui développe un argumentaire comme si la salle était pleine. C'est l'une des spécialités d'Élisa, l'une de mes étudiantes :

«Pour valider mes connaissances sur un chapitre donné, je fais des conférences à mon nounours dans ma chambre» !

Élisa a majoré l'économie dans sa classe à Janson de Sailly.

L'intervention orale en cours

Pour les tempéraments les plus téméraires, ayez le courage d'intervenir autant que possible à l'oral. Par exemple en langue mais aussi en maths en vous rendant au tableau pour corriger un exercice. En faisant des erreurs au tableau, vous en tirerez plus facilement les enseignements.

Cela suppose une mise en sourdine de son orgueil, ce qui n'est pas chose aisée. Vous serez parfois ridicules devant l'assemblée de vos camarades. Mais, contrairement à eux, vous retiendrez davantage le point de cours que vous ne maîtrisiez pas lors de votre intervention orale.

J'ai personnellement un souvenir très marqué des deux fois où, en anglais, j'ai tenté d'utiliser deux mots dont je ne maîtrisais pas la prononciation : *miserable* et *recipe*. Je revois encore parfaitement l'un de mes amis, bilingue, qui s'est mis à avoir en fou rire en classe lorsque j'ai tenté un «miserAble» en accentuant le A alors que précisément l'accent se fait sur la première syllabe… Je n'ai pas oublié et je n'oublierai probablement jamais grâce à cette émotion qui a fixé en moi ce souvenir.

Néanmoins, si l'émotion risque d'être trop forte, ne prenez pas le risque. À vous de jauger en fonction de votre confiance du moment et de votre niveau.

Secret n° 5 Testez les méthodes les plus adaptées à votre mémoire et foncez !

Nous avons vu l'essentiel des techniques de mémorisation mais il m'apparaît important de conclure sur ce point fondamental : chaque étudiant est unique et donc les techniques que chacun mobilisera pendant sa prépa sont à trouver et à expérimenter en début de prépa. Il n'y a pas de recettes transposables partout. Si une méthode de mémorisation était applicable à tout le monde, ça se saurait… Celui qui le prétend n'a pas rencontré assez d'étudiants pour se rendre compte de son erreur.

Je pense notamment à cette question que l'on me pose en permanence : « doit-on faire des fiches ? » Ma réponse est claire : cela dépend ! Certains adorent ficher pour fixer les savoirs, d'autres préféreront lire plusieurs fois leur cours. Les kinesthésiques seront par exemple très sensibles à l'aspect visuel de la fiche. Ken LeCoutre, l'un des étudiants les plus incroyables que j'ai eu à accompagner, s'est ainsi pris de passion pour le *mind mapping*, méthode de fichage en arborescence inventée par Tony Buzan. Il est même allé jusqu'à ficher la séance de méthodologie que je propose chaque année à mes étudiants !

Autre exemple pour illustrer la singularité de chacun : l'apprentissage d'un texte au théâtre. En sortant d'HEC, j'ai fait une école de théâtre dans laquelle on rencontrait plusieurs comédiens professionnels aguerris. Concernant l'apprentissage du texte, il était amusant de constater que deux méthodes complètement différentes cohabitaient :

- Il y avait ceux qui apprenaient en répétant le texte inlassablement et sans le ton avec un petit bâton entre les dents (pour mieux articuler). Ils apprennent d'abord la première phrase. Puis la seconde. Puis ils répètent la première et la seconde. Et ainsi de suite.
- Il y a ceux qui font un travail sur le texte en profondeur en analysant la psychologie des personnages, le « pourquoi » de telle ou telle réplique. À force de s'inventer un monde autour du texte, ils finissent par connaître le texte par cœur.

Cessez donc de vous poser un milliard de questions avant d'agir. Testez les méthodes que je vous ai proposées et voyez ce qui fonctionne. Retenez en revanche l'essentiel qui sera valable dans toutes les matières :

- Il faudra être sélectif sur les matières littéraires car vous ne pourrez pas tout retenir. Soyez donc intelligents dans cette sélection. Avec ou sans fiche !

- Il faudra comprendre autant que possible ce que vous apprendrez ;
- Il faudra répéter, encore répéter, toujours répéter pour devenir une machine de guerre le jour J !
- Il faudra vous mettre autant que possible dans les conditions du concours, en DS mais aussi au quotidien.

Secret n° 6 Pilotez vos progrès et ajustez vos objectifs en permanence

Nous avons vu ensemble toutes les grandes méthodes vous permettant d'être productifs, de mémoriser, de comprendre et de progresser. Vous savez également quelles sont les clés d'un planning de travail optimisé. Un dernier conseil à présent : achetez un petit cahier de coaching ou simplement créez un fichier sur lequel vous allez piloter vos progrès dans les différentes matières.

Concrètement, dans ce document, listez :

- Chaque jour les notions que vous avez acquises, les tâches que vous avez réussies et les difficultés rencontrées ;
- Les tâches importantes (ce que les anglophones appellent les « MIT » – *most important tasks*) à réaliser le lendemain en fonction du planning de travail que vous avez fixé
- Chaque semaine, le dimanche en fin de soirée par exemple, les difficultés rencontrées et les priorités générales de la semaine qui vient.

Cela vous permettra :

- De vous rassurer et de chasser les pensées négatives que vous avez tendance à avoir telles que « j'ai l'impression d'avoir rien fait cette semaine » ;
- De savoir quels sont les priorités et objectifs atteints ou restant à atteindre.

Et n'oubliez jamais que le pilotage de votre travail et de vos progrès n'est pas une science exacte : il faudra sans cesse vous adapter aux difficultés que vous rencontrez pour pouvoir les dépasser. Pour cela, un mental solide et une bonne gestion du stress seront nécessaires. C'est donc tout naturellement le thème du chapitre qui suit ! Mais juste avant, lisez cet entretien passionnant avec Alain Lieury, spécialiste de la mémoire que j'ai eu la chance d'interviewer.

EN UN MOT LES SECRETS À RETENIR

1. Utilisez la mnémotechnique
2. Comprenez ce que vous apprenez
3. Répétez, répétez, répétez
4. Mettez-vous en situation en variant les formats
5. Testez les méthodes les plus adaptées à votre mémoire et foncez !
6. Pilotez vos progrès et ajustez vos objectifs en permanence

ENTRETIEN AVEC ALAIN LIEURY

Spécialiste de la mémoire, Alain Lieury était professeur émérite de psychologie cognitive à l'Université de Rennes et expert au Ministère de l'Éducation nationale. Il est décédé en 2015 et j'ai eu la chance de donner cette interview en 2012 pour la première édition des Secrets pour intégrer *HEC. Comme vous allez le découvrir, ses conseils sont encore très actuels !*

Commençons par les généralités sur la mémoire. Face à la pluralité de matières à valider, quels conseils généraux pouvez-vous formuler pour l'étudiant qui se lance dans l'aventure d'une prépa ?

Notons d'abord que les techniques de mémorisation sont très différentes selon les matières. Les maths, l'histoire, la géographie et les langues doivent faire l'objet d'un apprentissage spécifique. Mais un point essentiel est commun à tous les types d'apprentissage : le temps ! Concrètement, et sans rentrer dans trop de détails techniques, lorsqu'on apprend une information, un circuit bioélectrique se forme dans notre cerveau et les neurotransmetteurs s'échangent entre les neurones. Mais cette transmission est sélective et unique : elle concerne certains neurones d'abord et seule la répétition de l'apprentissage permettra de renforcer durablement ces connexions spécifiques, ce qui s'appelle la consolidation mnésique. En clair, l'apprentissage prend du temps. Il s'agira donc toujours de favoriser ce que l'on appelle l'apprentissage distribué, bien plus efficace que l'apprentissage massé ou le bachotage. Il faut également que les étudiants gèrent leur effort en s'accordant des plages de sommeil adaptées…

À ce propos, je coache cette année un étudiant très talentueux qui s'est essayé pendant deux mois à la méthode de sommeil polyphasique « Everyman » qui consiste à dormir 3 h 30 par nuit puis à s'accorder 3 siestes d'une demi-heure pendant la journée. À chaque séance, il me paraissait bien moins lucide qu'habituellement…

Évidemment. Le sommeil est une phase importante de consolidation biologique : les dendrites (porte d'entrée des neurones) se construisent pendant la nuit et favorisent alors le stockage d'informations. Le sommeil normal est une suite de cycles d'environ 1 h 30 où le sommeil est de plus en plus profond. Croire qu'en dormant peu, on apprend plus de choses est une hérésie !

Vous parliez de différences dans les techniques d'apprentissage en fonction des matières. Alors commençons par la matière clé : les maths. Comment optimiser l'apprentissage de cette matière si complexe ?

Tout d'abord, comme je le suggère dans mes livres, les maths sont très « procédurales », c'est-à-dire reposent sur la répétition inlassable d'exercices afin d'assimiler la règle ou le théorème en jeu. Contrairement à la pensée commune, comprendre le cours ne suffit pas pour réussir ensuite les exercices. Cette idée reçue – héritage de Descartes qui avançait que la compréhension était la seule méthode d'apprentissage valable – est très répandue parmi les professeurs en général. « Si on comprend, alors c'est enregistré », pensent-ils souvent. Les experts ont assez de recul aujourd'hui pour affirmer que la compréhension ne suffit absolument pas. Au contraire, il faut apprendre pour comprendre ! J'invite donc les professeurs à accompagner chaque démonstration par de nombreux exercices et, en interaction avec les étudiants, constater les points de non-compréhension.

Mais face à la profusion d'exercices que l'on trouve dans les livres ou sur Internet, n'y a-t-il pas un risque de faire trop d'exercices sans réelle compréhension ?

Vous avez parfaitement raison ! Multiplier les exercices sans les avoir compris est vain ! C'est pourquoi j'invite aussi les professeurs à revenir régulièrement sur le travail des fondamentaux sous forme de tests de connaissances ou de savoir-faire. Les Américains l'ont compris depuis longtemps, notamment dans les disciplines de sport de haut niveau : les athlètes répètent tous les jours les mêmes gestes, du plus basique ou plus complexe. En maths, il s'agira de trouver ce juste milieu entre répétition des basiques et nouveaux exercices pour aller plus loin. En expérimentant plusieurs épisodes (exercices ici) autour d'un même concept (par exemple un théorème), l'étudiant comprend et retient davantage. Les informations sont ici stockées par ce que j'appelle l'apprentissage multi-épisodique qui est très puissant pour comprendre et retenir des concepts complexes.

Parlons d'histoire à présent. Que préconisez-vous pour apprendre un programme aussi vaste ?

Il faut s'organiser ! Les noms propres s'apprennent en utilisant la mémoire lexicale qui est en quelque sorte la carrosserie des mots : on décortique phonologiquement et orthographiquement le mot à apprendre et par la répétition, on finit par le retenir. C'est la même chose pour les langues. Mais le plus important dans l'apprentissage de l'histoire est de comprendre le sens des évènements. Pour cela, les recettes qui marchent sont bien connues : faire des schémas, des lexiques, des fiches, des résumés de cours afin d'extraire l'essentiel des idées…

En parlant de fichage, que pensez-vous du *mind-mapping* qui excite bizarrement certains de mes étudiants ?

C'est la victoire du marketing ! Le *mind-mapping* n'est rien d'autre que le schéma tel que nous le connaissons depuis longtemps. Rien de nouveau. Je décris cela dans *La réussite scolaire expliquée aux Parents*.

Pour ma part, en histoire ou en économie, je conseille souvent de faire des « tests de la feuille blanche » ou « Blind test » : on prend une feuille blanche et l'on écrit tout ce que l'on sait sur un chapitre donné. Qu'en pensez-vous ?

C'est une très bonne idée pour valider les savoirs. Et qui marche bien également pour la géographie : on prend une carte vierge et on dessine les informations que l'on a retenues. Mais cet exercice doit venir après une phase d'apprentissage pur et dur du cours avec les techniques dont on a parlé plus haut : fichage, résumés, lexiques, répétition… En géographie, on commencera par apprendre les villes importantes, puis les cours d'eau, puis les ports, etc. On tourne finalement toujours autour des mêmes impératifs : comprendre et répéter, les deux sont indissociables.

D'ailleurs, en maths, j'invite également les étudiants à faire des rappels de cours en permanence sous forme de « blind test », en sollicitant toujours la mémoire dans un premier temps…

Et vous avez raison ! C'est ce que les chercheurs appellent *feedback* ou « retour d'information ». Se mettre en situation puis étudier les éventuelles imperfections ou erreurs permet effectivement d'ancrer encore davantage l'information dans le cerveau. Les étudiants qui égarent leurs mauvaises copies sans les analyser ont donc tout faux. Il faut toujours passer au peigne fin les erreurs et ainsi tirer profit des retours d'informations. Que ce soit en maths ou dans les autres matières.

Pour finir, j'aimerais avoir votre point de vue sur la gestion du stress en prépa. Il m'est arrivé de coacher des étudiants, souvent en déficit de confiance, qui perdaient complètement la mémoire face à leur copie. Comment analysez-vous ce phénomène ?

Difficile de répondre à cette question. C'est souvent du cas par cas. Cela peut être lié à une émotivité trop grande, à un mauvais apprentissage ou à une absence de confiance en soi. Ce dernier point est fondamental. Pour être performant, il faut avoir confiance en soi. Comment ? Par la pratique d'exercices favorisant le renforcement positif. Or, dans ce monde impitoyable de la Prépa, mettre en difficulté les étudiants semble être une pratique courante. Les notes en sont le témoin. Certains tempéraments ne le supportent pas et se sentent terriblement incompétents voire incapables. La démotivation menace alors. Les Américains Deci et Ryan ont théorisé ce phénomène d' « amotivation ». Selon eux, trois raisons expliquent l'émergence de l'amotivation. La première est l'impossibilité perçue d'atteindre le résultat souhaité car l'individu a appris à se résigner face à certaines situations. La seconde est la perception par l'individu d'un manque de compétence pour atteindre l'objectif visé. Enfin, la troisième est le fait que l'activité ou le résultat n'ont aucune valeur aux yeux de l'individu. Vous l'avez compris : « saquer » les étudiants n'est pas vraiment l'idéal… C'est précisément tout le contraire qu'il faut faire : construire la confiance par la répétition d'exercices de difficulté progressive. La compétence perçue par l'étudiant devient alors vectrice de motivation.

Monsieur Lieury, merci pour cet éclairage passionnant.

Chapitre 7

DÉVELOPPEZ UN MENTAL DE CHAMPION

	VRAI	FAUX
La préparation mentale est cruciale pour réussir les concours	✘	
Les objectifs de résultats sont plus importants que les objectifs de comportement		✘
Je peux être minor de ma prépa et réussir les concours	✘	
Tous les candidats doivent s'inspirer des champions	✘	

SECRET DE COACH

« Avant la finale, je lui ai répété ce que j'attendais de lui. Je me fous de ta place, premier, deuxième ou cinquième. Ce qui m'intéresse, c'est que tu améliores ton chrono de la demi-finale. C'est le seul secret de la réussite »

Guennadi Touretski, meilleur coach de natation de tous les temps s'adressant à Alexandre Popov qui allait gagner les championnats du monde sur 100 m en 2003

L'INTRO QUI FAIT DU BIEN

J'ai une bonne nouvelle à vous annoncer : être une « bête de concours », ça se travaille. Mieux : ça s'apprend. Tout est une histoire de conditionnement mental et de canalisation de l'adrénaline. Certains sont déjà plus ou moins armés pour la compétition qui s'annonce mais les plus fragiles trouveront ici les clés pour comprendre et répliquer le comportement des champions. Nous analyserons particulièrement le mental de l'un des plus fantastiques compétiteurs : Rafael Nadal. Et vous découvrirez une méthode de canalisation du stress qui révolutionne ma vie au quotidien : la respiration abdominale. Le stress n'aura plus aucune prise sur vous.

DÉFINIR
les bons objectifs

Nous pouvons dresser 3 catégories d'objectifs :

- **Les objectifs de résultats** : « il me faut HEC » ou encore « il faut absolument que je sois dans les 5 premiers au concours blanc » ;
- **Les objectifs de comportement** : « je dois respecter le planning de travail fixé par Olivier Sarfati » ou encore « je fais des rappels de cours à chaque question de maths qui me met en difficulté » ;
- **Les objectifs de performance** : « je dois apprendre ce théorème par cœur » ou encore « je dois apprendre 10 mots de vocabulaire par jour en anglais ».

Je vais sans doute vous surprendre en vous disant que les deux objectifs les plus importants sont les deux derniers. L'objectif de résultat, mettez-le au placard pendant vos deux années de prépa pour la simple et bonne raison que vous ne maîtriserez jamais la faisabilité de ce type d'objectif. Les théoriciens du coaching parlent d'objectif **SMART** dont les initiales signifient :

- **Spécifique (Specific)** : l'objectif doit être Spécifique à un collaborateur et ne pas dépendre d'éléments dont il n'a pas la maîtrise ;
- **Mesurable (Measurable)** : il doit être Mesurable, les indicateurs chiffrés devant être incontestables et reconnus comme tels par le collaborateur ;
- **Accepté (Accepted)** : il doit être acceptable par le collaborateur et Accepté ;
- **Réaliste ou Réalisable (Realistic)** : il doit être Réalisable et ne reposer que sur la motivation du collaborateur ou être réajusté si le contexte change ;
- **Temporellement défini (Time-bound)** : il doit être inscrit dans le Temps, avec une date de fin et éventuellement des points intermédiaires.

Le comportement des champions sportifs confirme ce conseil et pour illustrer cette proposition, penchons-nous sur le mental de quelques sportifs d'exception.

L'INCROYABLE MENTAL *des champions*

Voici, *verbatim* à l'appui, les caractéristiques mentales de quelques grands compétiteurs sportifs.

Pas ou peu d'objectifs de résultats et un focus sur le présent

En compétition, les champions sportifs ne se fixent pas d'objectif de résultat et se concentrent exclusivement sur le présent : *« Je ne m'attendais à rien avant le match. J'attends juste de jouer mon meilleur tennis sur chaque point et d'essayer de me battre sur tous les points jusqu'au dernier. Je ne me dis pas : « cela va être dur, je vais perdre ou je vais gagner ». Je ne pense pas à ça. Je pense juste à me battre sur chaque point et à jouer point après point. Je ne pense pas au-delà du point suivant » « Disons que j'essaie de donner le maximum à chaque instant, à chaque entraînement, sur chaque point. L'important, c'est d'être présent tout le temps »* - Nadal dans *L'Équipe*, 5/07/10.

Attention ! Ne confondez pas objectifs de résultats et ambition. Les champions sportifs sont très ambitieux et adorent gagner. Vous connaissez sans doute cette anecdote : « Je veux être numéro un mondial » fut l'une des premières phrases de Novak Djokovic, lors de son premier cours de tennis à l'âge de 6 ans ! Les champions ont donc toujours visé le sommet. Mais ils ont cette particularité de ne penser ni à la victoire ni à la défaite quand ils sont dans l'action. Dans son autobiographie, Nadal explique très bien ce conditionnement mental qu'il a développé avec le temps. Toutes les pensées positives (« je vais soulever la coupe ») ou négatives (« je vais perdre ce tournoi si important à mes yeux ») qui lui viennent pendant les matchs sont systématiquement chassées de son esprit. Avec l'entraînement, vous y arriverez aussi !

De gros objectifs de comportements

S'ils n'ont pas d'objectif de résultat, les champions s'imposent toutefois de gros objectifs de comportement. D'abord à l'entraînement :

- **En s'impliquant autant voire plus qu'en compétition** : « Malgré tous les succès qu'il a déjà rencontrés, Rafael Nadal se donne toujours avec un sérieux extrême à la moindre séance d'exercices pratiques afin d'améliorer son jeu » - Forcades, préparateur physique de Nadal. (…) « Je me suis rendu compte, par la folle intensité avec laquelle il s'entraînait, qu'il était extrêmement ambitieux et prêt à tout pour progresser. **Il frappait chaque coup comme si sa vie en dépendait.** Je n'avais jamais rien vu de pareil, ni rien d'approchant. » – Carlos Moya, ancien numéro 1 mondial.
- En travaillant dur, même dans les mauvais jours :
  - « L'intensité maniaque qu'apporte Nadal à son travail en gymnase, dans les bons comme dans les mauvais jours » – Forcades, préparateur physique de Nadal
  - « Il y avait autre chose sur laquelle Forcades insistait : il fallait faire l'entraînement même si cela me rebutait, si j'étais fatigué ou de mauvaise humeur ou si, pour une raison quelconque, je n'en avais aucune envie. Car il y avait des jours pendant un tournoi où je pouvais me trouver aussi en mauvaise forme, et, en m'entraînant de la sorte, je me préparais à y faire face au moment d'une compétition » – Rafael Nadal.

Les champions s'imposent aussi de gros objectifs de comportement en compétition :

- Certains utilisent les techniques antistress : « Après sa victoire à Wimbledon, Serena Williams livre son secret antistress : un petit papier qu'elle lisait aux changements de côté pour lutter contre la nervosité et sur lequel était écrit : "Respire" ». – Antoine Girod, coach mental professionnel
- Presque tous les sportifs ont des routines de concentration : « Au changement de côté, je prends toujours une petite gorgée d'une bouteille d'eau. Puis d'une autre bouteille. Et je mets ensuite les deux bouteilles à côté de mon pied gauche, devant le banc, bien alignés en diagonale, en direction du court. (…) c'est une façon de me situer par rapport au match, d'organiser mon environnement pour **ordonner mon mental** » – Rafael Nadal.

Des objectifs de performance élevés

Pour finir, notons que les champions sportifs se fixent des objectifs de performance élevés. Voici quelques exemples d'objectifs :

- Tennis : Le tennisman Andy Roddick, avant de prendre sa retraite en 2012, faisait certains jours 3 000 revers dans la même après-midi, notamment lors de sa collaboration avec Jimmy Connors ;

- Basket-ball : Drazen Petrovic, star de la NBA en son temps, faisait à l'entraînement 1 200 shoots par jour pendant 4 heures ;
- Natation : « *Avant la finale, je lui ai répété ce que j'attendais de lui. Je me fous de ta place, premier, deuxième ou cinquième. Ce qui m'intéresse, c'est que tu améliores ton chrono de la demi-finale. C'est le seul secret de la réussite* » - Guennadi Touretski s'adressant à Alexandre Popov qui allait gagner les championnats du monde sur 100 m en 2003…

Après cette petite sélection de citations, voyons comment cela se décline dans votre travail…

LE MENTAL
en prépa

Je vous le répète : il va s'agir de privilégier coûte que coûte les objectifs de comportement et de performance. Dans le détail :

Secret n° 1 ***Ne vous fixez aucun objectif de résultat mais ayez secrètement de grandes ambitions***

Je vous invite donc à n'avoir :

- Aucun objectif de bonne position dans le classement dans sa prépa
- Aucun objectif de notes aux khôlles, DS et concours blancs
- Aucun objectif de progression de sa moyenne

Sur le papier, cela peut vous paraître simple mais croyez-moi, je me bats encore au quotidien avec nos étudiants pour amortir l'impact psychologique d'une mauvaise note. Les mauvaises notes doivent vous glisser dessus. Pour vous en convaincre, relisez le chapitre sur mon histoire : j'ai passé trois quarts de mon temps en prépa à plafonner à 6/20 dans toutes les matières... Relisez aussi pour vous réconforter les citations « motivantes » de la fin de l'ouvrage. L'échec fait partie de l'apprentissage. C'est tout nouveau pour vous car le lycée n'était qu'une formalité. Mais, en prépa, on remet les compteurs à zéro et il vous faut accepter les mauvaises notes. Presque personne n'y échappe.

Pas d'objectif de résultats donc mais vous avez toutefois le droit d'avoir un rêve caché et ce rêve doit viser, de préférence, le sommet. Vous connaissez sûrement la formule d'Oscar Wilde : *« Il faut toujours viser la lune car même en cas d'échec, on atterrit dans les étoiles »*. D'expérience, ceux qui visent une école en particulier finissent soit par la décrocher, soit par avoir une école moins bien classée. Mais rarement une école mieux classée ! Je repense à Emmanuel, l'un de mes anciens étudiants qui, pendant deux ans, me parlait de son envie d'aller à l'EDHEC. Il a fini par avoir l'EDHEC... Une autre année, c'est Arnaud, l'un de mes étudiants m'a signifié lors de notre premier cours que l'EDHEC était son objectif ultime : il est diplômé de l'EDHEC aujourd'hui…

Osez donc rêver en secret de la meilleure école. Ne le criez pas trop fort car certains vous traiteront soit de prétentieux, soit d'idiot ! Mais osez. Elle vous tendra peut-être les bras à l'arrivée !

Secret n° 2 — Fixez des objectifs de comportement précis

Voici quelques exemples d'objectifs de comportement que vous pouvez vous imposer en prépa :

- Faire des rappels de cours écrits en permanence ;
- S'entraîner très souvent comme si c'était le jour du concours ;
- Répéter les mêmes exercices jusqu'à parfaite maîtrise ;
- Respecter à la lettre (ou presque) le planning de travail ;
- Faire des séances de respiration abdominale (voir respiration) autant que nécessaire ;
- Respecter à la lettre (ou presque) les conseils des *Secrets pour intégrer HEC* !

Secret n° 3 — Ayez des objectifs de performance élevés

Voici quelques exemples d'objectifs de performance :

- Connaître parfaitement le cours de mathématiques ;
- Avoir compris tout ce que l'on a appris ;
- Ne faire aucune faute de grammaire ou de langue dans les 3 langues (français, LV1 & LV2) ;
- Avoir acquis les méthodes de dissertations ;
- Respecter autant que possible toutes les attentes du jury dans toutes les matières ;
- Respecter toutes les consignes des *Secrets pour intégrer HEC* (style, apprentissage petits cahiers…).

Chaque étudiant est singulier. À vous de fixer les objectifs qui sont adaptés à vos difficultés. Lorsque vous fixez chaque jour vos tâches à faire pour le lendemain (vous savez les MIT – most important tasks – dont je vous ai parlé dans le chapitre précédent), fixez-vous régulièrement des objectifs de performance. Par exemple : « je dois avoir refait l'exercice 1 de l'EDHEC 2020 en 30 minutes ».

Répétons-le : il va vous falloir absolument accepter les mauvaises notes comme une étape décisive dans votre apprentissage. Certaines vous feront mal. Rationalisez et relisez le chapitre « Mon histoire » si besoin !

Laissez-moi vous parler à présent de cet incroyable outil de gestion du stress : la respiration abdominale.

Secret n° 4 Apprenez à respirer tout le temps avec le ventre

Je ne plaisante pas : la respiration abdominale est l'outil le plus précieux pour maîtriser l'adrénaline qui vous envahira le jour du concours. Certains étudiants pensent à première vue que c'est du pipeau ! Je vous invite à me croire sans limite. Je repense à Jean-Sébastien qui avait de gros problème d'émotivité et qui ne m'avait pas cru sur la nécessité d'apprendre à respirer lors de l'une de nos séances. Quelques mois plus tard, je suis encore revenu à la charge pour l'inviter à faire les exercices demandés. Deux semaines plus tard : « *Olivier, c'est incroyable, tu devrais l'imposer à tous tes élèves cette méthode de respiration !* » Il est diplômé de l'EM Lyon aujourd'hui alors qu'il était en échec dans bien des matières (maths, économie, espagnol).

Concrètement, la respiration abdominale permet de :

- Canaliser le « stress négatif » pour le transformer en excitation ;
- Retrouver le calme en toute situation (très utile en maths lorsqu'on bloque sur des questions simples…) ;
- Développer une voix posée et assurée lors des oraux et de vos interventions orales (Ce qui vous sera utile toute votre vie !).

En maîtrisant votre respiration, vous aurez le total contrôle de votre corps et vous réaliserez que vous trouverez l'inspiration beaucoup plus rapidement dans toutes les matières. Je lisais encore dans le journal *L'Équipe* récemment une interview de Joakim Noah, basketteur en NBA et fils de Yannick Noah, qui parlait de son coach personnel Kareem Abdul-Jabbar, ancien immense champion de Basket : « à l'entraînement, il insiste beaucoup sur la pratique du yoga et des techniques de respiration ».

Voici quelques exercices de difficulté progressive à effectuer 5 minutes par jour (le soir avant de dormir par exemple) :

- **Exercice 1** : apprendre à respirer avec le ventre (respiration abdominale)
  1. En position allongée, puis assise.
  2. Mettez vos mains sur le ventre pour sentir avec un infini plaisir l'abdomen se gonfler puis se dégonfler.
  3. Les épaules ne doivent pas bouger, le ventre doit se gonfler puis se dégonfler, comme un ballon ou un soufflet.
- **Exercice 2** : respiration complète
  1. Inspirez pendant 10 secondes en gonflant d'abord le ventre puis le haut des poumons.
  2. Bloquez pendant 4 secondes.
  3. Expirez pendant 10 secondes en commençant par le haut des poumons et finir par l'air restant dans l'abdomen.

Avec l'entraînement, l'inspiration peut durer 15 secondes

- **Exercice 3** : respiration & visualisation
  1. Prenez une photo représentant un évènement heureux.
  2. Décrivez dans le détail ce qu'il y a sur la photo.
  3. Fermez les yeux.
  4. Mettez vos mains sur le ventre pour sentir l'abdomen se gonfler puis se dégonfler.
  5. Respirez en décrivant mentalement ce qu'il y a sur la photo.

Cet exercice peut être fait partout : par ex dans le métro, dans une rame bondée, tu peux fermer les yeux et visualiser la photo tout en respirant profondément avec le ventre.

Une fois que vous maîtriserez ces exercices, essayez de respirer avec le ventre tout le temps, notamment lors des DS ou dès que vous serez en situation de stress potentiel. Vous découvrirez avec joie les atouts de ces techniques. Je le répète, ce n'est pas du pipeau ! Depuis que je sais respirer, je suis d'un calme absolu en toute occasion !

SECRET DE COACH

Méditez !

Je sais, depuis que je vous ai parlé de respiration abdominale, vous avez tendance à me prendre pour un gourou. Alors quitte à assumer pleinement ce rôle, je vous invite grandement à découvrir la méditation dont les vertus ne sont plus à démontrer. En apprenant à méditer, vous allez apprendre à respirer avec le ventre, à amortir le stress de la journée passée (si vous méditez le soir) et à venir (si vous méditez le matin). De nombreuses applis existent sur le sujet donc testez-les au moins un mois et vous me remercierez sans doute !

Secret n° 5 Affranchissez-vous de l'influence de vos parents

Au cours de mes nombreuses années de coaching avec les étudiants, j'ai observé plusieurs états d'esprit pouvant nuire à la performance et qui proviennent souvent de la relation aux parents :

- **L'envie de faire aussi bien, voire mieux que ses parents.** Dans ce cas, les étudiants se mettent une pression démesurée qui nuit à la performance.
- **A contrario, le manque d'ambition lié à un milieu d'origine déconnecté du monde des Grandes Écoles**. Dans cette catégorie, les étudiants manquent d'ambition et ne travaillent pas avec la même détermination.

Je vais donc être assez direct : n'ayez aucune limite dans vos ambitions et faites une prépa pour les bonnes raisons : pour vous et votre avenir. Pas pour faire plaisir à vos parents, ni pour les impressionner. Si vous intégrez une Grande École et que vos parents sont enchantés, c'est génial mais ce n'est pas dans cet état d'esprit qu'il faut passer deux voire trois années de votre vie à travailler.

FUN FACT COACHING D'UN ENFANT D'ÉNARQUE

Je me souviens d'un étudiant complètement paralysé par le stress qui me confia, en pleurs, que son père, énarque, avait une influence négative sur son travail. « Il me fait comprendre que si je n'intègre pas une Parisienne, je vais rater ma vie » Que ce ressenti soit explicité par le père ou non, il a fallu de nombreuses heures de coaching pour que cet étudiant vole de ses propres ailes le jour des concours. Il a fini par avoir l'admissibilité à l'ESCP et l'admission à l'EM Lyon. Va-t-il rater sa vie ? Cela m'étonnerait grandement vu les progrès qu'il a faits et la résilience dont il a fait preuve en prépa !

Secret n° 6 Transformez les difficultés en opportunités

Vos deux voire trois années de prépa ne seront pas toujours un long fleuve tranquille. Parfois vous serez très en difficulté dans certaines matières voire toutes les matières ; parfois vous serez exclus de votre prépa initiale. Faut-il alors quitter le monde de la prépa ? Dans certains cas, oui, cela peut avoir du sens, notamment si vous identifiez que votre niveau initial est bien trop faible dans toutes les matières et que vous n'arriverez pas à redresser la barre en trois années.

Mais avant de prendre des décisions aussi radicales, pesez le pour et le contre et ayez conscience que bien d'autres étudiants avant vous sont passés par les mêmes moments de doute et ont fini par intégrer les meilleures écoles. Les difficultés font précisément partie du parcours classique d'un étudiant de prépa. J'irais même plus loin : on choisit de faire une prépa non pas en dépit des difficultés mais afin de se confronter à des obstacles nouveaux qui vont façonner votre caractère et vos compétences à venir.

SECRET D'ALUMNI

Les parcours exceptionnels de Selma et d'Adrien

Ces deux étudiants peuvent résumer à eux deux le *fighting spirit* incroyable dont vous pourrez faire montre en prépa. Je vous ai déjà parlé de Selma dans la partie introductive de l'ouvrage : exclue de sa première prépa, elle rejoint une autre prépa pour avoir Audencia en carré. Elle choisit de cuber et de postuler dans la première prépa qui l'avait exclue un an plus tôt. Elle y est acceptée et est aujourd'hui diplômée de l'ESSEC. Dans l'intervalle, de multiples moments de pleurs et de doute où il a fallu reconstruire la confiance brisée en fin d'année de bizuth.

Encore plus incroyable : le parcours d'Adrien, titulaire d'un simple CAP (en climatisation), sorti du circuit scolaire mais qui a décidé de faire une prépa après avoir eu son bac en travaillant le plus souvent à distance. Lors de son coaching, il m'envoya cette tirade inspirante par sms : « *D'accord, je suis limité par rapport à un autre mais personne n'est limité par rapport à soi-même ! Pour moi, l'évolution individuelle, détachée de celle de l'autre, n'a aucune limite ! Et c'est ce qui me fait y croire depuis le début. Si tu savais ce qu'elle était ma mémoire ! Je ne savais pas différencier* here de there *en anglais le jour du bac. Quand je révisais l'anglais avec un copain, il se foutait de moi tellement j'étais nul. Aujourd'hui, les mots, je les ingurgite un par un comme des Dragibus ! Et personne n'y aurait cru à part moi. Forcément, je ne me suis pas imposé de limites parce qu'elles sont inexistantes ! D'ailleurs, ceux qui lâchent prise en maths sont ceux qui croient qu'elles sont réservées à une certaine catégorie de personnes ! Ils s'imposent eux-mêmes des limites qui n'existent pas ! Bref, quand j'intègre, je commence les maths niveau Scientifique !* »

Adrien a été admissible à HEC, ESSEC, ESCP, Sciences Po. Il a finalement rejoint la Bocconi, prestigieuse université italienne. Il travaille aujourd'hui dans la finance, son projet initial.

Bonus numérique
L'épopée d'Adrien,

Secret n° 7 — *Trouvez un préparateur mental pour optimiser vos performances*

Avouons-le : certains n'auront évidemment pas besoin de préparateur mental pour intégrer HEC. Mais ce serait également vous mentir si je ne croyais pas en l'immense impact positif de la préparation mentale sur les étudiants de votre génération. Fondamentalement, vous sortez du lycée où les exigences sont de plus en plus faibles, vous avez connu des années de pandémie épuisantes et en rentrant en prépa, je suis à peu près certain que de nombreux étudiants vont mal supporter ce grand écart entre le monde du lycée et celui de la prépa.

Par le passé, alors même qu'il n'y avait pas encore toutes ces nouvelles menaces, j'ai eu à accompagner mentalement de nombreux étudiants aux côtés de Jean-Marc Sabatier, préparateur mental dans mon institut. Je repense notamment à Romain qui, en carré, a fait un burn-out en plein concours et qui a dû cuber. Sans le travail remarquable de Jean-Marc Sabatier, il n'aurait pas eu la force d'aller chercher l'admissibilité à HEC en cube (3e année) et l'admission à l'EM Lyon. Je repense aussi à Guillaume, étudiant de province ayant été accepté en prépa à Henri IV et qui s'est effondré au bout de 3 mois : il n'a pas supporté son nouveau statut de dernier de la classe, lui le lycéen brillant qui n'avait jamais connu l'échec. On peut également rappeler l'histoire de ces étudiants rongés par la peur de décevoir leurs parents ou, au contraire, pas suffisamment ambitieux alors qu'ils auraient eu le potentiel d'intégrer HEC.

Vous l'aurez compris : la préparation mentale est une matière à part entière en prépa. Et ce sera de plus en plus le cas dans les années à venir. Alors n'ayez pas honte de solliciter de l'aide auprès de spécialistes ou de choisir une prépa qui propose de la préparation mentale en plus des matières académiques. En tant que directeur d'un institut, j'ai évidemment pris le sujet au sérieux et inclus la préparation mentale dans tous nos programmes. Pour réussir un concours aussi exigeant, rien ne doit être négligé : le travail des matières bien sûr mais aussi le mental, l'environnement de travail, le sommeil, l'hygiène de vie. Comme de nombreux étudiants que nous avons accompagnés l'ont fait plus tôt, devenez à votre tour des athlètes du concours. Les qualités développées vous serviront toute votre vie.

SECRET DE COACH

Inspirez-vous du professionnalisme à tous les niveaux d'Ivan Lendl

En 2018, j'ai lu un article passionnant sur l'incroyable destin d'Ivan Lendl, un champion de tennis des années 1980 qui a révolutionné son sport. Comme le raconte Henri Leconte dans l'article d'*Eurosport* : « *C'était un précurseur, quelqu'un qui a amené le tennis dans une autre dimension, c'est évident. Il a inventé le tennis du XXIe siècle. Par son caractère, sa détermination, sa façon de s'entraîner, son professionnalisme, Ivan a mis le tennis à un autre niveau. La nouvelle ère du tennis, c'est lui qui l'a faite. Il ne faut pas oublier ça. Je crois qu'on ne s'en rend pas bien compte. Préparateur physique, mental, kiné, diététicien, il a amené tout ça. Il avait tout compris.* »

Tout comme Ivan Lendl a révolutionné son sport, révolutionnez votre façon de travailler en prépa grâce à tous ces conseils. En bonus final de cette partie, vous trouverez l'interview que j'ai faite de Jean-Marc Sabatier, préparateur mental de grand talent. Il nous restera encore une partie importante de votre préparation avant de rentrer dans le détail des secrets matière par matière : l'hygiène de vie. C'est précisément le chapitre qui suivra et dont vous sortirez en pleine forme !

EN UN MOT LES SECRETS À RETENIR POUR UN MENTAL À TOUTE ÉPREUVE

1. Ne vous fixez aucun objectif de résultat mais ayez secrètement de grandes ambitions
2. Fixez des objectifs de comportement précis
3. Ayez des objectifs de performance élevés
4. Apprenez à respirer tout le temps avec le ventre
5. Affranchissez-vous de l'influence de vos parents
6. Transformez les difficultés en opportunités
7. Trouvez un préparateur mental pour optimiser vos performances

ENTRETIEN AVEC JEAN-MARC SABATIER

Existe-t-il selon vous des qualités communes entre un grand champion, un dirigeant et une bête de concours ?

Le dirigeant, le champion et l'élève ont chacun des objectifs, et de nombreuses contraintes. Ils vont produire un effort et avoir des résultats divers. La question est la même pour chacun : « ai-je réussi à donner le meilleur de moi-même et suis-je allé au bout de mon potentiel ? » Afin de réussir ce pari, il faut aligner de nombreux critères. La préparation mentale est le terreau de ce travail. Avec Pier Gauthier, nous avons observé chez les sportifs certains « programmes » aidant à la performance.

Parlons d'abord des qualités relevant du savoir être. Les sportifs ont appris à apprivoiser leur environnement (parents, presse, entourage, collègues…). Ils savent se remettre en question et ont développé une grande faculté d'adaptation. Ils ont une grande confiance en eux (indépendante du résultat). Ils ont un projet long terme et ont su passer du rêve à la réalité (un plan découpé en petites étapes, de la constance dans l'effort). Ils ont une motivation intrinsèque forte. Ils savent gérer leurs émotions et ont appris à utiliser la pression comme allié.

Après le savoir-être, le savoir-faire ?

Vous voyez juste ! Une palette de savoir-faire doit également les accompagner. Entre autres, ils sont capables de rester concentrés et de donner le meilleur d'eux-mêmes en toutes circonstances. Ils présentent aussi des schémas de pensée positifs et des dialogues internes motivants. Par ailleurs, ils ont un *body language* (comportement) maîtrisé et gèrent leur image.

Mais au-delà de ces qualités, ils ont également des valeurs et des ressources fortes. Ils ont notamment tendance à placer le plaisir au cœur du travail et ont une envie de progression permanente. Ils présentent enfin des croyances aidantes sur eux et sur le monde : malgré les difficultés, ils gardent toujours en eux une part d'optimisme !

Nous pensons que ces programmes gagnants se retrouvent chez les dirigeants, les acteurs ou les élèves qui réussissent.

Et ces qualités sont-elles innées ou peut-on apprendre à les développer ?

Nous pensons qu'en effet, des prédispositions existent (génétiques, culturelles, éducationnelles…) mais nous pensons surtout qu'être un champion n'est pas affaire uniquement de résultats ou de performance. Être un champion pour nous est plus une question d'état d'esprit. Ainsi, si vous traversez des épreuves dans votre vie personnelle ou professionnelle, vous faites preuve de courage, de générosité, d'abnégation et vous faites appel aux mêmes leviers que les athlètes.

Certains naissent avec des aptitudes exceptionnelles, d'autres apprennent sur le chemin. Que cela n'empêche pas les talentueux de travailler ! Tout le monde ne peut pas devenir « champion du monde » mais chacun devrait viser le titre de champion de « son monde » !

Mais comment un étudiant peut-il rester champion de son monde quand il a été cassé par des professeurs malveillants et qu'il a ainsi le sentiment d'être un incapable ?

L'élève n'a pas forcément identifié que le professeur était malveillant. Il a perdu confiance sans savoir d'où ça vient. L'élève a été dégoûté du professeur et de la matière et sa motivation est ébranlée. Il a été trahi et humilié par un adulte et a retourné sa colère contre lui-même en déduisant qu'il était nul. Il faut dire à l'élève qu'il avait le droit de se tromper car l'école est faite pour ça, et l'élève n'est pas censé tout savoir, il faudrait d'ailleurs informer le prof que si l'élève savait tout, il n'aurait plus de travail ! Le prof n'a pas été dans son rôle et a fait montre de maladresse mais après tout lui aussi a le droit de se tromper… Une fois la séquence débriefée et digérée, on repartira avec lui sur de nouvelles pistes pour rattraper le retard éventuel (groupe, stage de rattrapage, profs de soutiens…) et retrouver du plaisir en dehors du résultat.

Ces nouvelles stratégies d'apprentissages devront être ludiques et dans un cadre protégé. Il faut veiller à ce que l'ambiance soit conviviale, ludique et hors de toute moquerie, jugement ou pression. On crée alors l'antidote de l'humiliation subie.

J'insiste comme vous sur la notion de plaisir : pourriez-vous formuler quelques recettes pour redonner du plaisir quand rien ne va plus dans son travail ?

Il n'y a pas de recette miracle. Il y a des pistes de travail différentes pour chaque personne. Pourquoi la personne ne ressent pas de plaisir ? A-t-elle une croyance qui l'empêche de prendre du plaisir du style : « il n'y a que le travail qui paye ? » ou « il faut en baver pour réussir ? » Le travail est historiquement lié à la souffrance. Les sportifs et les dirigeants rencontrent souvent ce problème. Le sportif présente souvent la croyance limitante qu'il ne peut réussir qu'en « se tuant à la tâche ». Mais le danger est de s'épuiser, miné par la fatigue. Certes, chacun doit être professionnel, cadré, structuré et appliqué dans son investissement pour être un vrai professionnel, et doit parfois traverser de la douleur court terme pour arriver à du plaisir. D'ailleurs, physiologiquement, la libération des substances chimiques ne se fait qu'à partir d'un certain temps de dépense. Mais cela ne l'empêche en rien de trouver du plaisir à plusieurs niveaux : plaisir pris dans le travail et non dans l'obtention d'un hypothétique résultat, plaisir de l'instant présent, plaisir du jeu, plaisir de travailler dans un cadre agréable. Le sportif peut aussi prendre du plaisir lié à la progression permanente : découpées en petites étapes, les petites victoires sont de fait génératrices de plaisir.

Mais les mauvaises sont souvent là pour limiter l'étudiant dans son plaisir… Cette fragilité face aux mauvaises notes est une tendance lourde en prépa. L'accumulation des mauvaises notes peut enfermer l'étudiant dans une spirale dépressive ! Comment procéderiez-vous pour en sortir ?

Depuis notre naissance, nous apprenons via un système de mimétisme et d'essai/erreur. Plus nous essayons (et échouons), plus nous progressons et plus nous intégrons les apprentissages. Le résultat de nos actions (la note) ne devrait être qu'un retour d'information permettant de réajuster le travail à accomplir. Malheureusement, le système scolaire ne prend pas en compte ce processus. Il décourage les tentatives en mettant les élèves en rang et en mettant le professeur en position haute, il les installe dans une position passive. Nos « fautes » sont soulignées en rouge et nos compétences spécifiques non valorisées. Nous finissons par redouter les notes alors qu'elles devraient être une source de progrès. Nous leur prêtons un trop grand pouvoir. Les sportifs rencontrent le même problème. Ils donnent souvent trop d'importance au résultat (victoire, défaite, classement) et cela induit des comportements parasites. Or, Ils doivent se concentrer sur ce qu'ils maîtrisent et s'investir dans leurs champs de compétence (physique, technico-tactique, mentale) et leur préparation invisible (hygiène de vie, récupération, sommeil, alimentation). En se fixant sur ce qu'ils doivent faire et en prenant soin du « chemin », ils éviteront de vivre dans l'anticipation et accepteront d'autant mieux l'issue. Je pense qu'il y a de nombreux points de convergence avec la bête de concours.

Je dois gérer des étudiants paralysés devant leur copie par peur d'échouer. Comment les inciter à se concentrer dans le présent comme les champions savent le faire ? Y a-t-il des exercices pratiques ?

S'ils sont paralysés, c'est que le résultat a trop pris le pas. Et que la peur d'échouer inconsciemment les submerge. Comme un champion quand il veut donner le meilleur de lui-même lors d'une finale d'un grand tournoi, il doit exprimer le meilleur de lui-même, viser la victoire mais être aussi à l'aise si la défaite arrive : car tout ne dépend pas que de lui. L'étudiant, pour donner le meilleur de lui-même en concours, doit également anticiper cette possibilité : qu'est ce qui se passera s'il échoue ? Se représentera-t-il l'année prochaine ? Acceptera-t-il une autre école ? Une autre région ? Peut-il se représenter en étant mieux préparé ?

Une fois la problématique paralysante désamorcée, on pourra travailler sur les rituels et la stratégie pour se concentrer. Changer de position, prendre une grande respiration. Se réfugier dans la technique. Se concentrer sur la méthodologie. Qu'a-t-il compris du sujet ? Peut-il reformuler ? Découper ? Passer au point suivant ?

Terminons par une petite mise en situation. Demain c'est le concours : que diriez-vous à votre protégé pour qu'il donne le meilleur de lui-même pendant les 3 semaines d'épreuves ?

Je lui dirai de laisser sa partie « analyste-critique » faire son travail… une fois la période d'épreuves terminée. Le coureur de 100 m s'arrête-t-il à 40 m pour se demander s'il a fait une bonne course ? La préparation a été faite, il a bien travaillé, il peut se féliciter, se faire confiance et se concentrer sur ces trois semaines de travail quelles que soient ses impressions pendant (bonnes ou mauvaises), c'est un concours et personne ne sait ce qu'il adviendra des résultats. Qu'il fasse ce qu'il doit faire jusqu'au bout. Qu'il laisse son « réalisateur » opérer. Qu'il se concentre sur les détails (rituels). Il sera temps de tirer des conclusions à la lecture des résultats.

M. Sabatier, merci pour votre témoignage d'expert !

***Jean-Marc Sabatier** est préparateur mental de sportifs de haut niveau (championnat du monde, Jeux Olympiques), d'étudiants de prépa (au sein de l'institut MyPrepa), de dirigeants d'entreprises, de joueur de poker professionnels, etc. Il a écrit plusieurs ouvrages sur la prise de parole en public et la préparation mentale.*

Chapitre 8

AYEZ UNE HYGIÈNE DE VIE IMPECCABLE

	VRAI	FAUX
Faire du sport permet de mieux vivre ses années prépa	✘	
En prépa, il faut savoir tirer un trait sur ses loisirs préférés		✘
Il est inutile de planifier son temps libre		✘
Une hygiène de vie exemplaire décuple nos performances aux concours	✘	

SECRET D'ALUMNI

« À trois semaines du concours, tous les matins, je partais courir vingt minutes avant de me mettre au travail. J'ai été en pleine forme pendant toutes mes révisions. »

Sofia, étudiante en difficulté dans sa prépa, a eu HEC.

L'INTRO QUI FAIT DU BIEN

Je vous ai prévenus plus tôt : à l'issue de vos années de prépa, vous serez de véritables athlètes académiques ! Mais on pourrait aussi rajouter que vous profiterez de vos années prépa pour découvrir les vertus d'une hygiène de vie impeccable en matière de performance. À la fin de ce chapitre, juste avant de passer aux secrets matière par matière, nous nous entretiendrons avec une experte du sommeil : à lire absolument car les étudiants de prépa ont régulièrement ou épisodiquement des soucis de sommeil, stress oblige.

Secret n° 1 Faites du sport régulièrement

10 minutes par jour et/ou 1 à 2 heures par semaine

Cette activité n'est pas obligatoire mais fortement recommandée. Tous les ans, des candidats intègrent HEC sans avoir fait une seule minute de sport en prépa ! Mais j'ai toutefois constaté que ceux qui avaient une activité sportive régulière étaient plus endurants et plus optimistes. À l'approche des concours. Sofia, pendant la période de révision, faisait systématiquement son footing de 8 h à 8 h 30 pour ensuite enchaîner en pleine forme sur une journée de travail intense. Elle a eu HEC en 2007 alors que tout le monde la voyait en province... Julia, elle, insistait pour que je lui place une séance de tennis hebdomadaire le vendredi lors de l'élaboration du planning de travail. Elle est à l'ESSEC et une grande part de son *fighting spirit* lui venait de cette pratique régulière d'un sport de compétition. Et la science vient à l'appui de mon propos. La pratique régulière d'un sport vous aidera à vous sentir bien en prépa, notamment par l'effet des hormones sécrétées : dopamine, cortisol, sérotonine, adrénaline. Ce n'est donc pas négociable : faites du sport, qu'il s'agisse de marche active ou autre !

SECRET DE COACH

Téléchargez des applis du type *7 minutes work-out*

C'est le prétexte souvent invoqué par les étudiants : « je n'ai pas le temps... je n'habite pas près d'une piscine... je fais de l'équitation et c'est impossible à Paris... » Plus d'excuses à présent : votre smartphone peut vous aider à faire de l'exercice, du *work-out*, tous les jours de manière optimisée. Cela va vous prendre 10 minutes par jour. À faire le matin ou à la pause déjeuner juste avant de déjeuner si vous le pouvez (par exemple si vous faites votre prépa en ligne, et vous êtes de plus en plus nombreux dans ce cas).

Secret n° 2 Choisissez des activités qui vous font réellement déconnecter

Votre cerveau aura besoin de faire de vraies pauses donc n'hésitez pas à pratiquer des activités très éloignées du monde de la prépa. Si, par exemple, votre activité principale est la marche active ou la course à pied, ce ne sera pas toujours facile d'oublier les soucis et le stress de la prépa. Certes, les sécrétions d'hormones seront utiles mais un sport plus déconnectant comme les jeux de balles (tennis, foot, handball…) ou une activité artistique auront sans doute plus de vertus pour vous sortir momentanément de vos petits tracas d'étudiants de prépa.

Thomas, un étudiant à moi particulièrement en proie au stress, faisait de la boxe tous les mercredis (on l'avait calé dans son planning de travail). Et ça lui faisait un bien fou pour libérer sa frustration face à des progrès difficiles à émerger. Il a eu HEC haut la main, notamment grâce à son énergie intense et sa motivation de fer sans doute catalysées par la pratique de la boxe.

Les activités musicales sont aussi particulièrement utiles : chant, piano, guitare, etc. Lorsqu'on pratique un instrument, on ne peut pas penser à autre chose. Le chant a notamment l'avantage de vous apprendre à gérer votre organe vocal et votre appareil respiratoire. J'en ai déjà parlé plus haut et j'en parlerai plus bas !

Secret n° 3 — Couchez-vous et (surtout) levez-vous à heures fixes

C'est une évidence qu'Alain Lieury nous avait rappelée plus haut : le sommeil est fondamental pour ancrer les savoirs. Ce n'est donc pas négociable : vous devez soigner votre sommeil. Les spécialistes du sommeil et experts de la chronobiologie s'accordent sur un point : la régularité de votre plage de sommeil. Évitez de vous coucher et de vous lever à des heures variables. Privilégiez donc un créneau de sommeil relativement régulier. Je sais bien que vous aurez parfois envie de faire la fête en fin de semaine. Vous avez le droit à quelques exceptions. Mais peu…

Voici d'autres conseils en vrac :

- N'allez dormir que lorsque vous vous sentez fatigués, pas avant. Le premier bâillement est à ce propos le premier symptôme de la fatigue : s'il survient, il est temps d'aller au lit.
- Évitez de vous poser devant un écran avant de dormir (films, vidéos, séries, Internet, smartphone…).
- Si vous vous réveillez moins d'une heure avant votre réveil, levez-vous et ne vous rendormez pas car vous risquerez de vous réveiller alors en plein sommeil profond.
- En phase de révisions avant le concours, réveillez-vous vers 7 h et couchez-vous vers 22 h Ce sera votre rythme pendant les concours. Il faut donc s'y habituer.
- Le week-end, si besoin, faites des siestes de 20-30 minutes avant 16 h.

- Si vous ne connaissez pas votre cycle de sommeil, téléchargez des applications qui vous y aideront. L'application Sleep Cycle, par exemple, vous permettra de connaître votre cycle de sommeil : l'application vous réveillera automatiquement lorsque vous serez en phase de sommeil léger.
- Procurez-vous une lampe-réveil simulateur d'aube. L'incroyable Ken LeCoutre, ancien alumni de mon institut, combinait les deux (Sleep Cycle + simulateur d'aube) et ses réveils étaient toujours d'une douceur exquise !

Secret n° 4 Mangez équilibré, notamment en période d'examens et concours

La diététique est un métier. Ce n'est pas le mien. Mais voici tout de même quelques bonnes pratiques à respecter, notamment en période d'examens et de concours.

Les produits à éviter :

- Le café ;
- Les sodas (Coca-Cola, même Zéro !) ;
- Les plats en sauce.

Les produits à privilégier :

- L'eau ;
- Un plat possible entre deux épreuves : pâtes sans sauce (avec sel et filet d'huile d'olive) et du poisson. C'est le plat de Rafael Nadal avant chaque rencontre de tennis !
- Des fruits et des pâtes de fruits.

SECRET D'ALUMNI

La potion magique de Sofia

Sofia, encore elle, avait une technique pendant les épreuves du concours : « j'avais avec moi une petite bouteille d'eau sucrée et j'en prenais une petite gorgée régulièrement pour ne pas ressentir de baisse d'énergie pendant l'épreuve ». Comme vous le savez, Sofia a eu HEC.

J'insiste sur la nécessité de bien s'alimenter pendant l'épreuve car il est fréquent de se retrouver à court d'énergie (phénomène de « fringale » bien connu dans le monde du cyclisme), notamment pendant les épreuves de maths où la difficulté s'élève progressivement.

Secret n° 5 *Méditez et respirez*

Comme vous le savez à présent, la répétition est l'une des meilleures techniques de mémorisation. J'applique donc ce principe ici en répétant ce que je vous ai déjà longuement répété précédemment ! La méditation et la respiration abdominale vous feront un bien fou donc ne négligez pas ce conseil. Chaque année, je suis obligé de rappeler à l'ordre mes étudiants sur ce conseil.

Respectée régulièrement et pas uniquement lorsque vous êtes stressés, cette aptitude vous servira toute votre vie.

Secret n° 6 *Ayez des pratiques culturelles utiles*

Je vous ai dit précédemment qu'il fallait avoir des loisirs vous permettant de vous déconnecter. Mais cela ne vous empêche pas d'avoir des envies de culture générale. Dans ce cas, essayez d'orienter vos envies vers des pratiques qui seront utiles pour votre style, vos entretiens de personnalité, vos dissertations de culture générales, etc.

Si vous êtes amateurs de cinéma, privilégiez dans la mesure du possible les films de référence et qui font consensus parmi les critiques. N'hésitez pas à prendre des notes si un film, une pièce, une exposition ont attiré toute votre attention. Cela ne pourra qu'agrémenter positivement vos entretiens de personnalité.

Concernant les lectures, le conseil est le même : orienter plutôt vos lectures vers les œuvres de référence. Un Goncourt par exemple. Si une discipline vous passionne, efforcez-vous de lire la presse spécialisée en langues étrangères. Vous allierez ainsi l'utile à l'agréable. Si le roman que vous souhaitez lire est écrit par un anglophone, lisez de préférence la version originale.

Cela va de soi ! Et remplissez votre carnet de vocabulaire ou votre smartphone (Anki par exemple) avec les nouveaux mots appris. Je vous rappelle que certaines émissions sur France Culture sont passionnantes et consultables aisément via podcast. BBC Global News reste aussi un podcast d'actualité internationale de référence.

LE SAVIEZ-VOUS **N'ÉCOUTEZ PAS N'IMPORTE QUEL TYPE DE MUSIQUE LORSQUE VOUS TRAVAILLEZ**

Concernant la musique, vous pouvez en l'écouter en travaillant à la condition qu'il s'agisse d'une musique douce et instrumentale. Les spécialistes ont en effet prouvé que des musiques avec paroles (des chansons donc) avaient tendance à détourner l'attention de la personne qui travaille en même temps. Laura (l'une de nos alumni et diplômée de l'ESSEC) faisait des maths en écoutant du Chopin en boucle. Bon, j'ai un contre-exemple : Lucas Pichaud, également alumni de mon institut, adorait écouter du métal en travaillant et a eu l'ESSEC. Mais Lucas était exceptionnel !

Secret n° 7 Rationnez grandement votre temps d'écran récréatif

Je ne vais pas vous cacher que certains loisirs très tentants sont à limiter grandement en prépa :

- Réseaux sociaux : Instagram, Discord, Snapchat, Twitter, Whatsapp, Facebook, etc.
- Le téléphone ;
- Les séries.

Les réseaux sociaux sont des activités vraiment chronophages et destructrices pendant vos séances de travail : on ne peut pas être concentrés si l'on vérifie ses messages toutes les cinq minutes. Soyez donc raisonnables et, par exemple :

- Limitez l'utilisation d'écran récréatif à 20-30 minutes par jour (oui par jour, pas par heure) et avant 22 h.
- Un bonus d'une heure éventuellement le week-end
- Travaillez loin de votre smartphone : je vous rappelle que des études ont montré que la présence du smartphone, même en mode avion, limitait votre productivité !
- Concernant les séries américaines, soyez aussi raisonnables et essayez d'en tirer profit en les visionnant avec les sous-titres en anglais. L'utile et l'agréable, vous vous souvenez…

Secret n° 8 Ayez la bonne position de travail

Nous ne négligerons aucun détail dans cet ouvrage ! L'hygiène de vie concerne également votre position de travail. Je vous conseille donc fortement d'oublier ces temps heureux où vous travailliez sur votre lit ou les pieds sur votre bureau. Au lycée, cela pouvait fonctionner car la complexité était limitée. En prépa, vous êtes dans la cour des grands. Il faut donc adopter la posture du futur champion du concours.

Concrètement, à votre table de travail, tenez-vous droit, les pieds bien au sol et les deux avant-bras posés sur la table. Et respirez avec le ventre ! Votre réflexion n'en sera que grandement facilitée.

LE SAVIEZ-VOUS **TRAVAILLEZ PARFOIS DEBOUT POUR ÊTRE ENCORE PLUS PERFORMANTS !**

Il me faut vous avouer que je n'ai pas encore appliqué ce conseil mais Ken LeCoutre, encore lui, travaille ainsi : il s'est doté d'une table et d'une chaise ajustables lui permettant de travailler assis, puis légèrement debout, puis complètement debout. Il en est fan et c'est un maniaque de l'optimisation donc faites-lui pleinement confiance. Vous trouverez sur internet de nombreux bureaux ajustables.

Secret n° 9 Consultez un spécialiste si vous avez des problèmes de santé malgré le respect des premiers secrets

C'est une évidence mais je le rappelle. Rien ne remplacera la consultation de votre médecin généraliste si des problèmes de santé surviennent : crises d'angoisse, problème de sommeil, douleurs d'estomac, etc. Une année, Judith avait de gros problèmes de sommeil et faisait des insomnies régulières pendant les concours blancs. Elle était du coup toujours dernière… Mes conseils ne suffirent pas et il fallait rencontrer d'autres praticiens. Après avoir consulté de nombreux spécialistes, le déclic a eu lieu le jour du concours. Elle a obtenu HEC.

EN UN MOT LES SECRETS À RETENIR POUR UNE BONNE HYGIENE DE VIE

1. Faites du sport régulièrement
2. Choisissez des activités qui vous font réellement déconnecter
3. Couchez-vous et (surtout) levez-vous à heures fixes
4. Mangez équilibré, notamment en période d'examens et concours
5. Méditez et respirez
6. Ayez des pratiques culturelles utiles
7. Rationnez grandement votre temps d'écran récréatif
8. Ayez la bonne position de travail
9. Consultez un spécialiste si vous avez des problèmes de santé malgré le respect des premiers secrets

ENTRETIEN SUR LE SOMMEIL AVEC DANIELLE TESZNER

La première des exigences en prépa HEC est d'organiser son temps, et notamment son temps de sommeil ? Quels conseils généraux pourriez-vous donner à un étudiant qui se lance dans un tunnel de travail d'au moins 18 mois ?

Le sommeil est aussi indispensable au bon fonctionnement de l'organisme que le boire et le manger, d'une façon très globale puisqu'il conditionne la forme du lendemain, forme physique aussi bien qu'intellectuelle. On sait qu'on a bien et assez dormi quand on se réveille en bonne forme. Il ne servirait à rien de vouloir dormir plus que ce dont on a besoin car, paradoxalement, trop dormir a un peu les mêmes effets négatifs que dormir trop peu.

Donc, pas d'excès de bonnes intentions ! Elles ne seraient que la preuve d'un état anxieux centré sur le sommeil. Or l'anxiété, étant fortement couplée à l'éveil, elle pourrait devenir un obstacle sur le chemin du sommeil et engendrer des difficultés d'endormissement.

Le tunnel des années de prépa implique une discipline assez ferme et le respect d'une bonne hygiène de vie, mais sans rigidité excessive, car une suppression systématique des « bons moments » serait un facteur de frustration, là encore néfaste au bon équilibre global. Ces exigences sont le garant de la stabilité nécessaire pour bien tenir sur la durée.

Nous ne sommes pas égaux face au sommeil : certains ont besoin de peu de sommeil, d'autres n'émergent pas sans leur 10 heures de sommeil ? Comment connaître son rythme de sommeil « optimal » ? Combien d'heures dormir ? De quelle heure à quelle heure ?

Nous ne sommes effectivement pas égaux face au besoin et aux horaires de sommeil et les typologies sont variées. Mais un fait est certain, nous appartenons tous à une espèce à sommeil nocturne et à vie active diurne. Nous ne sommes pas des chats ; nous ne chassons pas la nuit.

Il y a certes le problème de la sieste, qui trouve tout son sens dans les pays chauds où les seuls moments où il fait assez bon pour travailler sont les débuts et les fins de journée. Ceci implique un raccourcissement des nuits, d'où l'habitude de combler ce manque par la sieste (à ne pas considérer comme un signe de paresse et de relâchement dans ces pays). Donc sous nos climats tempérés, il faut privilégier le sommeil de nuit, pour lequel nous sommes génétiquement programmés.

Je vous parlais de typologie : voyons celle qui concerne les horaires de sommeil. Vous savez qu'il y a les personnes dites « du soir » et celles « du matin ». Mais ceux qui organisent les enseignements ne prévoient aucune souplesse dans les horaires des cours ou des examens. Ceux qui sont du type intermédiaire sont favorisés par rapport à ceux qui sont extrêmes du soir ou du matin, qui devront subir des contraintes et consentir des efforts d'adaptation. Mais à l'âge des prépas, l'organisme a encore toute sa souplesse et l'adaptation peut se faire, pour peu qu'on ne soit pas convaincu du contraire. Des personnes bien plus âgées arrivent à s'adapter (non sans mal, certes) à un travail de nuit et même à des équipes tournantes avec des horaires qui changent chaque semaine. Il n'y a donc aucune fatalité sur la capacité d'adaptation en prépa. Un précieux conseil : l'étudiant plutôt du soir ne doit surtout pas essayer de se coucher plus tôt s'il n'a pas encore sommeil ; il doit jouer en revanche sur l'heure du réveil, en l'avançant par exemple d'un quart d'heure par semaine. La petite dette de sommeil accumulée l'amènera à se coucher progressivement plus tôt.

J'imagine que vous allez nous parler à présent de la typologie concernant la durée du sommeil ?

Exactement ! Concernant la durée du sommeil, nous nous répartissons selon une courbe de Gauss.

Le dormeur moyen, en plein milieu de la courbe et donc largement prioritaire, dort 7 à 8 heures par nuit. Le court dormeur dort six à sept heures par nuit et l'extrême court dormeur est bien avec 5 à 6 h. Il faut savoir qu'on ne peut pas aller de façon continue en dessous de 5 h 30 à 6 h car il y a le noyau dur du sommeil qu'il est nécessaire de respecter de façon courante (il peut toujours y avoir des impératifs occasionnels de courte durée). En dessous de ce seuil, il y aurait un manque de sommeil lent profond, celui qui a vocation à effacer la fatigue de la veille. Donc les courts dormeurs ont la chance d'être éveillés plus longtemps que les autres, ils ont cependant moins de souplesse quant au manque de sommeil. À l'inverse, les longs dormeurs peuvent avoir besoin de dormir 9 voire 10 heures mais ils ont une plus grande souplesse face au manque de sommeil.

La différence entre les courts dormeurs et les longs dormeurs tient au fait que, lors de chaque cycle de sommeil, le court dormeur atteint le sommeil lent profond plus vite que les autres, avec un temps intermédiaire entre endormissement et sommeil profond écourté. Mais nous avons tous le même besoin de base de stades 3 et 4 du sommeil lent, le stade 4 étant le plus profond. Les premiers cycles de sommeil sont les plus riches en sommeil lent profond, les derniers en ayant peu ou parfois même pas, en toute fin de nuit. La fin de nuit est par contre propice au sommeil paradoxal, celui des rêves, dont un manque occasionnel est assez bien toléré. Il est plus facile de supporter un manque passager de sommeil de fin de nuit que de début de nuit. Les courts dormeurs du matin ou les longs dormeurs du soir peuvent avoir des horaires paraissant atypiques avec des levers très précoces pour les uns ou très tardifs le matin pour les autres. Un court dormeur qui n'aurait pas son compte minimum habituel, aurait intérêt à faire une sieste pour compenser le manque.

Mais cette distinction entre courts dormeurs et longs dormeurs m'amène à la question suivante : est-il possible qu'un long dormeur devienne court dormeur ? Je m'explique : un étudiant habitué à ses 9 h de sommeil par jour ne peut-il pas progressivement, avec le temps, rester performant en ne dormant que 8 heures voire 7 h ?

Comme on l'a vu, moins on a besoin de sommeil, plus il reste de temps pour le reste, à savoir le travail. Alors comment les long-dormeurs peuvent-ils garder leurs chances face à un concours ? Sur ce point, il me semble que le plus sage est de respecter la nature ! La privation de sommeil a ses risques qui peuvent dépasser en gravité ceux d'un sommeil considéré comme « trop » long pour les circonstances. Il s'agit ici de tenir sur la durée et de tenir au mieux de ses possibilités. Il semble bien que le besoin de sommeil de base de chacun soit un invariant, probablement de nature génétique. Donc ce qui est emprunté à un moment donné doit être remboursé. La volonté n'est pas seule en cause ; quand le besoin devient trop pressant, l'organisme « se débrouille » pour satisfaire son besoin, et des endormissements peuvent surprendre le candidat n'importe où, n'importe quand, aussi bien au volant de la voiture qu'au cours d'une épreuve de concours. Il semblerait donc sage de s'accepter comme on est ; Napoléon était petit, cela l'a-t-il empêché de voir bien plus loin que beaucoup d'autres ?

Autre enjeu : la gestion du sommeil avant les épreuves. Je me bats souvent avec mes étudiants pour leur dire de se coucher à une heure raisonnable la veille et l'avant-veille de devoirs sur table. Mais rien n'y fait, il y a toujours les irréductibles qui se couchent à des heures indécentes et arrivent épuisés devant leur copie ! Une année, pendant les épreuves du concours, une étudiante s'est même levée à 4 heures du matin pour faire des maths, juste avant l'épreuve de maths de l'EDHEC, épreuve qu'elle a évidemment « plantée » ! Pouvez-vous nous rappeler les quelques règles de bon sens à respecter pour arriver en forme avant une épreuve voire une série d'épreuves (semaine de concours blanc) ?

Dire aux candidats de se détendre serait un vœu pieu. Le plus important est de ne pas casser le rythme, de garder la stabilité acquise depuis le début des cours, de ne pas prendre de risques et surtout de ne pas manquer de sommeil juste avant une épreuve. On sait le rôle que joue le sommeil dans le processus de mémorisation. Non seulement le manque de sommeil empêche l'engrangement mémoriel en jouant sur la stabilité de l'éveil et celle de l'attention, mais pendant le sommeil il s'effectue un traitement des informations et en quelque sorte, un « rangement dans les bonnes cases ».

Il est habituel de constater des difficultés d'endormissement la veille des épreuves ; c'est l'effet de l'anxiété, naturelle dans ce contexte. Ceux qui ont de réelles difficultés à maîtriser le problème feraient bien de prendre un tranquillisant ou un sédatif léger, un peu avant le coucher et une seule fois – en gardant le reste des comprimés pour les épreuves à venir. Le plus sage est d'avoir testé le produit avant pour savoir quelle est la dose minimale suffisante et être sûr de ne pas être dans le brouillard le lendemain. Certains sédatifs sont en vente libre dans les pharmacies ; ils contiennent de vrais principes actifs, mais à un dosage modéré. Attention aux anxiolytiques qui ne sont pas appelés sédatifs mais qui peuvent agir malgré tout sur la vigilance, comme la plupart des Benzodiazépines. Chez certains le simple fait de savoir qu'ils ont le médicament et qu'ils peuvent y recourir si besoin, suffit à atténuer l'hyperéveil anxieux des veilles d'épreuves, qui fait barrage au sommeil.

Alors que faire si on préfère éviter la prise de médicaments ?

Il est important de se ménager un moment de détente avant le coucher, en quelque sorte un SAS de décompression, permettant de ne pas se coucher encore trop éveillé, et d'avoir du mal à s'endormir de ce seul fait ; dans ces circonstances le retard au rendez-vous du sommeil entraîne un énervement et là c'est le cercle vicieux qu'il faut absolument éviter. Un moment de bavardage avec l'entourage, d'écoute de musique, de lecture, le tout en lumière tamisée… est vivement conseillé au sortir d'une période de travail et avant le coucher, ceci de façon régulière, tous les jours depuis le début des cours, même si cela semble un luxe. Une douche tiède peut aussi faire l'affaire mais surtout pas un bain chaud. En effet, le sommeil ne peut s'établir que quand la température centrale de l'organisme s'abaisse. Pas non plus donc de sport violent dans les trois heures qui précèdent le coucher. Quant à l'ordinateur, ne pas en abuser. Ceci doit être régulier, littéralement ritualisé, une fois de plus ; il faut répéter et refaire pour renforcer la stabilité fonctionnelle tout comme il faut répéter et refaire des exercices pour renforcer la trace mnésique. Cette discipline dans la régularité est une bonne assurance contre l'accident, le trou, l'effondrement, la perte de l'envie de gagner au moment crucial.

Finalement ces conseils que vous donnez sont aussi applicables pour les étudiants n'arrivant pas à dormir le soir. Souvent l'étudiant victime d'insomnies s'endort vers 2 heures du matin et se retrouve épuisé le lendemain en cours mais quand vient le soir, il retrouve la forme… Ce cercle vicieux nuit à sa productivité pendant la journée et notamment pendant les devoirs sur table…

Alors si le problème est plus installé dans le quotidien, c'est là qu'il fait bien mettre en garde les étudiants contre la prise répétée de médicaments. Il faut qu'ils apprennent à s'endormir sans rien au quotidien. Sinon, ils peuvent tomber dans le piège de l'accoutumance et de la dépendance qui est à éviter à tout prix. L'idée du SAS de décompression au quotidien semble donc la plus raisonnable, dans la régularité et avec une note de ritualisation, tout comme le fait de prendre un café après déjeuner (pour ceux qui aiment), pour le plaisir du goût et pour l'effet éveillant souvent utile dans cette plage horaire favorable au sommeil.

À propos du café, surtout ne pas en abuser. Certains éliminent la caféine plus vite que d'autres ; ceux chez qui le processus est le plus lent, peuvent mettre 5 à 7h à s'en débarrasser. Donc plus de café ni de thé ou autre substance stimulante (sodas avec caféine à éviter absolument) chez ceux qui ont du mal à s'endormir, dès 14 – 15 h. Essayer de profiter d'un moment où le sommeil vient – impression de somnolence, bâillements, les yeux qui piquent, difficultés d'attention… pour se coucher et s'endormir facilement. De toute façon si l'on persiste, on sera moins efficace dans le travail, et le sommeil aura fui entre-temps. Ne pas négliger donc les signaux que l'organisme nous envoie.

Côté repas, attention aux dîners trop importants. Préférer les protéines à midi et les sucres lents le soir. On a besoin de substances énergétiques pour tenir pendant la nuit et ne pas se réveiller trop tôt parce qu'on a faim. Pas de grosses parts de viande, de poisson ou de fromage le soir. Des féculents, des légumes, un bon dessert et tout ira bien. Inutile de préciser que l'alcool n'est pas souhaitable, sauf un peu si c'est un jour de fête. Eh oui, il faut savoir ce que l'on veut !

Et concernant l'alimentation, hors boissons, avez-vous des conseils à formuler ?

Ces conseils sont bien connus. Il s'agit notamment de prendre un bon petit-déjeuner. On ne peut pas prendre le risque du coup de barre lié à la faim vers 11-12 h. Un goûter peut être nécessaire si le déjeuner n'a pas été suffisant. Autrement dit : « un petit-déjeuner de roi, un déjeuner de prince et un dîner de pauvre ». Une alimentation légère et équilibrée serait l'idéal, comme toujours. Mais il y a les aléas de la gestion (courses, préparation… si l'on n'a pas la chance d'avoir une bonne âme attentionnée qui le fait pour vous).

Recommandez-vous la pratique de la sieste pour améliorer la performance intellectuelle ? Notamment le week-end ou pendant les périodes de travail intense (révisions, vacances scolaires…).

C'est un bon moyen de rattrapage d'une dette de sommeil car, dans la période dite « post-prandiale », le sommeil vient facilement. En fait ce n'est pas tant la prise de nourriture qui en est la cause que l'horaire d'après déjeuner (l'horaire en tant que facteur circadien de régulation de l'alternance veille-sommeil). La sieste doit en principe être courte, 20 minutes et pas plus de façon à ne pas avoir déjà pris un acompte de sommeil lent profond, aux dépens de la nuit ; mais si occasionnellement il y a eu une privation significative de sommeil, alors pourquoi pas un cycle de sommeil, soit au maximum 90 minutes ; sous réserve que cette sieste soit prise assez tôt pour ne pas gêner l'endormissement du soir. Effectivement le sommeil vient d'autant plus facilement que le temps d'éveil préalable a été plus long (c'est facile à retenir, c'est comme la faim ou la soif). Ne pas négliger non plus quelques activités que l'on aime ; le non-stop de travail risque de dégoûter le candidat et d'aboutir à l'inverse de l'effet souhaité.

Pour finir, l'un de mes étudiants a voulu expérimenter le sommeil polyphasique (méthode Everyman) qui consiste à dormir 3 h 30 par nuit puis à s'accorder trois siestes d'une demi-heure pendant la journée… J'ai constaté rapidement que cette méthode nuisait fortement à son rendement. Que pensez-vous de ces méthodes alternatives et de leur impact sur les étudiants ?

La méthode citée est un non-sens du point de vue de la physiologie. Elle suppose de ne pas dormir quand c'est le bon moment pour le faire, de dormir *a contrario* de l'horloge interne trois fois dans la journée, des temps trop courts pour faire du sommeil profond, celui qui est indispensable pour récupérer. Elle aboutit à un déficit cumulé au fil des jours-nuits (dans ce système on ne sait plus où l'on en est) et donc à l'effondrement des aptitudes à travailler et à apprendre. Attention, tout ce qui se publie n'est pas à prendre au pied de la lettre !

Mme Teszner, merci pour cet éclairage passionnant !

Mme Danielle Teszner, médecin psychiatre, attachée au Laboratoire du sommeil du CHU Henri-Mondor à Créteil, est l'auteur de l'ouvrage Savoir Dormir, Flammarion. J'ai donné cette interview lors de la première édition des Secrets pour intégrer HEC en 2012.

Partie III

LES CONSEILS MATIÈRE PAR MATIÈRE

Chapitre 9

LES MATHÉMATIQUES

	VRAI	FAUX
Être nul en début de prépa et intégrer grâce aux maths, c'est possible	✘	
La bosse des maths existe		✘
Il faut travailler les maths 2 à 3h par jour en semaine	✘	
Il faut travailler les maths entre 8 et 10h le week-end	✘	
Les progrès en maths sont linéaires		✘

LE SECRET DU MAJOR

« Le secret le plus précieux dans ma réussite en maths aux concours a été d'inclure la routine suivante. Pour réviser un chapitre, je commençais systématiquement par prendre une feuille blanche et à écrire tout ce que je savais sur le chapitre en question : les points de cours, les méthodes, les astuces. J'avais cette habitude quasiment toutes les semaines »

Sami, étudiant à Louis le Grand, major du concours en maths (20/20 de moyenne), diplômé d'HEC.

« J'ai souvent aidé mes camarades et j'ai été frappé par leur volonté de comprendre en détail absolument tout, ce qui fait que la révision du cours prenait un temps monstrueux. C'est une intention louable mais il vaut parfois mieux appliquer que se poser de grandes questions métaphysiques… »

Nicolas, major au lycée Ginette, 19,5/20 de moyenne à HEC, 20/20 à l'EM Lyon et à l'EDHEC

L'INTRO QUI FAIT DU BIEN

Avant de rentrer dans le détail des exigences et des méthodes, je vous livre une grande nouvelle : partir d'un niveau très faible, même en début d'année de cube (3e année), et décupler ses résultats en maths aux concours, c'est possible. J'ai absolument tout vu comme scénario de progression : je repense notamment à Thomas, un étudiant de Carnot qui nous avait sollicités en début d'année de cube et qui a gagné près de 9 points sur 20 de moyenne en maths en passant de 6/20 en carré à 15/20 en cube. École intégrée : l'ESSEC. Ou encore Grégoire qui pataugeait dans cette matière pendant ces deux années de prépa à Berthollet (Annecy) et qui termine à l'ESCP grâce notamment à un 14,5/20 sur la maths 2 HEC, épreuve la plus importante des concours. Toucher le fond puis atteindre les sommets en maths aux concours, c'est possible.

Je poursuis toutefois avec une nouvelle moins réjouissante : pour réaliser ces progrès fulgurants, vous allez devoir faire preuve d'une grande force de caractère et d'un grand respect des conseils qui vont suivre. Je le répète : tout est possible. Si cette matière vous épuise, relisez ce chapitre ainsi que celui sur la préparation mentale. Ils seront vos meilleurs alliés.

CE QU'ON ATTEND DE MOI : *Les exigences du jury*

Les épreuves de maths du concours seront de formats différents selon les écoles : unique problème découpé en plusieurs parties, deux grands problèmes, plusieurs exercices de longueurs égales ou différentes, etc. En général, toutes les épreuves durent 4 heures. Si leurs formats diffèrent, les exigences sont en revanche sensiblement les mêmes. Analysons-les.

Soyez irréprochables sur les questions de cours et de calcul de base

Commençons par une vérité qui dérange : votre niveau initial lorsque vous arriverez en prépa sera très en dessous des exigences du concours. Sans rentrer dans le débat sur la baisse tendancielle du niveau de maths en France, il y a une réalité : en arrivant en prépa, malgré votre éventuelle mention au bac, vous ne savez finalement pas faire grand-chose en mathématiques. Je le vois lors du recrutement chaque année des candidats qui postulent dans mon institut : un 15/20 de moyenne peut être trompeur et cacher, par exemple, de grandes lacunes calculatoires.

Alors une bonne partie de votre travail en arrivant en classe prépa sera de vous remettre au niveau sur les rudiments mathématiques du lycée et notamment l'aisance calculatoire. Autre volet important, j'y reviendrai plus tard, c'est la maîtrise absolue du cours des deux années de prépa. Trop de candidats arrivent aux concours en négligeant ces deux exigences. Et les rapports de jury ne sont pas tendres sur la question… Petit florilège d'extraits des rapports :

EM Lyon : *Les questions se veulent de difficulté progressive dans chacune des parties, visant à évaluer les compétences des candidats dans les points suivants : en priorité elles vérifient la bonne connaissance du cours, ce qui permet à des candidats sérieux mais de niveau modeste une note loin d'être déshonorante.*

L'AVIS DU JURY

ESSEC : *Nous voulons notamment souligner avec inquiétude l'incapacité d'une proportion effarante de candidats pour manipuler ou démontrer des inégalités même les plus élémentaires.*

(…) Mais le "clou" du sujet, sur lequel il faut tirer un signal d'alarme, est la collection proprement invraisemblable de perles concernant l'utilisation de la fonction logarithme (de base 2… ou non), qui révèle le trop peu de manipulations élémentaires des fonctions usuelles par les élèves depuis le lycée.

(…) Il faut répéter que le but de l'épreuve proposée ne peut être seulement d'étaler des « connaissances » plus ou moins solidement acquises mais aussi de montrer un peu de savoir-faire élémentaire, en acceptant avec confiance de se laisser porter par le sujet.

Vous l'aurez compris, ces deux premières attentes du jury sont vitales : connaître son cours et savoir mener des calculs de base. Si vous ne respectez pas ces exigences, les correcteurs risquent de ne pas vous faire de cadeau… Rassurez-vous, nous allons voir comment répondre à ces deux attentes fondamentales dans les pages qui suivent.

Raisonnez avec rigueur et précision

C'est l'exigence qui prolonge le point précédent : connaître son cours, c'est bien mais il faut être capable de montrer au correcteur votre capacité à conduire un raisonnement rigoureux, c'est-à-dire s'appuyant avec précision sur des points de cours qui s'enchaînent logiquement.

Souvent, vous serez tentés par le grappillage ou la volonté de traiter le maximum de questions : l'intention est louable car les épreuves de maths sont évidemment des épreuves de rapidité mais détendez-vous : le plus souvent en blindant les deux premières parties d'un sujet de parisienne, soit environ 50 % de l'épreuve, vous pouvez atteindre la note maximale.

Quelques extraits de rapports de jury pour vous en convaincre :

L'AVIS DU JURY

HEC : *« Les développements mathématiques doivent faire l'objet de justifications rigoureuses s'appuyant sur des raisonnements et des théorèmes qui s'expriment dans un langage clair et soigné. Une réponse qui n'est pas correctement argumentée ne rapporte aucun point. »*

L'AVIS DU JURY

EM Lyon : *Il n'était pas indispensable d'avoir traité la totalité du sujet pour obtenir une excellente note. Il est toujours préférable de mener un raisonnement rigoureux et complet sur seulement une moitié du sujet, plutôt que de donner tous les résultats (même justes) sur de nombreuses questions de manière trop rapide et sans explication réelle ; un tel raisonnement ne fournissant alors en général que peu de points au barème.*

La rigueur exigible est souvent difficile à concevoir lorsqu'on arrive en première année de prépa. Les étudiants sont nombreux à penser que seul le résultat compte. Ils ne comprennent pas qu'au-delà du résultat, il faut que les conditions des théorèmes mobilisés soient énoncées avec précision. Il ne s'agit donc pas d'en dire trop. Par exemple, si l'on veut utiliser le théorème de la bijection, si l'on dit que f est dérivable et strictement croissante sur l'intervalle, on en dit trop. Seule la continuité et la stricte croissance doivent être mentionnées. « Oui mais si f est dérivable, elle est continue », peut-on entendre souvent… C'est juste mais les correcteurs ont besoin des conditions du théorème et rien que celles-là. En somme, ils ont besoin de savoir si vous connaissez l'énoncé précis des théorèmes en jeu.

Encore un exemple : effectuer une intégration par parties sans mentionner que u et v doivent être deux fonctions de classe C^1 sur l'intervalle considéré ne rapportera aucun point ou presque…

Vous comprenez peut-être mieux à présent pourquoi les professeurs insistent lourdement sur la connaissance du cours. Les méthodes que l'on vous propose plus loin vous aideront à mieux digérer ce cours immense et ainsi atteindre cette rigueur incontournable pour atteindre des sommets en maths aux concours.

Soyez humbles et honnêtes intellectuellement

Qu'on se le dise : les étudiants qui intègrent les grandes écoles sont humbles et honnêtes… en mathématiques du moins ! Les rapports de jury sont formels sur ce point.

L'AVIS DU JURY

EM Lyon : *Il est attendu des candidats une certaine honnêteté intellectuelle dans leur copie : c'est une qualité essentielle recherchée par tous les correcteurs. Il est inutile de faire semblant que l'on arrive à un résultat de l'énoncé quand on a manifestement fait des erreurs de calcul. Il peut donc être utile de rappeler que de tels comportements dans les copies sont toujours repérés et très mal perçus par les correcteurs, d'autant plus sur les premières* *pages de la copie. En effet, ceci provoque dès lors un manque de confiance du correcteur vis à vis du candidat, ce qui mettra en doute ensuite la plupart des questions suivantes.*

L'AVIS DU JURY

ESSEC : *« Il faut rappeler une nouvelle fois aux candidats que seule la rigueur et l'honnêteté paient et que les fausses preuves, visiblement malhonnêtes, n'abusent pas le correcteur et déprécient fortement la copie. »*

Soyez-en informés une fois pour toute : la moindre arnaque sera toujours repérée par un correcteur. Celui-ci n'hésitera pas à sanctionner le candidat malhonnête par des points négatifs (« malus »). Si plusieurs arnaques sont décelées, le correcteur peut choisir d'arrêter de corriger. Un conseil simple donc : ne tentez jamais de tromper le correcteur, ça ne marchera jamais. Je le répète : JAMAIS ! Si vous vous approchez de la réponse mais qu'il vous manque une étape. Ne passez pas en force ! Ne barrez rien. Dites simplement : « j'admets telle étape ». Si votre ébauche de raisonnement est juste, le correcteur vous récompensera, même si vous n'aurez pas tous les points évidemment. Il appréciera en outre votre honnêteté.

Soignez la présentation

Que disent les rapports de jury sur cette exigence ?

L'AVIS DU JURY

EM Lyon

Les correcteurs s'attachent à toujours valoriser les copies qui sont bien présentées plutôt que celles qui relèvent d'un effort trop minimaliste pour mettre en valeur leurs réponses. On relève beaucoup de copies avec de nombreuses ratures par rapport aux années précédentes.

L'AVIS DU JURY

HEC : *« Les correcteurs ne sont pas censés corriger des copies dans lesquelles il est nécessaire de déchiffrer des notations de cours écrites dans un style sténographique ».*

Les correcteurs de l'EMLyon sont souvent très à cheval sur la présentation : je repense à Louis qui a eu un double 20/20 aux épreuves d'HEC, 18,6/20 à l'ESSEC, 20/20 à l'EDHEC mais seulement 13,8/20 à l'EMLyon. Il était évidemment brillant mais souvent sale, pour ne pas dire « dégueulasse », sur ses copies ! A contrario, la même année, Hortense a eu 20/20 à l'une des épreuves d'HEC et aussi 20/20 à l'EMLyon.

À la lecture des deux copies, on comprend tout de suite la différence : elle développait une stratégie de perfection et de qualité dans la présentation tandis que Louis privilégiait le volume sans nécessairement soigner la forme. Sachez donc que pour atteindre une grosse note à l'épreuve spécifique de l'EMLyon, il faudra apprendre à soigner vos raisonnements autant sur le fond que sur la forme. Ce sera donc plus difficile pour les étudiants dont l'écriture n'est pas agréable à lire…

Vous devez aussi comprendre en lisant cet exemple que pour les sujets de parisiennes, avoir une stratégie de volume peut également payer. Louis en est l'illustration. Mais tout le monde n'a pas le cerveau ni la rapidité d'exécution d'un Louis… Il faudra donc ajuster votre stratégie de présentation en fonction de vos qualités. J'y reviendrai dans les méthodes proposées.

Prenez le temps de réfléchir sur les questions difficiles

L'AVIS DU JURY

HEC : *« Les candidats semblent vouloir se débarrasser des questions sans même chercher à les comprendre, ni voir comment elles sont reliées aux autres questions. L'écriture automatique, frénétique, fait office de pensée. Bien rares, sans doute, sont les candidats qui travaillent d'abord au brouillon. »*

Cette consigne est un impératif pour le candidat qui mise sur les maths pour décrocher une parisienne. Lorsque le sujet est très difficile, il est parfois nécessaire de passer du temps voire beaucoup de temps sur chacune des questions. Je repense à Sofia qui en 2007 est sortie de l'épreuve de maths I quelque peu paniquée : « Olivier, c'était dur et il fallait réfléchir au moins un quart d'heure sur chacune des questions. Je n'arrivais pas à trouver des questions plus faciles… Du coup, je n'ai pas fait énormément de question… » Elle a tout de même eu une grosse note en maths, est diplômée d'HEC et, pour l'anecdote, fait partie aujourd'hui du top 100 des femmes les plus influentes dans le monde selon le classement *Forbes* !

Autre exemple : à l'épreuve de maths II d'HEC 1996, l'une des questions était fondamentale pour comprendre la suite car le schéma de réflexion se répliquait quasiment à l'identique. Certains candidats ont passé jusqu'à 30 minutes sur cette question cruciale. Ils n'ont pas été déçus…

Dernier exemple : lorsque le sujet semble classique, deux stratégies sont possibles pour se distinguer. Soit on privilégie la rapidité d'exécution et on essaie d'en faire le maximum (dans le respect de la rigueur exigée), soit on mise sur les quelques questions délicates pour signifier au correcteur qu'on est au-dessus du lot. Prendre le temps de la réflexion sur quelques questions clés est donc une stratégie possible qu'il faut avoir en tête.

Faites preuve de ténacité

C'est une exigence qui était assez implicite mais qui n'avait jamais été formulée aussi clairement que dans le rapport d'HEC de l'épreuve de 2019 :

L'AVIS DU JURY

***HEC :** « La recherche d'une solution à une question ne doit pas dépasser quatre à cinq minutes. Au-delà de ce délai, en cas d'échec, le candidat doit admettre le résultat de cette question (si la réponse figure dans l'énoncé), passer à la question suivante sans éprouver un sentiment de déstabilisation ou de découragement. Autrement dit, le jury recommande aux futurs candidats de faire preuve d'une grande ténacité. »*

L'injonction, me direz-vous, semble assez contradictoire avec l'exigence précédente : doit-on dès lors se concentrer sur certaines questions longuement ou bien ne passer que 4-5 minutes sur chaque question ? Ma réponse va vous décevoir : ça dépend ! Votre principale qualité sera de savoir vous adapter au style de l'épreuve. Sur certaines épreuves, il faudra savoir expédier certaines questions pour aller le plus loin possible, sur d'autres, il faudra se poser longuement sur certaines questions. Seule l'expérience acquise dans votre prépa vous permettra de vous adapter. Mais une chose est sûre : dans tous les cas, il faudra vous montrer pugnaces pour relever le défi mathématique proposé par les concepteurs de sujets de parisiennes. Bernard Ramanantsoa, ex-directeur mythique d'HEC, ne disait-il pas au directeur de l'épreuve de maths : « l'épreuve de maths d'HEC doit être un chemin de croix ». Tout est dit !

LES MÉTHODES ET SECRETS

SECRET D'ALUMNI

« Pour les maths, je me souviens encore de la boule au ventre qui me prenait à chaque fois que je démarrais un exercice en première année. À force d'échouer, j'avais ancré en moi un sentiment d'infériorité qui me blessait physiquement. (…) J'ai eu un déclic, qui a changé ma vision des maths. Le déclic, c'est d'avoir réussi un exercice un jour. Étais-je devenu plus intelligent subitement ? Non. En fait, j'avais fait le même exercice la veille. Mais quoi qu'il en soit, le simple fait de voir que ma réponse était conforme au corrigé m'a procuré une montée de dopamine incroyable ! J'ai alors compris qu'il fallait voir les maths comme un jeu vidéo ou un sport. Un jeu vidéo car vous avez un niveau à passer, ou un boss à terrasser (le problème), et pour ça vous avez des armes à votre disposition (les théorèmes). Un sport car pour bien manier ces armes, il vous faut les manier souvent, et s'entraîner régulièrement. »

Ken LeCoutre, étudiant à Masséna (Nice) et MyPrepa. 17/20 de moyenne en maths EDHEC-EM Lyon. Diplômé de l'ESSEC. Enseigne la culture générale chez MyPrepa

Pour répondre aux exigences précédemment analysées, nous allons voir ici les méthodes que je transmets à tous les étudiants de notre institut en début d'année. Elles sont réunies dans ce que j'appelle « les dix commandements mathématiques ». Vous êtes prêts ? C'est parti !

Méthodes autour de la maîtrise du cours

Secret n° 1 *Faites des rappels de cours en permanence*

Voici le secret le plus précieux que je puisse vous livrer. Lorsque j'étais en prépa, en première année, j'avais tendance à apprendre le cours dans un coin et ensuite à me lancer dans la résolution d'exercices. Sur des chapitres aussi abstraits que celui sur les espaces vectoriels, c'était déprimant : je connaissais le cours mais impossible de résoudre les exercices sans correction. J'ai alors fait part de ma frustration à ma prof de seconde année qui m'a livré ce secret : « c'est simple, apprenez le cours sans trop vous acharner dessus et quand vous attaquez les exercices, faites systématiquement des rappels de cours sur chacune des questions rencontrées. Écrivez le rappel en rouge. Et commencez alors votre démonstration. » J'ai suivi ce conseil à la lettre pendant une année entière sur toutes les questions. Avec le recul, c'est LE tuyau qui m'a permis de décoller.

Je ne vous cache pas que respecter ce conseil demande une grande force de caractère car sur des questions qui paraissent faciles et qu'on peut résoudre rapidement, je ralentissais et restais dans cette routine du rappel de cours permanent. Je faisais donc moins d'exercices que mes camarades mais un nouvel horizon s'ouvrait : je comprenais enfin toutes les connexions entre le cours et les exercices et je développais une rigueur extrême qui a fait ma force le jour J.

Ainsi, sur toutes les questions rencontrées (sauf celles où vous pensez vraiment maîtriser le point de cours), faites des rappels de cours en rouge :

- En utilisant d'abord votre mémoire ;
- En vérifiant ensuite la précision du point de cours sur un formulaire ou dans le cours de votre prof ;
- En étendant le rappel de cours aux notions connexes (sans trop dévier toutefois sinon on n'avance pas !).

CAS PRATIQUE
HEC 2007

Calculer $H = \int_0^1 f(x)dx$ avec $\forall x \in [-1,1], f(x) = \frac{1}{2} e^{-|x|}$

On peut faire deux types de rappels sur cette question : un rappel sur les grandes formules du chapitre intégration et un rappel sur les propriétés de la valeur absolue. En guise d'illustration, voici un rappel de cours « étendu » que l'on peut faire sur la valeur absolue :

FICHE VALEUR ABSOLUE

$$\forall x \in \mathbb{R}, |x| = \max(-x,x) = \begin{cases} -x \text{ si } x < 0 \\ x \text{ si } x \geq 0 \end{cases}$$

$\forall(a,b) \in \mathbb{R}^2$, $|ab| = |a| \times |b|$

$\forall(a,b) \in \mathbb{R}\times\mathbb{R}_+$, $|a| \leq b \Leftrightarrow -b \leq a \leq b$

$\forall(a,b) \in \mathbb{R}\times\mathbb{R}_+$, $|a| \geq b \Leftrightarrow a \geq b$ ou $a \leq -b$

$\Leftrightarrow a \in]-\infty, -b] \cup [b, +\infty[$

Inégalité triangulaire : $\forall(a,b) \in \mathbb{R}^2$, $|a+b| \leq |a| + |b|$

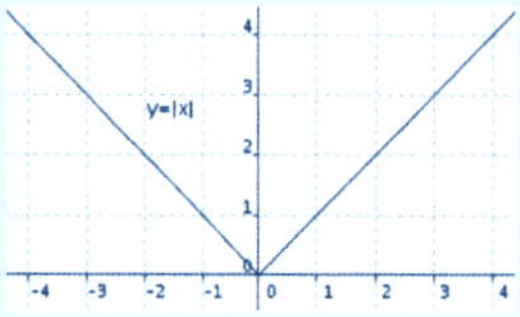

: définie et continue sur $\mathbb{R}$ et dérivable sur $\mathbb{R}'$.

On peut faire le même type de rappel sur les propriétés d'une intégrale. Ici la relation de Chasles était à l'honneur. Je vous laisse gratter le rappel sur votre papier !

Pour les curieux, retrouvez le corrigé en scannant le QR code suivant :

FUN FACT

Sur cette épreuve d'HEC 2007, une candidate est venue me consulter avec sa copie de concours parce qu'elle ne comprenait pas sa note en dessous de la moyenne. Après quelques secondes d'analyse de la copie, je me rendis compte qu'elle avait primitivé $x \to e^{-|x|}$ tranquillement sans distinguer les cas… Une bonne partie du problème découlait du calcul de cette primitive et donc de cette distinction de cas qu'il était impératif de faire. Elle a malheureusement dû cuber… Pas très fun en fait… Mais elle a fini par avoir l'ESCP !

Secret n° 2 — Faites des tests de la feuille blanche, ou blind tests, régulièrement

C'est le conseil qui complète parfaitement le précédent secret. Le principe est ultra simple. Chaque semaine, par exemple le week-end, forcez-vous à :

- Prendre une feuille blanche et rien d'autre autour ;
- Choisir un chapitre de révision ;
- Écrire sur la feuille tout ce que vous savez sur ce chapitre : les définitions, les théorèmes, les méthodes, les astuces…
- Vérifier sur un formulaire si votre blind test est complet et correct ;
- Compléter / corriger votre blind test en rouge avec les éléments manquants ;
- Rajouter dans votre petit cahier les points de cours qui vous résistent.

Temps moyen d'un blind test : entre 15 minutes (quand vous serez expert) et une heure (quand vous ne maîtrisez pas encore le chapitre).

Pas besoin d'écrire les démonstrations, sauf si une envie irrépressible vous prend subitement ou si la démo est vraiment importante (c'est rare !).

SECRET D'ALUMNI

« Très très vite, les tests de la page blanche sont devenus une routine, et de me faire les dents plusieurs heures par jour sur des exercices plutôt accessibles (et corrigés) m'a redonné confiance en moi. Et en effet, en connaissant le cours sur le bout des doigts, en faisant des rappels de cours systématiquement et en refaisant régulièrement (le week-end) les mêmes exercices 3, 4, 5 ou même 10 fois, j'ai réussi à avoir des notes correctes et au-dessus de la moyenne aux Parisiennes, et très bonnes à l'EM et à l'EDHEC. »

Ken LeCoutre, étudiant à Masséna (Nice) et MyPrepa.
17/20 de moyenne en maths EDHEC-EM Lyon. Diplômé de l'ESSEC.
Enseigne la culture générale chez MyPrepa.

LE SECRET DU COACH

« Doit-on faire des fiches en maths ? »

Franchement, si vous respectez les deux secrets précédents, et que vous alimentez régulièrement votre petit cahier de maths (points de cours, astuces, méthodes, etc.), faire des fiches devient purement et simplement inutile. Pire, je pense que faire des fiches s'avère parfois dangereux en maths. Pourquoi ? Car j'ai observé depuis des années que les étudiants qui faisaient des fiches avaient tendance à ne plus faire des rappels de cours permanents : « pas besoin puisque j'ai ma fiche », devaient-ils se dire... Grave erreur. Les points de cours sont trop nombreux et trop complexes pour qu'une fiche suffise... En plus, des formulaires existent et remplacent parfaitement, en mieux, les fiches. Achetez donc un formulaire, respectez les secrets précédents et cela suffira amplement ! À la limite, pour vous rassurer, faites des fiches des méthodes clés même si, a priori, vous les aurez écrites dans votre petit cahier de méthodes et astuces... Certains préfèrent des fiches aux petits cahiers. Écoutez-vous si tel est le cas. À titre personnel, je n'ai jamais fait une seule fiche en maths de ma vie ! J'en faisais cependant dans certaines matières : la géopolitique notamment.

Méthodes autour du calcul et des fondamentaux :

Secret n° 3 — Calculez STEP BY STEP ou par la « méthode des vieux »

Les étudiants ont du mal à respecter ce conseil, notamment en seconde année. Le principe est pourtant simple : quand vous faites un calcul, efforcez-vous de ne faire qu'une seule étape à la fois : *step by step* ! Après plus de 25 ans de coaching d'étudiants, j'ai observé que l'immense majorité des erreurs provient du non-respect de cette règle. L'étudiant qui prend confiance a tendance à vouloir accélérer les calculs et les erreurs apparaissent dès lors qu'il essaie de regrouper plusieurs étapes en une seule ligne. Faites-moi entièrement confiance sur ce point : mieux vaut écrire plus de lignes « justes » que réduire le nombre d'étapes et faire une erreur... Aujourd'hui encore, lorsque j'essaie d'accélérer en faisant plusieurs étapes en une, il m'arrive de faire des erreurs... Après plus de 25 ans de calculs au quotidien... C'est également le cas de tous les profs de maths : l'erreur est humaine, même pour un agrégé !

Sachez que certains professeurs (une minorité) vous critiqueront parce que vous n'allez pas à l'essentiel. Ne les écoutez pas. Les rapports de jury sont de mon côté : « tous les calculs doivent figurer sur la copie » précise un rapport de jury de l'EM Lyon.

CAS PRATIQUE

$$A = \frac{a^4 \times \frac{(b^3a)^{-2}}{a^6b^3}}{(a^7b^{-5})^4 \times \frac{a^{-3}b^8}{a^5b^{10}}} \text{ avec } (a,b) \in (\mathbb{N}^*)^2$$

Simplifier *A*.

Scannez le QR code suivant pour voir la correction de cet exercice de collège !

FUN FACT

Je teste souvent ce cas pratique avec mes étudiants en séance introductive et je suis très surpris de constater le faible nombre d'étudiants qui arrivent au bout de ce calcul de collégien…

Ne vous êtes-vous jamais dit, en lisant un corrigé d'une question de calcul : « Wouah, le professeur, il est trop fort, comment il a fait pour savoir qu'il fallait partir de ça ? » Au risque de démystifier l'aura de vos chers professeurs, je vous annonce l'un de leurs secrets : **la « méthode des vieux » !**

Le principe est simple : quand vous avez une égalité ou une inégalité à démontrer, au brouillon, partez de la réponse et transformez-la jusqu'à faire apparaître une évidence. Au propre, il suffit alors de reprendre votre brouillon « à rebrousse-poil » : on part de la dernière ligne, puis on écrit l'avant-dernière, et ce jusqu'à la première ligne !

Je résume :

- On prend une feuille de brouillon ;
- On écrit la réponse demandée ;
- On transforme la réponse en utilisant des arguments élémentaires ;
- On arrive à une évidence ;
- On prend le propre et on recopie le brouillon à l'envers

Un cas pratique vaut bien mieux que toute explication complémentaire.

CAS PRATIQUE
HEC

Soit x un réel quelconque. Montrer que pour tout (p,q) éléments de]0,1[:

$$\frac{pqe^x}{(pe^x + q)^2} \leq \frac{1}{4}$$

Scannez le QR code pour la correction :

FUN FACT

Pourquoi cette méthode s'appelle-t-elle la méthode des vieux ? C'est en fait Paul-Louis, l'un des Alumni de mon institut qui faisait sa prépa à Stanislas qui m'a dit que cette méthode de résolution était appelée ainsi par sa prof de maths. Rien d'officiel donc. En tapant « méthode des vieux » sur internet, vous ne trouverez rien de probant ! Peut-être a-t-elle simplement voulu signifier que cette méthode était vieille comme le monde !

Secret n° 4 — Travaillez régulièrement les fondamentaux

Je vais certainement répéter ce sur quoi beaucoup de professeurs insistent et que les rapports de jury rappellent régulièrement. Tout candidat doit se montrer capable de maîtriser parfaitement les outils du lycée. Or, je constate d'année en année que ce background mathématique est de moins en moins entretenu. J'invite tous ceux qui sentent leurs fondations mathématiques instables à envisager de faire des stages de préparation à la prépa ou d'acheter des ouvrages dédiés à l'entrée en classe prépa.

Rien ne vous empêche aussi de puiser sur Internet des exercices de révision du lycée ou du collège sur un chapitre qui vous met en difficulté. Il n'y a vraiment aucune honte à avoir : la médiocrité mathématique est l'apanage de la plupart des étudiants qui rentrent en prépa… J'inclus les futurs HEC dedans !

Le travail des fondamentaux concerne également les étudiants de 2e année ou de 3e année : n'hésitez pas à reprendre vos exercices de bizuth et à faire vos gammes.

Elles seront utiles aux concours, notamment sur les premières parties des sujets de parisiennes.

CAS PRATIQUE
ECRICOME 2004

Donner le domaine de définition de la fonction définie par :

$$g(x) = \ln(x+\sqrt{1+x^2})$$

Cette question semble simple mais des subtilités techniques menacent ! Une très bonne maîtrise des fondamentaux du lycée est nécessaire. Retrouvez le corrigé en scannant le QR code suivant :

FUN FACT

Ce genre d'inégalité était la spécialité de mon professeur de 1re S ! Qu'est-ce que j'ai pu souffrir sur ce genre de casse-tête… Et il avait raison d'insister : ces fondamentaux vous seront toujours utiles. Les candidats du concours Ecricome l'ont bien senti !

Méthodes autour de la rigueur et du raisonnement :

Secret n° 5 *Rédigez toujours comme aux concours*

Ce conseil risque de vous embêter quelque peu ! Je vous propose ici de vous comporter lors de vos séances d'entraînement comme si vous étiez devant votre copie de concours. Dans le chapitre consacré au mental, vous comprendrez que ce comportement est commun à tous les grands champions sportifs. Rien de particulièrement exceptionnel donc mais cela doit être nouveau pour les récents bacheliers que vous êtes. C'est vraiment une tendance que j'observe depuis quelques années lors des séances individuelles ou collectives : les étudiants ont énormément de mal à rédiger comme ils le feraient sur une copie de concours. Ils me rétorquent souvent « oui mais là c'est le brouillon, le jour du DS, je rédigerai ». Monumentale erreur ! Voici trois bonnes raisons de respecter à la lettre ce conseil :

- **Développer les automatismes :** C'est à force de rédiger comme un fou au quotidien que vous développerez les automatismes le jour J. Après deux ans de rédaction acharnée, vous serez des machines de guerre le jour du concours. Vous ne vous poserez plus la question « comment je vais rédiger ma réponse ? ». Vous libérerez ainsi beaucoup de temps pour réfléchir aux questions. Et le temps, ce sont des points en plus donc des écoles en prime !

- **Déceler les pièges cachés :** vous réaliserez assez rapidement que derrière certaines questions apparemment simples se cachent des discussions de cas en fonction de la valeur de certains paramètres. Les distinctions de cas, ou « facettes », sont fréquentes aux concours. Vous ne repérerez ces pièges cachés qu'à force d'entraînement au quotidien. Si vous restez en permanence en mode « brouillon », vous ne décrypterez que les cas généraux en omettant tous les cas particuliers. Vous serez alors très surpris après les devoirs surveillés (DS) lors de la remise des notes…
- **Atteindre la perfection :** plus vous rédigerez, plus vous arriverez à atteindre à la fois rigueur, précision et concision. Cette dernière exigence est plus difficile à développer. Vous vous rendrez compte qu'en rédigeant, vous allez dans un premier temps proposer des solutions rigoureuses mais lourdes, bavardes. Plus vous rédigerez, plus vos solutions seront concises tout en restant rigoureuses. Ce n'est qu'un travail quotidien qui permettra d'atteindre cette alchimie entre rigueur et concision.

CAS PRATIQUE
Une limite classique

Soit α un réel. Montrer que : $\forall x \in]-1, 1[, \quad \lim_{n \to +\infty} n^{\alpha} x^{n} = 0$

De grosses subtilités se cachent derrière cet exercice anodin. Seule une rédaction « professionnelle » permet de les repérer, non sans peine…

Pour briser le suspense, voici la réponse :

Secret n° 6 — *Soignez le brouillon comme le propre*

C'est une nouveauté : les brouillons que vous ferez ne devront plus être « brouillons » ! Fini les écritures en diagonale au brouillon, les expressions posées négligemment sans quantificateurs, les brouillons confectionnés dans un tout petit bout de feuille illisible. À présent, vous allez apprendre à rédiger des brouillons « professionnels » !

Pourquoi tant de formalisme, vous demandez-vous peut-être ? Simplement parce que, sur certaines questions coriaces, vous devrez explorer plusieurs pistes de réflexion. En rédigeant proprement ces différentes pistes au brouillon, vous apprendrez de vos pistes qui n'aboutissent pas et vous vous dirigerez ainsi plus sereinement vers la piste salvatrice. En revanche, si vous continuez à produire des brouillons… « brouillons », ce sera mission impossible.

Plus généralement, deux situations se présenteront :

- **À l'entraînement :** écrivez le brouillon au propre entre parenthèse à l'intérieur de votre raisonnement. Une fois que votre brouillon vous donne la bonne piste, fermez la parenthèse et commencez votre rédaction ;
- **Lors des DS et lors du concours :** faites vos brouillons proprement sur des feuilles et en écrivant que sur les rectos. Ce n'est pas très écologique mais c'est plus efficace et vous ne vous perdrez pas en route.

CAS PRATIQUE
Une récurrence délicate

N.B. : nécessite une bonne connaissance du cours sur la récurrence et sur les produits.

Montrer que : $\forall n \in \mathbb{N}^*,\ \left[\prod_{k=1}^{n}(2k)!\right] \geq [(n+1)!]^n$.

$$\left[\prod_{k=1}^{n}(2k)!\right] \geq [(n+1)!]^n$$

La réponse, c'est ici :

FUN FACT

Pour la petite histoire, c'est l'un de mes étudiants qui m'avait appelé en panique pour que je l'aide à résoudre l'exercice. Au début, j'avais rédigé un brouillon « brouillon » : je n'y arrivais pas. Je me suis alors résolu à construire un brouillon « professionnel » : nous étions tous les deux comblés !

Secret n° 7 — Travaillez sur des exercices à l'aide de la correction, puis progressivement sans la correction

Je vous le dis d'emblée : certains profs de maths ne seront pas d'accord avec ce conseil. Notamment ceux qui donnent des feuilles d'exercices non corrigés à préparer d'une séance sur l'autre. Très chers professeurs, je vous le dis sincèrement : cette méthode ne fonctionne pas. Je le vois au quotidien depuis 25 ans. Malgré leur bonne volonté, les étudiants sont souvent démunis, notamment en bizuth mais aussi en carré. Une exaspération que j'entends souvent : « je n'arrive pas à faire les exercices que me demande mon prof, pourtant j'y passe des heures entières ».

Je m'adresse donc aux étudiants à présent : apprenez parfois à désobéir… Si votre prof vous matraque d'exercices non corrigés, passez-y un certain temps mais pas un temps « fou » ! Privilégiez toujours les exercices dont vous avez les corrections. Et ensuite attaquez-vous éventuellement aux exercices non corrigés que vous demande votre prof. Et s'il vous ridiculise lorsque vous passez au tableau sur un exercice que vous n'avez pas traité, acceptez le ridicule de la situation. Vous n'en mourrez pas. Si vous saviez le nombre de moments où je me suis ridiculisé en prépa : je préfère taire ce sombre passé !

Si votre professeur vous convoque, soyez sincères : montrez-lui votre planning de travail ainsi que le temps que vous avez passé sur ses exercices. Votre sérieux désamorcera sa colère.

LE SECRET DU COACH

Apportons une nuance très importante à ce secret, et qui me réconciliera peut-être avec les enseignants qui n'étaient pas d'accord avec moi ! Lorsque vous aurez fait suffisamment d'exercices avec correction et que votre boîte à outils sera relativement pleine, faites progressivement des exercices ENTIERS sans la correction puis reprenez la correction en fin de séance. Cela vous permettra de développer votre capacité à gérer une épreuve, avec des questions qui s'enchaînent et qui sont souvent liées les unes aux autres. En fin de 1re année et surtout en 2e année, lorsque vous faites des révisions sur un chapitre donné, appliquez ce conseil systématiquement, avec un chronomètre pour vous plonger encore plus dans les conditions du concours.

Allons plus loin : lorsque vous commencerez à vraiment bien gérer un chapitre, forcez-vous à passer un temps conséquent sur des questions difficiles, celles qui vous rapporteront un nombre de points maximal aux épreuves les plus exigeantes. Sur ce type de séance, inutile de travailler sur la contrainte du temps : le but est de booster votre capacité de raisonnement. Cela peut prendre du temps.

LE SECRET DU MAJOR

« Parfois, sur certaines séances, je passais plus d'une heure sur des questions qui me résistaient, je ne lâchais rien ! » Victor, major en maths en carré (20/20 de moyenne) et en cube (20/20 de moyenne)

Méthodes autour de l'entraînement permanent aux concours

Secret n° 8 *Entraînez-vous à écrire vite et bien tout le temps*

Les profs de prépa n'insistent que rarement sur ce point. Il est pourtant l'une des clés pour avoir une grosse note aux Parisiennes. En séance de coaching individuel, je le vois assez rapidement : je repense à Médéric, un ancien élève qui dès le premier cours m'a bluffé ! Je n'avais jamais vu quelqu'un écrire aussi vite et bien en même temps ! Il a eu HEC haut la main avec la manière et des notes exceptionnelles en maths. A contrario, j'ai aussi vu beaucoup d'étudiants très capables mais paralysés par leur lenteur d'exécution. Les notes ne dépassaient guère le 8/20…

Un conseil donc : entraînez-vous à écrire vite en toute occasion. En maths mais aussi dans les autres matières. En cours mais aussi chez vous. À l'entraînement mais aussi en DS. Attention, l'idée n'est pas de sauter des étapes dans vos calculs ou vos raisonnements mais simplement de faire fonctionner votre poignet le plus rapidement possible. C'est à force de vous entraîner à écrire vite que vous écrirez vite et bien en même temps.

Pour constater les progrès, vous pouvez également vous chronométrer sur les exercices que vous refaites. Rien d'obligatoire mais fortement recommandé. Personnellement je ne me chronométrais pas mais je savais que la rapidité de mon écriture était un atout. Je cultivais alors ce point fort au quotidien sans réel indicateur de performance.

Secret n° 9 Répétez les exercices jusqu'à parfaite maîtrise de toutes les méthodes de résolution

L'information ne manque pas en prépa. Internet est un outil extraordinaire qui vous procurera en un ou deux clics des exercices corrigés. Du coup, il est très tentant de faire un sujet de concours différent tous les jours. C'est une grave erreur. Ce n'est pas comme cela qu'on optimise ses progrès. Pourtant tous les ans, les étudiants tombent dans ce piège et stagnent…

Alors voici la démarche que je vous propose :

- Lorsque vous faites un exercice (depuis un livre ou une feuille de TD), repérez si vous avez été capable de faire l'exercice parfaitement sans la correction.
- Si vous l'avez parfaitement exécuté, « tick-markez-le » comme suit à l'aide d'un stylo effaçable : ☑
- S'il vous a fallu utiliser la correction, c'est que l'exercice n'est pas maîtrisé donc posez l'annotation suivante, toujours au stylo effaçable : ☒
- Lors des séances de révision qui seront calées dans le planning de travail, refaites alors dans votre grand cahier à spirale les exercices mal maîtrisés en respectant la même discipline.

Il vous faudra **parfois plus de 5 répétitions du même exercice pour arriver à une parfaite maîtrise**. Il m'est personnellement arrivé de refaire 5 à 6 fois certaines questions clés d'annales de concours.

Le premier avantage de cette discipline est que tous les exercices classiques seront parfaitement maîtrisés et vous savez à quel point cela compte aux yeux des correcteurs.

Le second avantage est qu'à force de répéter les mêmes exercices, vous les ferez de mieux en mieux et votre capital-confiance grossira. Vous prendrez alors conscience que vous progressez. À l'inverse, ne faire que des exercices nouveaux vous déprimera car vous serez presque toujours mis en difficulté…

Voici un petit cas pratique qui vous montre que même un exercice simple doit être refait plusieurs fois pour maîtriser toutes les méthodes de résolution.

CAS PRATIQUE
Extrait d'ECRICOME

Montrer que : $\forall x \in \mathbb{R}^+, \sqrt{x} \leq \frac{1}{2}(1+x)$

Pour voir les multiples méthodes de résolution de ce cas pratique, c'est par là que ça se passe :

Secret n° 10 *Faites des révisions thématiques au moins une fois par semaine*

Je ne fais que répéter ici ce qui a été dit précédemment : réviser doit devenir une routine hebdomadaire. Et vous aurez pourtant tendance à la zapper en prétextant par exemple que vous avez un DS super important à préparer ou une colle déterminante avec votre prof et que donc vous n'avez pas de temps à consacrer aux révisions. **C'est une erreur majeure.** Vous n'êtes plus au lycée, vous êtes en prépa où l'objectif est de réussir ses concours blancs puis ses concours.

Dans mon institut, on a d'ailleurs fait **le choix radical de supprimer les DS et colles au profit de plus de concours blancs** (10 concours blancs en tout, écrits et oraux publics, comme à HEC…).

Concrètement, je vous conseille donc de réviser de la manière suivante :

- Chaque semaine, bloquez 2 séances consécutives de 3-4h pour vos révisions thématiques ;
- Choisissez un chapitre voire un 2e si ce dernier est connecté au premier : par exemple, suites et sommations ;
- Commencez par faire un blind test de cours (cf. secret n° 2) ;
- Puis attaquez-vous à des exercices de bases avec correction si vous êtes en difficulté, sans correction sinon ;
- Lors de votre 2e séance de 3-4 h, terminez par des problèmes sans correction en temps limité et analysez enfin la correction pour comparer votre prestation et ce qui était attendu ;
- Finissez vos révisions thématiques par un bilan des savoir-faire acquis lors de vos deux séances de révisions.

Bonus numérique
Les 10 secrets mathématiques en une page

ANALYSE DE COPIES

FAKE NEWS **« POUR AVOIR 20/20 EN MATHS, IL FAUT ABSOLUMENT FAIRE X% DU SUJET »**

C'est une question que l'on me pose systématiquement tous les ans : « Olivier, dans ma prépa, y'en a qui disent qu'il faut faire 100 % du sujet de l'EM Lyon, est-ce vrai ? » Alors qu'on se le dise tout de suite : il n'y a absolument aucune règle en la matière. Une année, un étudiant n'a fait qu'un seul exercice du sujet d'HEC en ECE soit à peine 20 % de l'épreuve (maths appliquées pour les ECG) et a eu 17/20 ! Une autre année, Barbara, alumni de mon institut, a eu 14/20 en faisant à peine 5 questions sur un sujet horrible d'HEC. Ce qui est valable aux Parisiennes l'est également pour les épreuves de l'EM Lyon ou de l'EDHEC. Certaines années, on peut faire 70 % de l'épreuve de l'EM Lyon et avoir 20/20, mais d'autres années, il faudra faire 90 % voire 100 % de l'épreuve pour atteindre la note maximale.

La stratégie de Louis

Notes : 20/20 de moyenne à HEC et à l'EDHEC, 18,6/20 à l'ESSEC mais 13,8/20 à l'EM Lyon

Louis était l'un de mes anciens étudiants. Il avait cette tendance à bien commencer les sujets mais bloquait systématiquement au bout de 2h de sujet. Il a finalement ajusté sa stratégie :

« J'ai fini par devenir un prédateur ! La première heure, j'essayais de bien rédiger pour séduire le correcteur puis, au bout d'une heure, j'avais mon chronomètre et si, au bout de deux minutes, je n'arrivais pas à trouver la moindre piste sur une question, alors je passais à la suivante. Ma rédaction devenait aussi moins exhaustive que lors de la première heure. Avec cette stratégie, j'avançais beaucoup plus rapidement et mes notes ont commencé à décoller. »

Voici un extrait de sa première page à l'épreuve CCIP :

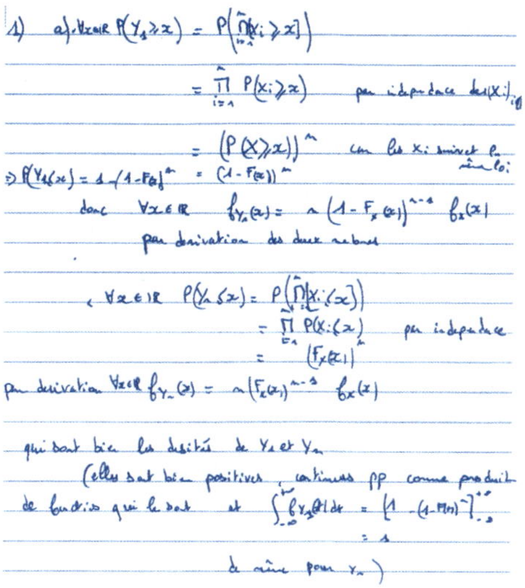

1) a) $\forall x \in \mathbb{R}$ $P(Y_1 \geq x) = P\left(\bigcap_{i=1}^{n} [X_i \geq x]\right)$
$= \prod_{i=1}^{n} P(X_i \geq x)$ par indépendance des (X_i)
$= (P(X \geq x))^n$ car les X_i suivent la même loi
$\Rightarrow P(Y_1 \leq x) = 1 - (1 - F(x))^n$ $= (1 - F(x))^n$
donc $\forall x \in \mathbb{R}$ $f_{Y_1}(x) = n(1 - F_X(x))^{n-1} f_X(x)$
par dérivation des deux membres

$\forall x \in \mathbb{R}$ $P(Y_n \leq x) = P\left(\bigcap [X_i \leq x]\right)$
$= \prod P(X_i \leq x)$ par indépendance
$= (F_X(x))^n$
par dérivation $\forall x \in \mathbb{R}$ $f_{Y_n}(x) = n(F_X(x))^{n-1} f_X(x)$

qui sont bien les densités de Y_1 et Y_n
(elles sont bien positives, continues pp comme produit de fonctions qui le sont et $\int_{-\infty}^{+\infty} f_{Y_1}(t)\,dt = [1 - (1-F(t))^n]_{-\infty}^{+\infty} = 1$
de même pour Y_n)

Comme vous l'observez, Louis avait une écriture très désagréable. Au niveau de la rédaction, il mettait les éléments clés mais sans trop s'étendre.

Cette stratégie a payé partout sauf à l'EM Lyon où les correcteurs sont très exigeants sur la rédaction. Voyons à présent une étudiante qui a su également séduire le correcteur de l'EM Lyon !

Énoncé de l'épreuve et intégralité de la copie de mathématiques de Louis

La stratégie d'Hortense

Notes : 20/20 à l'épreuve CCIP et à l'EM Lyon, 18/20 à l'EDHEC, 16,1/20 à l'ESSEC, 14,8/20 à HEC.

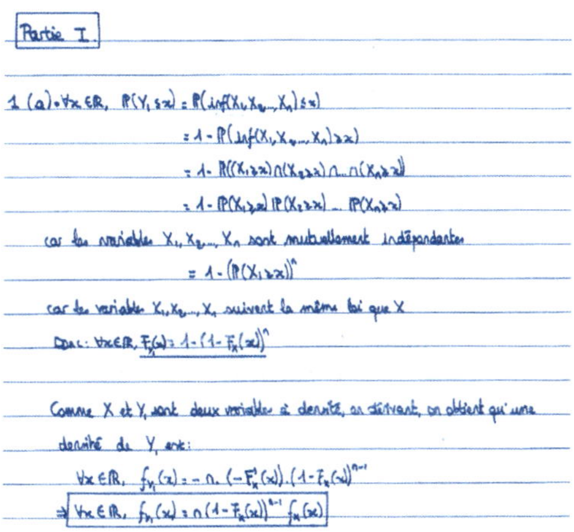

Partie I

1 (a) • $\forall x \in \mathbb{R}$, $P(Y_1 \leq x) = P(\inf(X_1, X_2, \ldots, X_n) \leq x)$
$= 1 - P(\inf(X_1, X_2, \ldots, X_n) \geq x)$
$= 1 - P((X_1 \geq x) \cap (X_2 \geq x) \cap \ldots \cap (X_n \geq x))$
$= 1 - P(X_1 \geq x) P(X_2 \geq x) \ldots P(X_n \geq x)$
car les variables $X_1, X_2, \ldots, X_n$ sont mutuellement indépendantes
$= 1 - (P(X_1 \geq x))^n$
car les variables $X_1, X_2, \ldots, X_n$ suivent la même loi que X
Donc : $\forall x \in \mathbb{R}$, $F_{Y_1}(x) = 1 - (1 - F_X(x))^n$

Comme X et Y_1 sont deux variables à densité, en dérivant, on obtient qu'une densité de Y_1 est :
$\forall x \in \mathbb{R}$, $f_{Y_1}(x) = -n.(-F_X'(x)).(1 - F_X(x))^{n-1}$
$\Rightarrow$ $\forall x \in \mathbb{R}$, $f_{Y_1}(x) = n(1 - F_X(x))^{n-1} f_X(x)$

Hortense était également très talentueuse malgré quelques difficultés en probabilité et notamment en dénombrement. Aux concours, elle a comblé ses lacunes et s'est efforcée de proposer une prestation parfaite, à la fois sur le fond et la forme. Contrairement à Louis, elle sautait peu de questions et soignait grandement la forme. Du coup, elle faisait moins de questions que Louis mais l'impression de perfection visuelle a dû impressionner plus d'un correcteur ! Voyons un extrait de sa première page à l'épreuve CCIP.

Énoncé de l'épreuve et intégralité de la copie de mathématiques d'Hortense

Elle écrit bien, elle souligne les résultats, les arguments clés sont là. La perfection ! Cette stratégie est donc la bonne sur bien des sujets mais celle de Louis me paraît plus judicieuse si certaines questions au milieu d'un sujet sont délicates et vous empêchent d'avancer…

Article paru dans Espace Prépas sur les épreuves de mathématiques

Avant chaque épreuve de maths, relisez l'article que j'ai rédigé pour le magazine Espace Prépas en cliquant sur le QR code suivant.

EN UN MOT LES SECRETS À RETENIR EN MATHÉMATIQUES

1. Faites des rappels de cours en permanence.
2. Faites des tests de la feuille blanche, ou blind tests, régulièrement.
3. Calculez step by step ou par la « méthode des vieux ».
4. Travaillez régulièrement les fondamentaux.
5. Rédigez toujours comme aux concours.
6. Soignez le brouillon comme le propre.
7. Travaillez sur des exercices à l'aide de la correction, puis progressivement sans la correction.
8. Entraînez-vous à écrire vite et bien tout le temps.
9. Répétez les exercices jusqu'à parfaite maîtrise de toutes les méthodes de résolution.
10. Faites des révisions thématiques au moins une fois par semaine.

Chapitre 10

LANGUES VIVANTES

	VRAI	FAUX
Je suis bilingue en anglais donc je n'ai pas besoin de bosser cette matière		✘
À force de lire en anglais et apprendre des mots, je vais avoir une bonne note		✘
La qualité de la langue est plus importante que le fond	✘	
Il faut être fort en civilisation pour gérer l'épreuve d'expression écrite		✘
Travailler 30 minutes par jour une langue vivante, c'est plus efficace qu'1h tous les deux jours	✘	

LE SECRET DU MAJOR

« Pour majorer l'épreuve de version dans ma prépa, j'adoptais toujours la même démarche : je traduisais d'abord littéralement le texte au brouillon puis j'allais directement au propre et je traduisais en bon français mon brouillon »

Guillaume, major en anglais dans une grande prépa

L'INTRO QUI FAIT DU BIEN

Les notes proches de zéro voire négatives en langues vivantes sont fréquentes lorsqu'on arrive en prépa. Il ne faut surtout pas céder à la panique. Acceptez votre niveau du moment et persévérez car ce sont des matières payantes aux concours. Les récents intégrés ont dû vous le dire. Ce sont, avec les mathématiques, les matières les plus fiables. Un travail sérieux et régulier conduira à une note honorable voire excellente. Si en plus vous respectez les méthodes qui suivent, vous serez comblés ! Elles sont la synthèse de nombreuses discussions avec les candidats qui ont excellé aux concours mais aussi avec des étrangers bilingues et qui m'ont livré leur secret pour atteindre un tel niveau.

Je développerai ici essentiellement la partie sur l'anglais qui est une matière obligatoire aux concours. N'hésitez pas à répliquer les méthodes pour votre seconde langue vivante car les « best pratices » sont strictement les mêmes !

CE QU'ON ATTEND DE MOI : *les exigences du jury*

Pour les candidats qui présentent les écoles du top 10, vous aurez une voire deux épreuves par langue vivante. Une épreuve est particulièrement importante : celle que vous passerez si vous présenter HEC puisqu'elle compte également pour quasiment toutes les écoles du top 10.

En résumé, cette épreuve se découpe en deux grandes parties : la traduction et l'expression écrite.

- La traduction se divise en deux parties :
  - La version : un texte littéraire en langue étrangère qu'il faut traduire en français,
  - Le thème : un texte en français qu'il faut traduire en langue étrangère,

- L'expression écrite propose un article suivi de deux questions :
  - Une question de restitution permettant de voir si vous avez compris le texte,
  - Un essai où l'on vous demande d'exprimer votre opinion sur une thématique proche de celle développée dans l'article.

Les attentes du jury sont assez prévisibles mais il est bon de les rappeler et de s'y conformer. Vous constaterez que la forme (langue, style) compte énormément mais le fond n'est pas en reste…

Soyez irréprochables sur le vocabulaire et la grammaire

L'AVIS DU JURY

« Les correcteurs réitèrent les conseils prodigués depuis plusieurs années : apprendre le vocabulaire de base (lexique du quotidien, verbes les plus courants, etc.) et travailler les règles grammaticales qui sont toujours les plus difficiles à maîtriser pour les étudiants français, à savoir les temps du passé, les prépositions et la construction de certains verbes. (…) Enfin, il est indispensable de se relire plusieurs fois pour limiter les fautes sur l'orthographe, les accords des noms, les temps des verbes et la ponctuation. »

C'est l'exigence fondamentale de tout candidat : écrire dans une langue irréprochable. Tant au niveau du vocabulaire employé que des points de grammaire en jeu. L'erreur de grammaire est toutefois encore plus sévèrement sanctionnée qu'un lexique défaillant. Ce qui ne veut pas dire qu'il ne faut pas enrichir son expression car avoir un vocabulaire pauvre décrédibilisera complètement le candidat.

Notons enfin que ces conseils s'appliquent également à la langue française : un candidat solide en anglais mais qui fait des fautes d'orthographe et de syntaxe dans la version sera évidemment sanctionné. Pour cela il n'y a pas plusieurs solutions : il faut libérer du temps pour se relire…

Évitez absolument la traduction littérale dans le travail du thème et de la version

L'AVIS DU JURY

*Encore une fois, **l'utilisation du « calque » contribue à la prolifération de non-sens et de contresens** ; dans la phrase « her husband stumbled through the door » (son mari franchit la porte d'un pas mal assuré) de nombreux candidats font passer le mari littéralement à travers (« through ») la porte ; la phrase très simple « Claire introduced me » (Claire me présenta/ fit les présentations) était trop souvent traduite négligemment par « Claire m'a introduit », « Claire m'introduisit » voire « m'introduisa ».*

J'ai beau formuler ces évidences aux étudiants tous les ans, le message n'est pas toujours enregistré donc je le répète une nouvelle fois : traduire, ce n'est pas traduire mot à mot mais plutôt adapter la traduction de façon à faire apparaître un texte idiomatique, compréhensible et fluide. Quitte parfois à s'éloigner quelque peu des mots et expressions du texte initial.

Soignez les idées développées dans la partie sur l'expression écrite

L'AVIS DU JURY

« Il est arrivé que des candidats écrivant un anglais plutôt convenable répondent à côté – sans tenir compte des questions posées – en pensant qu'il leur suffit d'écrire n'importe quoi dans une langue correcte pour obtenir une bonne note. »

En écrivant dans une langue soignée mais sans prêter attention aux idées, vous obtiendrez une note proche de la moyenne mais rarement plus. C'est déjà ça !

Mais cela traduit une forme de bachotage passif, voire idiot, puisque votre point de vue et votre capacité à répondre à la question posée ne sont pas mis en exergue. Les étudiants qui adoptent cette stratégie sont souvent ceux qui apprennent par cœur des essais en entier et qui les recrachent sans filtre. Les correcteurs ne sont pas dupes… Un impératif donc : répondre à la question avec intelligence ! Dans une langue soignée évidemment.

FAKE NEWS **« DANS L'ESSAI, IL FAUT PROPOSER DES IDÉES SUPER ORIGINALES POUR AVOIR UNE BONNE NOTE »**

Good news : soigner les idées ne veut absolument pas dire qu'il faut aller chercher des idées originales. L'analyse des bonnes copies prouvent tout le contraire ! Une année, Maxime était dépité d'avoir eu une note moyenne alors qu'il pensait avoir eu une pensée hyper originale. Je lui ai montré une copie qui a eu 20/20 avec des idées ultra « bateau » mais dans une langue parfaite ! Résultat : misez sur une forme irréprochable et des idées classiques mais parfaitement dans le sujet. Allez voir la partie sur les analyses de copies pour vous en convaincre !

Avoir des repères géopolitiques et historiques

L'AVIS DU JURY

Cette année, plusieurs candidats ont rendu des copies (…) de qualité médiocre. Cette médiocrité va au-delà de simples maladresses de style : elle se traduit plutôt (…) par des ***lacunes surprenantes en géopolitique et en histoire****.*

Ce n'est pas parce que les correcteurs corrigent de l'anglais qu'ils n'ont pas de culture générale ! On ne peut pas leur écrire n'importe quoi. Ils savent en outre que tout candidat sérieux a travaillé l'économie, l'histoire, la géopolitique et l'actualité au sens large. Montrez-le au correcteur.

Pour conclure, rien de mieux qu'un morceau d'un dernier rapport de jury : « Comme l'an dernier, les correcteurs ont relevé quelques copies excellentes écrites dans un anglais précis et fluide témoignant de solides connaissances de la civilisation britannique et d'une grande capacité de réflexion personnelle. ». Tout est dit.

MÉTHODES ET SECRETS EN TRADUCTION

Secret n° 1 *Travaillez intelligemment le vocabulaire*

LE SAVIEZ-VOUS ?

La langue anglaise compte beaucoup plus de mots que la langue française. Cela peut varier selon les sources mais à titre d'exemple, l'Oxford English Dictionary recense 200 000 mots quand le Larousse ne compte que 59 000 mots. Conclusion : ***arrêtez de passer votre temps à apprendre du vocabulaire*** *car vous pourrez y passer votre vie entière ! Jouer à Anki, c'est sympa, mais* ***apprenez plutôt à écrire avec un nombre limité de mots dans un style élégant et sans faire aucune faute de grammaire…***

Voyons à présent comment apprendre ce nombre « limité » de mots dont je viens de vous parler. Concrètement, deux grandes méthodes sont possibles, en s'opposant ou en se complétant. À vous de choisir.

Méthode 1 : Anki

La première méthode est d'utiliser une application mobile comme *Anki* : c'est un outil très puissant qui vous permettra d'apprendre de nombreux mots sans trop souffrir. Attention toutefois de bien sélectionner les listes de mots car vous pouvez vous perdre dans des listes sans fin avec des mots que vous n'utiliserez jamais ! Soyez donc sélectifs en posant une question simple : utiliserai-je ce mot un jour ? N'ai-je pas déjà un synonyme ou un mot voisin qui ferait le job à la place de ce nouveau mot ?

Méthode 2 : la méthode ancestrale !

La deuxième méthode, plus traditionnelle, consiste à utiliser des ouvrages de vocabulaire de base, comme « Le mot pour dire », chez Bordas : un vieux livre mais qui se concentre sur l'essentiel des mots de base.

Si vous travaillez à partir d'un livre de ce type, voici une trame d'apprentissage possible :

- **Travaillez un chapitre par semaine :** rien d'obligatoire sur ce point. Si vous êtes capables d'ingurgiter deux chapitres par semaine, je suis preneur ! Mais fixez-vous quelques objectifs réalistes sans trop plomber le planning de travail.
- **Sélectionnez les mots importants :** vous ne pourrez pas tout apprendre. Ou plus précisément, si vous ne voulez pas passer votre temps à faire du vocabulaire, il faudra être sélectif. Prenez donc un surligneur et soulignez les mots qui vous semblent incontournable et apprenez-les.
- **Utilisez les différents canaux de mémorisation** pour les mots qui ne veulent pas rentrer : la partie sur la productivité et le fonctionnement de la mémoire vous a déjà donné pas mal de tuyaux pour dompter la vôtre. Avec ces méthodes, aucun mot ne pourra vous résister.
- **Accordez-vous au moins une séance par semaine de révisions** des chapitres précédents (ou 10 minutes par jour, au choix) : ce conseil est fondamental. Si vous négligez les chapitres précédemment appris, vous les oublierez progressivement et le travail aura été vain. C'est le piège dans lequel tombent presque tous les étudiants : ils sont effrayés par les interros de vocabulaire de leur prof et apprennent le chapitre du moment par cœur (même les mots quasiment inutiles) qu'ils oublieront deux semaines plus tard, quand sonnera l'heure de la nouvelle interro sur un autre chapitre… C'est suicidaire. Personnellement, à la fin de chaque chapitre acquis, je revoyais l'intégralité de tous les chapitres déjà vus. Au début, j'avais un chapitre à revoir, puis deux, etc. Je les revoyais tellement souvent que les révisions étaient très rapides.

Vous pouvez aussi mixer les deux méthodes : vous partez de votre ouvrage, vous en extrayez les mots de votre choix que vous rentrez dans Anki pour optimiser vos révisions !

Secret n° 2 — *Faites du thème grammatical et littéraire en mode « pro »*

Le travail de cette épreuve est fondamental car il est la clé de vos progrès en vocabulaire, grammaire et syntaxe. Avec l'expression écrite, c'est votre « top-priority » ! Consacrez-y environ 3 séances par semaine.

Voici la méthode à adopter pour optimiser vos progrès sur chacune des phrases de thème grammatical que vous rencontrerez :

Étape 1

Rappeler les mots clés et les mots connexes.

Faites l'exercice de tête avant de vérifier vos résultats

Étape 2

Rappeler les points de grammaire en jeu.

Faites l'exercice de tête avant de vérifier vos résultats

Étape 3

Proposer une traduction.

Étape 4

Analyser la correction en mettant en lumière les points de grammaire oubliés et le lexique mobilisé.

Étape 5

Complétez vos prises de note si des points importants émergent.

Un peu comme pour les maths, vous percevez ici l'importance des rappels ! Notez qu'une fois encore, je vous invite à solliciter votre mémoire avant de vous jeter sur votre dictionnaire ou votre livre de grammaire car c'est comme cela que les points de grammaire et mots clés feront petit à petit partie de vous. La traduction deviendra alors presque mécanique.

Vous remarquerez en outre que si vous respectez à la lettre cette trame méthodologique, vous ferez certainement moins de phrases que votre voisin. Mais rassurez-vous, ce sera plus efficace. La qualité plutôt que la quantité, ne l'oubliez pas. Comme pour les maths. Comme pour tout, d'ailleurs !

Si la phrase de thème vous a posé problème, il faudra la refaire sans dictionnaire ni livre, et ce jusqu'à parfaite maîtrise. Vous pouvez adopter la même signalétique que pour les exercices de maths, à savoir :

- Si vous avez parfaitement déjoué les pièges de la phrase de thème, « tick-markez-la » comme suit à l'aide d'un stylo effaçable : ☑
- S'il vous a fallu utiliser la correction, c'est que les points de grammaire ou le vocabulaire en jeu ne sont pas acquis parfaitement donc posez l'annotation suivante, toujours au stylo effaçable : ☒

Vous pouvez également entrer la phrase dans *Anki*. À vous de trouver la méthode qui vous met à l'aise mais retenez l'objectif : avoir compris le point de grammaire, et tenter absolument de ne plus faire ce genre de faute à l'avenir.

CAS PRATIQUE

Pour illustrer la méthode, partons des thèmes d'Ecricome qui sont souvent truffés de pièges grammaticaux. Je vais, pour l'occasion, me mettre dans la peau d'un bizuth qui débute !

Extrait d'ECRICOME

« Quand il verra les chiffres, il comprendra pourquoi on dit que la compagnie est de moins en moins rentable »

1re étape : le vocabulaire
Vocabulaire de la phrase : chiffres = figures ; rentable = profitable
Vocabulaire connexe : donnée = data ; prospère = flourishing, thriving

2e étape : *les points de grammaire pour le débutant* : aucun !

3e étape : on propose une traduction :
« When he will see the figures, he will understand why we say that the company is less and less profitable »

4e étape :
Voici le corrigé que propose Fabien Grenèche dans son ouvrage : « When he sees the figures, he will understand why the company is said to be becoming less and less profitable »

Points de grammaire clés :
« Quand + futur » « When + présent » si subordonnées de temps
Si « On » ne fait pas référence à un agent connu voix passive

Points de grammaire connexes :
Futur dans les subordonnées de temps
Les différentes traductions de « on »

5e étape :
On remplit massivement le petit cahier car manifestement on est passé à côté de la phrase !

Pour les thèmes littéraires, la méthode est la même : il vous suffit donc de la répliquer. Vous trouverez un bon nombre d'annales sur internet ou dans divers ouvrages. Sans compter les thèmes littéraires que votre prof vous distribuera régulièrement.

Là encore, inutile de vous disperser : refaites jusqu'à parfaite maîtrise les quelques thèmes traités et remplissez généreusement le petit cahier s'il le faut.

LE SECRET DU COACH

lisez des romans étrangers en édition bilingue ou sur liseuse

Les thèmes littéraires mobilisent un lexique très différent de celui que vous retrouverez dans les articles de journaux. Pour cerner au mieux la complexité de l'exercice, je vous conseille fortement de lire ne serait-ce que 5 minutes par soir un roman dans une langue étrangère. Sur liseuse, c'est pratique car vous pouvez, en cliquant sur un mot, avoir la définition instantanément. La langue deviendra alors intuitive et vous arriverez à mieux deviner le sens des mots lorsque vous ne les connaissez pas.

Secret n° 3 — En version, suivez la méthode du major !

Notons tout d'abord que le travail de la version est important mais moins prioritaire que le thème et l'expression écrite. Ne négligez pas totalement cette épreuve mais consacrez-lui par exemple une séance de travail par semaine, guère plus.

La méthode que je vous propose ci-dessous est inspirée des secrets de l'un de mes anciens élèves qui majorait systématiquement les versions dans l'une des meilleures prépas de France. Voici les étapes que je vous conseille de suivre autant que possible :

1. **Traduire littéralement** (mot à mot) sans dictionnaire en prêtant attention aux points de grammaire (temps…). Le fait de ne pas utiliser de dictionnaire vous obligera à trouver des mots proches ou à deviner le sens le plus pertinent en fonction du sens qui semble se dégager du texte.
2. **Traduire en français idiomatique** à partir de la première traduction uniquement. On se sert de la traduction littérale pour formuler ensuite un texte fluide et véritablement français.
3. **Analyser la correction.** Décortiquez bien le corrigé pour extraire le vocabulaire utile et les points de grammaire que vous n'aviez pas décryptés.
4. **Remplir un petit cahier de français** ainsi qu'un petit cahier d'anglais pour le vocabulaire utile. Comme d'habitude, insérez dans votre petit cahier magique tous les points de grammaire et mots clés qui vous paraissent importants. Soyez sélectifs et n'y intégrez pas des mots trop pointus.

CAS PRATIQUE : Extrait de l'épreuve commune à HEC

Énoncé :

His eyes rested for a moment on Hercule Poirot but they passed on indifferently. Poirot, reading the English mind correctly, knew that he had to say to himself : « only some damned foreigner »

1re étape : Traduction littérale :

Ses yeux se reposèrent un moment sur Hercule Poirot mais ils passèrent indifférемment. Poirot, lisant correctement l'esprit anglais, savait qu'il devait se dire à lui-même : « seulement quelque maudit étranger »

Vous voyez bien à travers cette première étape que cela est compréhensible mais ce n'est clairement pas du bon français !

2e étape : traduction en français idiomatique :
Voici une traduction possible : Son regard se posa un instant sur Hercule Poirot mais sans réellement y prêter attention. Poirot, qui connaissait bien la mentalité anglaise, savait ce que cet homme devait penser tout bas : « Rien qu'un étranger de malheur »

Voici une traduction possible donnée par un professeur de prépa réputé : Ses yeux se posèrent / son regard se posa un instant sur Hercule Poirot, mais il détourna son regard avec indifférence / Il posa un instant son regard sur Hercule Poirot, mais sans s'attarder, indifférent. Poirot qui était capable de lire sans se tromper dans les pensées d'un Anglais, savait que l'homme s'était fait la remarque suivante : « Rien qu'un sale étranger ».

À la lecture du corrigé, vous vous dites sans doute que cela paraît simple mais chaque année, lorsque je teste mes étudiants sur cette phrase, il y en a un nombre non négligeable qui écrit dans un français « moyennement » idiomatique. Par exemple, le passage « *reading the English mind correctly* » donne souvent lieu à des traductions « lisant bien l'esprit anglais », ou encore « *lisant bien l'esprit d'un anglais* » ce qui n'est pas très heureux… En français, on dirait plutôt « *sachant lire dans les pensées d'un anglais* »… De même, sur le passage "*he had to say to himself*", certains écrivent « *il devait se dire à lui-même* », alors que des expressions telles que « *se dire intérieurement* », « *se faire la remarque* » ou encore « *penser tout bas* » semblaient largement plus adaptées ici…

MÉTHODES ET SECRETS EN EXPRESSION ÉCRITE

Aux épreuves de langues du concours HEC, la partie sur l'expression écrite compte pour 60 % de la note finale. Travailler cette partie est donc vital pour assurer une bonne note aux concours. Vous connaissez les attentes : avoir une langue soutenue, du style, mais aussi être structuré, avoir des repères de civilisation et d'actualité et surtout ne pas faire de hors sujet. En somme, il faut laisser au correcteur l'impression que vous écrivez comme un journaliste du *New York Times* ou de *The Economist.*

Pour en avoir souvent discuté avec les professeurs de MyPrepa et de nombreux majors du concours en anglais, je vais vous lister ici les conseils les plus efficaces pour produire un essai convaincant le jour du concours.

FAKE NEWS **« PLEIN D'EXPRESSIONS IDIOMATIQUES = BONNE NOTE EN ESSAI »**
Cette idée reçue conduit beaucoup d'étudiants à apprendre par cœur tout un tas d'expressions qui « claquent » et à les placer coûte que coûte dans leurs essais. Et l'effet est souvent catastrophique. Pourquoi ? Parce que ces expressions cohabitent souvent avec des fautes de collégiens ! Les correcteurs détestent ce genre d'arnaque ! Rappelons donc votre premier objectif en expression écrite : ZÉRO faute de langue !

LE SECRET DU COACH

travaillez l'actualité plutôt que la civilisation

Ce conseil peut choquer certains puristes mais c'est une réalité : les sujets qui tombent aux concours depuis des années en anglais tournent quasiment toujours autour de l'actualité du monde anglo-saxon. Par conséquent, ne vous perdez pas dans les repères historiques de la civilisation britannique ou américaine et concentrez-vous sur les thématiques actuelles. Si vous avez la malchance d'avoir un prof pointilleux sur l'histoire britannique ou les complexités du système politique américain, désobéissez et bossez l'actualité !

Secret n° 4 — Faites des résumés d'article de presse « problématisés »

Les étudiants brillants que j'ai accompagnés m'ont aiguillé dans l'optimisation du travail de l'expression écrite. Voici ce que les meilleurs d'entre eux faisaient :

- Dans un porte-vue, en page de gauche, on place un article de presse intéressant issu par exemple de *The Economist*
- En page de droite, on structure le résumé comme suit :

Vocabulaire utile :	Repères de civilisation :
Expressions à retenir :	
Résumé problématisé de l'article :	

Afin de vous entraîner à donner un point de vue sur tout en toute occasion, amusez-vous à faire des résumés dynamiques et problématisés en répondant par exemple aux questions que l'on retrouve souvent aux concours :

- Quelle est l'opinion défendue par l'auteur de l'article ?
- Êtes-vous d'accord avec lui ?

Le tout en 10-15 lignes voire plus si vous êtes inspirés. En faisant un ou deux résumés d'articles par semaine, vous développerez :

- La capacité à recaser des expressions élégantes avec fluidité ;
- La capacité à réfléchir sur des problématiques variées qui vous serviront aussi pour les épreuves d'histoire-géo ou d'économie ;
- La capacité à structurer un propos ;
- Votre connaissance de l'actualité.

Vous l'aurez compris, cette discipline sera très bénéfique si vous la respectez avec acharnement et régularité.

Bonus numérique
Résumé d'article de Théo

Voici en bonus numérique un exemple de résumé d'article de Théo, un Alumni MyPrepa qui a fait près de 70 résumés d'articles d'anglais en 2e année et qui a eu HEC :

Secret n° 5 — Construisez des essais type dans la plupart des thématiques classiques du concours

À force de faire des résumés d'articles, vous saurez à peu près écrire avec style sur n'importe quel sujet. Néanmoins, pour perfectionner encore davantage votre langue, l'une de mes anciennes étudiantes brillantes en anglais, Camille, rédigeait des « essays » d'une page ou deux sur les thématiques les plus classiques du monde anglo-saxon : *education, the gender gap, inequalities, the gun issue, racism in America, Brexit, climate change*, etc.

Bonus numérique
« The gun issue »

Voici un exemple d'essai type sur le port d'armes aux Etats-Unis (« the gun issue »)

Secret n° 6 — Pillez les bonnes copies et les essais de vos profs

Certains profs vous remettront parfois des corrections d'essais dans une langue adaptée aux exigences du concours. Si ces corrections vous paraissent de bonne tenue, n'hésitez pas à les apprendre par cœur : vous aurez alors des modèles en tête qui vous seront toujours utiles le jour J.

Autres sources précieuses : les bonnes copies de concours ou de prépa. Vous en trouverez pléthore sur Google en tapant dans la barre de recherche : « bonnes copies de concours hec ». Parfois vos professeurs vous distribueront les meilleures copies de leurs étudiants. S'ils ne le font pas, suggérez-le-leur ! Dans mon institut, c'est systématique : tous les étudiants ont les meilleures copies des concours blancs, en plus des replays des oraux des majors.

En bonus numérique, découvrez le magnifique 20/20 en expression écrite anglaise rédigé par Thomas, Alumni MyPrepa, major du concours en essay d'anglais et diplômé d'HEC.

Bonus numérique
20/20 en expression écrite anglaise

LE SECRET DU COACH

Abonnez-vous à *The Economist* sur Kindle

Pour piller les tournures des meilleurs journalistes et agrémenter vos futurs essays d'anglais, voici une technique redoutable :

- Achetez une liseuse Kindle ;
- Abonnez-vous à The Economist ;
- Surlignez les meilleurs articles et phrases stylées ;
- Exportez ces sélections sur un fichier Word « Best of The Economist » ;

À l'aide de la fonction recherche, construisez vos fiches thématiques : si vous voulez faire une fiche thématique sur le climat, faites une recherche avec les mots clés « climate », « global warming », etc.

Vous aurez alors à la fois un fichier général « best of The Economist » et des fiches thématiques « augmentées » grâce aux expressions des meilleurs journalistes du monde anglo-saxon.

Secret n° 7 — *Mettez-vous en « mode concours » une fois par semaine*

Vous devez devenir des machines à écrire des essais sans faute et comme un journaliste de presse étrangère. Le tout avec une grosse contrainte de temps, et de manière manuscrite. Sortez donc de vos habitudes de taper sur ordinateur et mettez-vous en situation.

- Prenez une annale de concours ou un sujet déjà donné par votre professeur.
- Rédigez en temps limité en essayant de produire un style fluide et élégant et des structures idiomatiques « class » issues de vos recherches et résumés d'articles.
- RELISEZ-VOUS ! C'est la principale erreur des étudiants déçus de leur note, et il y

en a beaucoup. Quand je leur pose la question «as-tu pris le temps de te relire», systématiquement ils me disent «non, j'ai pas eu le temps» ou «ouais, vite fait!». En fait, c'est sans doute le conseil le plus important que je puisse vous donner en langue: relisez-vous et supprimez les coquilles et fautes que vous ferez immanquablement. C'est dans la nature humaine: faire des fautes. Alors tordez le cou à votre nature et RELISEZ-VOUS! Temps consacré à la relecture le jour du concours: au moins 15 minutes. Ce qui veut dire qu'il faut que vous appreniez à rédiger vite sur n'importe quel sujet et sans trop de fautes avant la relecture.

LE SECRET DU COACH

Faites la différence avec des verbes et structures, plus qu'avec des expressions

Trop d'étudiants tentent de se démarquer avec des expressions / proverbes grotesques alors que l'art d'un style élégant réside plutôt dans l'utilisation de phrases relativement courtes avec des verbes élégant comme *to spark, to thwart, to rigger, to jeopardize, to stem, to foster, to bolster, to spur*, etc.

Autre façon de se démarquer: les structures grammaticales typiquement anglaises telles que les inversions avec *should* ou les «*no doubt / no matter how / no wonder if / it comes as no surprise…*».

Pour booster votre style, voici le lien vers un article de MyPrepa News utile référençant plein de structures et verbes précieux:

article de MyPrepa News utile référençant plein de structures et verbes précieux

MÉTHODES ET SECRETS À L'ORAL

Pendant vos années prépa, il est évident que le focus doit être porté sur l'écrit car c'est la première étape vers l'admissibilité dans les meilleures écoles. Mais une fois admissibles, de nombreux étudiants se font recaler à cause de notes insuffisantes à l'oral et notamment en langues. Car c'est bien connu : si les Français ne brillent pas toujours par leurs compétences linguistiques à l'écrit, c'est souvent pire à l'oral !

Alors voici pêle-mêle quelques tuyaux pour, dès votre entrée en prépa, progresser à l'oral en langues vivantes.

Secret n° 8 Développez la compréhension orale en écoutant activement du contenu de référence

- **Écoutez des podcasts d'information de référence :** en anglais, je vous invite très fortement à écouter le podcast quotidien « BBC Global News » : une information sérieuse, internationale, avec des interviews présentant de multiples accents, même si l'accent « british » est à l'honneur
- **Écoutez des livres audios en langue étrangère sur Audible :** parfait pour comprendre la langue dans différents registres de langue (littéraire, historique, géopolitique…). Vous pourrez aussi varier la vitesse comme sur une vidéo YouTube donc si le comédien lecteur parle trop vite, vous pourrez ralentir.
- **Regardez activement des séries en VO sous-titrés en VO :** qu'on se le dise, regarder une série étrangère avec des sous-titres français n'a qu'un intérêt très limité. Soyez plus audacieux et systématisez le visionnage de séries avec des sous-titres dans la langue d'origine. Les plus acharnés d'entre vous (j'en fais partie) pourront même mettre sur pause la vidéo dès qu'ils découvrent un nouveau mot intéressant afin de le rajouter sur un carnet de vocabulaire ou une appli type Anki.
- **Visionnez des conférences TED :** pour ceux qui ne connaissent pas, tapez « best of TED talks » sur Google. Et vous découvrirez les meilleurs speakers de la planète en vidéo. Inspirez-vous de ces conférenciers talentueux en relevant leurs expressions, intonations, structuration, etc. Là aussi, vous pouvez mettre les sous-titres dans la langue de votre choix et ralentir le débit.

Secret n° 9

Développez l'expression orale en parlant avec des natifs et en travaillant votre accent

- **Lisez à voix haute régulièrement en imitant un natif :** c'est une partie négligée par les étudiants et qui pourtant à son importance. A contenu égal, l'étudiant qui aura un meilleur accent aura toujours plus de crédibilité et donc une meilleure note. Entraînez-vous par exemple 5 minutes par jour dans les deux langues à lire à voix haute en vous mettant dans la peau d'un natif. Vous vous sentirez peut-être ridicule au début mais si vous vous concentrez exclusivement sur l'accent et non sur le fond, vous progresserez. Lors de vos premières séances de lecture à voix haute, si vous ne savez pas vraiment où placer vos accents, partez d'une conférence TED sous-titrée et à chaque phrase, mettez pause et répétez-la en vous forçant à avoir exactement la même intonation.

LE SECRET DU COACH

Five techniques to speak any language, by Sid Efromovich

Five techniques to speak any language, by Sid Efromovich

Une vidéo rafraîchissante par Sid Efromovich qui présente lors d'une conférence TED ses cinq secrets pour devenir polyglotte. Mettez en pratique l'apprentissage par l'erreur, les « shower conversations » pour booster vos aptitudes à l'oral.

- **Parlez avec un correspondant ou avec un enseignant *online* bon marché :** avoir un bon accent, c'est bien mais savoir s'en servir pour former des phrases sensées c'est mieux ! Alors, il vous faudra apprendre à parler de tout et n'importe quoi dans vos deux langues vivantes. Aux oraux d'HEC ou de l'ESSEC, savoir commenter un article ne suffira pas. Vous aurez à parler de vos projets, de vos hobbies, de vos passions, etc. Donc pour vous y préparer, trouvez un correspondant sur une appli comme Tandem. Si vous avez le budget, le site *italki* vous donne accès à des milliers d'enseignants dans le monde entier et dans de multiples langues, à des prix parfois très bas autour de 4-5 euros de l'heure. Je vous le recommande fortement en plus de vos colles dans vos prépas respectives.

MÉTHODES ALTERNATIVES
pour progresser en s'amusant

Les conseils que je vous ai proposés jusqu'à présent vous demanderont une discipline éprouvante. Parfois vous aurez besoin de souffler et d'apprendre autrement. En vous amusant. Voici quelques *tips* que vous pourrez dégainer lorsque vous n'aurez plus le cœur à travailler les langues de manière trop scolaire.

La lecture de l'équivalent anglais de vos magazines préférés

Vous avez tous une passion, voire plusieurs, que vous entretenez par la lecture d'ouvrages et de magazines spécialisés. En prépa, faites donc l'effort de lire de temps en temps des magazines traitant de vos thèmes de prédilection mais en langue anglaise. Ce sera peut-être un peu consommateur de temps au début mais très vite vous y prendrez goût puisque la thématique vous passionne.

Une simple recherche Google vous permettra de trouver votre bonheur. Par exemple, les fans de musique pourront découvrir les sites suivants :

- www.qthemusic.com
- www.rollingstone.com
- www.altpress.com
- www.vibe.com

La mémorisation des mots nouveaux et des tournures nouvelles sera facilitée puisque le thème vous est cher.

La lecture de BD de référence

La lecture de BD est un excellent moyen de mémoriser puisqu'elle mobilise deux canaux : le visuel (les dessins) et l'émotion (l'humour). Certains d'entre vous connaissent peut-être déjà Dilbert, bande dessinée satirique américaine créée par Scott Adams qui met en scène le monde de l'entreprise au travers de son personnage principal, Dilbert, un ingénieur informaticien. Dans la vie active qui vous attend, presque tout le monde connaît. Inscrivez-vous sur le site dilbert.com et vous recevrez tous les matins une mini-BD (*daily strip*) souvent drôle et riche en vocabulaire utile ! J'y apprends des mots tous les jours. Le dernier en date, *pool cue* qui signifie « queue de billard » ! Je ne sais pas si je m'en servirai un jour mais la mémorisation est tellement facilitée par le visuel que tous les matins, à la réception du *daily strip*, vous apprendrez sans effort et dans la bonne humeur des mots du monde de l'entreprise et des expressions de la vie courante.

La traduction de chansons que vous connaissez

Comme tout étudiant qui se respecte, vous connaissez par cœur un paquet non négligeable de chansons. Pour la plupart, elles sont en anglais, n'est-ce pas ? Vous êtes-vous déjà amusés à comprendre dans le détail la signification des paroles. Alors bien sûr, les chansons sirupeuses n'ont pas toujours en grand intérêt linguistique. Mais quel que soit la qualité de l'auteur, vous en retirerez presque toujours des mots nouveaux.

Traduire vos chansons préférées aura le mérite de faire jouer presque tous les canaux de mémorisation : visuel, auditif (c'est une chanson !), kinesthésique (l'émotion qu'éveille cette chanson en vous). Vous retiendrez les mots très rapidement. Mais attention, les textes de chansons ne doivent en aucune manière être une référence linguistique pour vous. Les chansons sont souvent mal écrites et bourrées de fautes. Soyez donc quelque peu vigilants et critiques dans votre travail. Je le répète, il s'agit d'un complément d'apprentissage lorsque vous en avez marre de traduire des textes sérieux. Une respiration « rafraîchissante » vous permettant de retenir quelques mots usuels sans trop souffrir. Du loisir intelligent en somme !

ANALYSE DE COPIES

Dans ces analyses de copies, j'ai sollicité l'expertise d'une américaine, Lauren Creecy, très pointue sur la grammaire anglaise… Les commentaires en anglais sont les siens.

L'énoncé

"In your opinion, what are the prospects for young Europeans in view of the current economic situation? Justify your answer with relevant examples."

(Sujet CCIP 2012, Langue vivante 1)

Environ 250 mots sont exigés.

L'essai transformé de Margaux !

Note : 19/20

Given the economic turmoil, for the first time, parents fear their children may live under[1] their own living standards in the years to come. Therefore, it raises the question of the prospects for young Europeans.

One solution could be to leave Europe, to emigrate, looking for better prospects. But not just anywhere else[2], it has to be in countries that create rather high-skilled jobs that Europeans could apply for[3]. Nowadays, the American dream is fading and people would rather fulfill their "Asian dream" in view of **Asia incredible growth**[4]. Indeed, Asian countries and emerging

1. word choice : I would say "below" instead of "under," clearer in my opinion but can also be a question of style
2. I would not put "else" in this case. It is redundant. If you want to use "else," you would have to have a comparison to something else. Ex. "I want to go anywhere else but here."
3. The preposition "for" should not end a sentence. La bonne tournure serait : "But not just anywhere, it has to be in countries that create rather high-skilled jobs to which Europeans could apply"
4. Grammaire : cas possessif. « Asia's incredible growth » et non pas « Asia incredible growth »

countries may have the answer for young Europeans who no longer expect much from Europe. Latin America, the region of the 21st century according to Deng Xiao-Ping, may also be a good fit for young Europeans.

And yet, in my opinion, young Europeans should not relinquish[1] hope for good prospects in Europe. Europe should be able to champion[2] its crisis, provided politicians implement comprehensive reforms. "Growth [may be] right around the corner". Although, I understand Spanish Indignados protesters that **feel like**[3] their futures are being taken away from them. It is normal to doubt the future given the current economic downturn. Even though the situation is not that bad in all European countries[4].

To conclude, young Europeans are not the only ones to doubt their prospects. The uprisings all over the World[5], such as those of Chilean students or Egyptians, proove[6] that[7]. In any case, the harder young people try to live up to their expectations, the better their prospects should be.

258 mots
(256 mots en réalité)

Commentaires : Un essai bien construit, des structures et un vocabulaire varié, sans écho ni formules trop scolaires. Une seule grosse faute de grammaire sur un cas possessif. Un propos classique mais précis.

L'essai de Margaux retouché par Lauren Creecy

Given the economic turmoil, for the first time, parents fear their children may live below their own living standards in the years to come. Therefore, it raises the question of the prospects for young Europeans.

1. To relinquish : renoncer. Verbe peu utilisé par les candidats donc différenciant !
2. wrong word : you champion a cause, something positive… On dira plutôt overcome/defeat/…
3. It is superfluous; OK for more of a spoken style.
4. This is a phrase, not a sentence. Instead, she could say, "It is worth noting that the situation is not that bad in all European countries." Or another option : "However, in fact, the situation is not that bad in all European countries".
5. world
6. prove
7. I would say "this," not "that." This is simply style, not strict grammar.

One solution could be to leave Europe, to emigrate, looking for better prospects. But not just anywhere, it has to be in countries that create rather high-skilled jobs to which Europeans could apply. Nowadays, the American dream is fading and people would rather fulfill their "Asian dream" in view of Asia's incredible growth. Indeed, Asian countries and emerging countries may have the answer for young Europeans who no longer expect much from Europe. Latin America, the region of the 21st century, according to Deng Xiao-Ping, may also be a good fit for young Europeans. And yet, in my opinion, young Europeans should not relinquish hope for good prospects in Europe. Europe should be able to overcome its crisis, provided politicians implement comprehensive reforms. "Growth [may be] right around the corner." Although, I understand Spanish Indignados protesters that feel their futures are being taken away from them. It is normal to doubt the future given the current economic downturn. However, in fact, the situation is not that bad in all European countries.

To conclude, young Europeans are not the only ones to doubt their prospects. The uprisings all over the world, such as those of Chilean or Egyptian students, prove this. In any case, the harder young people try to live up to their expectations, the better their prospects should be.

La déception d'Ella

Note : 8/20

The crisis of Credit of 2008 combined with the crisis of the Euro currency in 2009 resulted in an unweakening[1] of most European economies. What are the prospects for young Europeans in view of the current economic situation? What does Europe have to offer to[2] young Europeans?

Drowning[3] European economies have often resulted in fewer job prospects for young Europeans. For example, a recent survey showed that in the UK, it is twice harder[4] to find a job when you are 25 than[5] it was ten years ago[6]. The

1. Weakening
2. this "to" is not needed, but not wrong technically
3. Word choice, not used usually to talk about the economy. Utiliser "stalling", "flailing"…
4. Grammar : « twice as hard ».
5. I would say "versus ten years ago" rather than " than" in this case.
6. For your information, we would usually say "twice as hard for 25 year olds" we would not say "you" in this type of essay or article. Nonetheless, the sentence is grammatically correct.

situation is very bad for it touches people that[1] are well qualified but cannot find jobs. **Evidence of this lies** in the lack of involvement from the young in their studies which is felt in several European countries, (even though David Cameron tried to solve this problem by opening a new kind of schools in 2011)[2]!

True, European Economies'[3] bad **shapes**[4] **has**[5] reflected on[6] Young Europeans and it might appear there are low prospects for young Europeans in view of the current economic situation. Still, 25 % of the 500 biggest companies in the world are located in Europe (better than the US), and young Europeans can find jobs in several branches that are always successful. For example, all the structure[7] for the Olympic Games of 2012 **have**[8] created a lot of jobs : tourism is always in well[9] **shape**[10] in Europe. When it comes to Education[11], young Europeans are lucky for Europe have[12] great universities that can prepare them for international carriers[13]. **Evidence of this lies**[14] in the rates[15] of British Universities : Cambridge and Oxford are world-renowned.

Clearly, the situation might be better for young Europeans but it could also be worth[16], and there are still prospects for them[17].

270 mots[18]
(288 mots en réalité)

1. "that" is for objects generally, "who" for people. This said, some people break this rule in casual circumstances.
2. Parenthèses inutiles.
3. « economies » et non pas « Economies »
4. « Poor performance » would be better here
5. Grammaire : erreur grossière de collège. Il fallait « have » ici
6. « Affected » would be better here.
7. « structural needs » would be better here.
8. Grammaire : même erreur de collège. Il fallait « has » dans ce cas...
9. « in great shape » instead of « well shape »
10. Seconde utilisation du mot « shape »...
11. Pas de majuscule : « education »
12. Grammaire : encore la même erreur... « Europe has » et non pas « Europe have ».
13. « Careers » et non pas « carriers ».
14. Seconde utilisation de l'expression « Evidence of this lies in »... Le correcteur voit les ficelles...
15. Wrong word. High ratings/rankings.
16. « worse » et non pas « worth ».
17. Conclusion excessivement banale.
18. Nombre de mots trop élevé et sous-estimé par-dessus le marché : suicidaire pour la note !

Commentaires : Malgré une certaine élégance dans le style par endroit et un effort de précision sur les exemples, cet essai présente trop d'imperfections (tournures non idiomatiques, orthographe de certains mots) et d'erreurs inadmissibles : trois fautes grossières de conjugaison (indicatif à la 3e personne du singulier). Le mensonge sur le décompte des mots ne fait qu'amplifier la mauvaise impression laissée au correcteur. Autre écueil : la répétition de formules ou mots laissant entrevoir les « ficelles » (le mot « shape » ou l'expression « evidence of this lies in »). Enfin, la conclusion est indigne d'un étudiant en prépa HEC.

L'essai d'Ella retouché par Lauren Creecy

The crisis of Credit of 2008 combined with the crisis of the Euro currency in 2009 resulted in a weakening of most European economies. What are the prospects for young Europeans in view of the current economic situation? What does Europe have to offer to) young Europeans?

Stalling European economies have often resulted in fewer job prospects for young Europeans. For example, a recent survey showed that in the UK, it is twice as hard to find a job when you are 25 versus ten years ago. The situation is very bad for it touches people who are well qualified, but cannot find jobs. Evidence of this lies in the lack of involvement of the young in their studies which is felt in several European countries, even though David Cameron tried to solve this problem by opening a new kind of school in 2011! [1]

True, European economies' poor performance has affected young Europeans and it might appear there are low prospects for young Europeans in view of the current economic situation. Still, 25 % of the 500 biggest companies in the world are located in Europe (better than the US), and young Europeans can find jobs in several branches that are always successful. For example, all the structural needs for the Olympic Games of 2012 have created a lot of jobs : tourism is always in great shape in Europe. When it comes to education, young Europeans are lucky, for Europe has great universities that can prepare them for international careers. Evidence of this lies in the high ratings/rankings of British Universities : Cambridge and Oxford are world-renowned. Clearly, the situation might be better for young Europeans, but it could also be worse, and there are still prospects for them.

1. This sentence is still too long; we call this a run-on sentence…

EN UN MOT LES SECRETS À RETENIR EN LANGUES VIVANTES

1. Travaillez intelligemment le vocabulaire.
2. Faites du thème grammatical et littéraire en mode « pro ».
3. En version, suivez la méthode du major !
4. Faites des résumés d'article de presse « problématisés ».
5. Construisez des essais type dans la plupart des thématiques classiques du concours.
6. Pillez les bonnes copies et les essais de vos profs.
7. Mettez-vous en « mode concours » une fois par semaine.
8. Développez la compréhension orale en écoutant activement du contenu de référence.
9. Développez l'expression orale en parlant avec des natifs et en travaillant votre accent.

Chapitre 11

CONTRACTION DE TEXTE, SYNTHÈSE DE TEXTES

	VRAI	FAUX
Pour réussir l'épreuve de contraction, il faut avoir compris absolument tout le texte		✘
Les correcteurs des deux épreuves sont très à cheval sur la qualité de la langue	✘	
Si je ne respecte pas la contrainte du nombre de mots, je peux être fortement pénalisé	✘	
Si je résume bien tous les paragraphes du texte, j'aurai une bonne note en contraction		✘

LE SECRET DU MAJOR

« En contraction, comme en synthèse, j'ai commencé à 7/20 en bizuth. À force d'analyser mes prestations et d'affiner la méthodologie, j'ai fini par majorer en fin de 2e année. J'ai eu triple 20/20 aux concours : en contraction, en synthèse et en culture générale HEC. »

Adrien de Maistre, major en matières littéraires à HEC, diplômé d'HEC, professeur chez MyPrepa

L'INTRO QUI FAIT DU BIEN

La contraction de texte est une épreuve piège. Il n'y en a qu'une seule aux concours BCE mais elle compte pour toutes les écoles du Top 5 à l'exception de l'ESCP. Et les « plantages » sont fréquents : je repense à l'une de mes étudiantes qui n'a été admise qu'à l'ESCP à cause d'un 3/20 en contraction…

Pour limiter la casse, et éventuellement briller, il faut avoir une connaissance précise des attentes du jury et développer une méthode de travail adaptée. En contraction de texte, comme en synthèse de textes.

On se concentrera ici sur la méthode de l'un de nos enseignants chez MyPrepa : Adrien de Maistre. Grâce à sa méthode, il a décroché un triple 20/20 en contraction, synthèse et culture générale HEC : du jamais vu ! On analysera dans le détail ses secrets qu'il a bien voulu nous livrer ainsi que ses prestations aux concours. Et pour finir, on analysera deux autres copies de concours : l'une ratée, l'autre réussie.

CE QU'ON ATTEND DE MOI : *Les exigences du jury pour la contraction de texte*

Trouvez un fil directeur

L'AVIS DU JURY

Trouver un fil directeur est, de fait, absolument crucial ; c'est le premier objectif du candidat*. (…) La contraction devait chercher à dégager la trame argumentative en se fondant sur une observation très scrupuleuse des connecteurs logiques,* ***sans pour autant se focaliser sur des expressions obscures.***

Évitez le résumé paragraphe par paragraphe

L'AVIS DU JURY

On ne compte plus les copies qui, même si elles ont repéré la structure argumentative d'ensemble, se contentent ensuite de juxtaposer des résumés partiels sans se soucier de la logique qui les lie, faute d'avoir réussi à caractériser finement la dynamique argumentative de l'extrait. L'un des symptômes les plus courants de cette juxtaposition reste la multiplication des liens logiques faibles : D'ailleurs, du reste, de plus, en outre, d'abord, ensuite, enfin…

Conservez les exemples clés

L'AVIS DU JURY

*Le repérage de la progression logique du texte permettait aussi d'****évaluer la valeur argumentative des exemples*** *convoqués par l'auteur. Les travaux de Daniel Arasse relèvent de l'histoire de l'art, c'est donc sans surprise que les exemples abondaient dans le texte. Or si certains paraissaient indispensables à la progression logique du propos, d'autres en revanche ne jouaient qu'un rôle secondaire, purement illustratif.*

Visez entre 3 et 4 paragraphes maximum

L'AVIS DU JURY

Rappelons en outre qu'au-delà de cinq paragraphes une contraction apparaît fragmentaire et désorganisée, et ne peut prétendre à la clarté dans la restitution.

(…) Ainsi, les copies qui, cette année encore, proposaient moins de trois paragraphes ou plus de six, témoignaient presque systématiquement d'une compréhension insuffisante du texte à résumer.

Reformulez en vous appropriant la pensée de l'auteur

L'AVIS DU JURY

*Comme le rappelle une correctrice, **la reformulation n'est pas qu'un ornement de l'exercice, mais la condition et le critère de sa réussite,** dans la mesure où elle n'est pas une simple substitution (synonymie presque toujours approximative), mais **un signe certain de l'appropriation de la pensée originale du texte par l'analyse et par l'intelligence du candidat.***

Écrivez avec élégance et clarté

L'AVIS DU JURY

On attend des candidats une langue tout à la fois consciente de ses moyens et de ses effets, et la plus élégante possible. Mais il est absolument impératif de conserver à l'esprit la nécessité de produire un texte lisible et cohérent.

Ne faites pas de faute d'orthographe ou de syntaxe

L'AVIS DU JURY

***La correction de la langue reste l'un des points importants de l'évaluation des copies** : le jury a maintenu le barème de pénalités en vigueur les années précédentes. Pour rappel, de la quatrième à la sixième faute caractérisée, une pénalité globale d'un point est retenue ; de la septième à la neuvième faute, deux points sont en tout enlevés ; de la dixième à la douzième faute, trois points sont ôtés au candidat. Au-delà, celui-ci perd quatre points.*

Respectez à tout prix le nombre de mots exigé

L'AVIS DU JURY

Le nombre de mots utilisés est systématiquement recompté par les correcteurs, et toute infraction reçoit une pénalité*. Faute avouée n'est pas à demi pardonnée : il ne sert donc à rien d'indiquer un décompte n'entrant pas dans la fourchette du nombre de mots autorisés en comptant sur l'indulgence du correcteur.*

Toutes les attentes qui viennent d'être exposées doivent être une obsession lorsque vous construisez votre résumé. Une seule entorse peut à elle seule massacrer votre note. Pourquoi ? Parce que le temps de correction est très réduit. Chaque correcteur de cette épreuve a corrigé en moyenne 250 copies… Il ne faut donc absolument pas braquer le correcteur.

Dès lors, **soignez le fil directeur, ne reprenez strictement aucune expression du texte et proposez une langue d'une clarté extrême**. Il m'arrive souvent de lire des contractions de texte sans avoir lu le texte original. Si je comprends tout ce qui est dit et que ça me donne envie de lire le texte initial, vous pouvez être – presque – sûrs que la note sera bonne ! En revanche, quand on ne comprend pas grand-chose et que les phrases se suivent sans logique, la note sera probablement très faible. Je repense à l'une de mes étudiantes en bizuth qui, sur l'une de ses contractions, reprenait le passage « expression iconoclaste » alors qu'elle ne savait pas ce que voulait dire le mot iconoclaste… Les phrases s'enchaînaient sans aucune logique ni sélectivité. Je ne comprenais absolument rien ! Elle a eu 5/20, ce qui était généreux…

En un mot comme en cent, **pensez donc toujours au lecteur lambda qui doit découvrir le texte à travers votre résumé**. Donnez-lui envie de lire l'original avec vos propres mots tout en soignant le fil directeur de la pensée de l'auteur.

Rentrons à présent dans le détail de la méthode d'Adrien de Maistre, triple major du concours…

MÉTHODES ET SECRETS POUR LA CONTRACTION DE TEXTE

Secret n° 1 — Faites une lecture globale et active du texte

Timing : 20-30 minutes

Attention cette lecture ne doit pas être passive. Dès la première lecture, essayez de :

- Lire le premier et le dernier paragraphe afin de voir rapidement le point de départ et le point de chute de la pensée de l'auteur ;
- Lire ensuite attentivement tout le texte en soulignant les auteurs, les concepts, les dates ; et en surlignant les idées principales avec un surligneur ;
- Repérer dès cette première lecture les trois parties du texte ;
- Repérer et barrer les exemples inutiles ;
- Bien respecter le minutage : maximum 30 minutes.

Secret n° 2 — Faites une lecture analytique à l'aide d'une feuille divisée en deux

Timing : en 1 h-1 h 20

Une fois le premier secret respecté, prenez une feuille par partie – trois feuilles en tout donc – et divisez-les en deux dans le sens de la hauteur.

Vos trois feuilles doivent ressembler chacune au tableau suivant :

PRISE DE NOTES	REFORMULATION
Retranscription du texte paragraphe par paragraphe	Reformulation avec comptage de mots et choix à opérer

Sur la partie gauche de la feuille, retranscrivez les idées du texte avec vos propres mots et sous forme de prise de notes. Évitez donc autant que possible de recopier des expressions ou des pans de phrases entiers car il y a l'impératif de reformulation à absolument respecter.

À ce stade, ne faites pas de choix : retranscrivez l'intégralité du texte en ayant simplement supprimer les exemples manifestement inutiles, comme le suggère le 1er secret.

LE SECRET DU COACH

Comment choisir les exemples à supprimer ?

Certains textes de contraction comportent de nombreux exemples. Quand j'ai passé mon concours, c'était le cas et il fallait absolument faire le tri. Les textes autour de l'histoire de l'Art en seront gorgés également. Comment trier ? Posez-vous une question simple : **est-ce que l'exemple que je suis en train de lire fait avancer l'argumentation de l'auteur ou vient-il juste illustrer l'argument précédemment énoncé** ? En d'autres termes, si j'enlève cet exemple, est-ce que l'argument d'avant et celui d'après s'enchaînent avec fluidité ou bien manque-t-il un maillon précieux présent dans l'exemple en question. Ensuite, faites-vous confiance. J'ai vu de nombreuses copies avoir de très bonnes notes en faisant pourtant des choix différents dans la sélection d'exemples.

Secret n° 3 *Rédigez le résumé de la colonne de gauche sur la colonne de droite en reformulant les idées, en faisant des choix et en soignant le fil directeur*

Timing : environ 1 h

Une fois votre prise de notes terminée dans la colonne de gauche, il s'agit de rédiger dans la colonne de droite. Et là, une étape importante vous attend : la reformulation de la pensée de l'auteur. **Attention, reformuler ne veut pas dire remplacer des mots par des synonymes mais plutôt essayer d'exprimer les idées de l'auteur avec vos propres mots.** C'est sans doute l'étape la plus délicate car elle vous teste dans votre capacité à avoir compris le sens profond du texte et non uniquement le sens des mots. Soyez donc patients. Les progrès viendront progressivement si vous prêtez une réelle attention à cet enjeu de la reformulation.

Autre étape décisive : la suppression de certains passages afin de respecter la contrainte du nombre de mots.

Pour faire ce choix, veillez à ce que la suppression n'altère pas le fil directeur de la pensée de l'auteur, exigence essentielle de l'épreuve pour avoir une bonne note.

À ce niveau-là, il est également crucial de soigner la langue en tournant vos phrases avec concision et élégance.

LE SECRET DU MAJOR

Astuce pour contourner les passages obscurs

Vous l'observerez fréquemment : certains passages des textes que vous aurez à résumer seront très difficiles à comprendre. Pour cela, on ne panique pas. Armand, notre major expert de la contraction, vous conseille : « personnellement, dès qu'une partie était incompréhensible, je remontais à l'argument juste aussi qui, lui, était compréhensible. Comme j'avais lu le début et la fin du texte en première lecture, je savais mieux arbitrer les idées vraiment fondamentales et ainsi **mettre de côté les idées obscures** que je ne comprenais pas. Par ailleurs, rassurez-vous : avec la pratique de la lecture de textes complexes, votre capacité à comprendre les idées complexes va s'étoffer. »

Secret n° 4 — *Comptez vos mots au fur et à mesure de votre rédaction*

C'est le corollaire du secret précédent : puisqu'il vous faudra faire des choix dans les idées à restituer, il est important de compter vos mots au fur et à mesure que votre contraction se dessine. Cela vous permettra notamment de ne pas être surpris à la fin de votre contraction et tomber dans le piège du « oh, il me manque 100 mots » ou du « mince, j'ai 100 mots en trop » ! Les correcteurs seront intransigeants et ne vous feront aucun cadeau si vous ne respectez pas la fourchette de mots indiquée. Alors, soyez pragmatiques et comptez vos mots à la fin de chaque partie rédigée.

Secret n° 5

Recopiez au propre en portant attention aux enchaînements et aux contraintes de l'épreuve (alinéa, nombre de mots)

Timing : 20-30 minutes

C'est la partie la plus simple. Recopiez votre résumé en essayant de vérifier une dernière fois la fluidité de votre langue et des enchaînements d'idées. Ajustez le résumé si vous pensez rendre le tout plus fluide mais attention de bien vérifier alors que le nouveau nombre de mots respecte la fourchette.

N'oubliez pas de bien mettre des barres obliques tous les 50 mots : si vous ne le faites pas ou que vous en oubliez, vous serez lourdement sanctionnés. Je le répète : tricher sur le nombre de mots vous condamne à avoir une note très faible donc ne jouez pas avec le feu.

LE SECRET DU COACH

Soyez patients et ne changez pas de méthode

Il n'est pas rare que certains de nos étudiants prennent la liberté de changer radicalement de méthode à cause d'une mauvaise note. Attention de ne pas tomber dans ce piège. Faites plutôt comme Armand. Ne changez pas radicalement de méthode mais apprenez de vos erreurs et ajustez par petite touche. La méthode des champions, vous l'avez : c'est la méthode d'Armand ! Alors respectez-la, analysez vos éventuelles contre-performances et ajustez. Ni plus ni moins.

En cadeau, voici la copie de concours d'Armand.

Bonus,
Contraction de texte d'Armand de Maistre

CE QU'ON ATTEND DE MOI :
Les exigences du jury pour la synthèse de texte

La synthèse est une épreuve originale proposée par l'ESCP. En un mot, elle consiste à synthétiser les idées de trois textes qui traitent de près ou de loin d'un thème commun à découvrir. Relevons tout d'abord certaines attentes communes à la contraction de texte : la langue doit être claire, fluide, sans faute et la reformulation est un gros impératif de l'épreuve. Il faut bien évidemment avoir compris les textes à synthétiser et en dégager une problématique commune.

Voici les contraintes de l'épreuve détaillées dans l'un des rapports de jury.

- « **Le texte à produire commence par une question**, la plus précise possible, mais aussi la plus apte à saisir l'unité du corpus ; tout autre forme d'introduction s'éloigne de l'attente des correcteurs ;
- **La conclusion** qui viendrait clore le travail après le point de convergence et les trois points de confrontation est largement **facultative, voire déconseillée** ; elle ampute d'autant la restitution des idées du corpus et se limite souvent à des banalités convenues, ce qui est normal dans un aussi petit nombre de mots ;
- **Les points de confrontation sont formulés sous forme de questions**, ce qui correspond plus à un usage qu'à une stricte obligation ;
- **Le respect de la fourchette imposée** (300 mots, plus ou moins 1 0 %) est impératif. Le non-respect de cette règle entraîne des pénalités croissantes par tranches de mots manquantes ou excédentaires ; dans le décompte des mots, les noms des auteurs comptent pour un seul mot ; de la sorte, un candidat qui écrirait, cette année, « Jacques de Saint Victor » pour respecter les usages de la politesse, ne serait évidemment pas sanctionné ;
- **Le respect de l'orthographe est impératif** ; certes, les pénalités ne frappent pas la copie dès la première faute et une « licence » d'une, deux, voire trois fautes est laissée à l'appréciation des correcteurs ; au-delà, la sanction est forte et appliquée de manière systématique. »

MÉTHODES ET SECRETS POUR LA SYNTHÈSE DE TEXTES

Secret n° 1 — *Faites une lecture globale des trois textes, en insistant sur le début et la fin de chacun des textes pour identifier la question globale*

Timing : 15-20 minutes

Comme le jury l'a stipulé, il faudra produire, dès la première phrase de votre synthèse, une question qui illustre l'un des enjeux clés des trois textes. Commencez donc par faire une lecture globale et rapide des trois textes en procédant comme en contraction de texte : par le début et la fin des textes. Cela vous permettra d'identifier assez rapidement la question globale qui s'en dégage. Attention, les rapports de jury sont formels : **il n'y a pas qu'une seule question globale possible**. Certains rapports de jury, d'ailleurs, proposent généralement deux corrigés possibles.

Parmi nos étudiants, j'observe également que des 20/20 sont souvent obtenus avec des questions différentes donc détendez-vous et explorez simplement les quelques pistes de questions globales qui se dégagent de cette première lecture rapide.

Secret n° 2 — *Faites une lecture analytique en résumant paragraphe par paragraphe*

Timing : 1h15

Généralement les trois textes que vous aurez à analyser sont complémentaires. Schématiquement, et sans en faire une règle absolue, vous aurez souvent :

- Un texte qui énonce un point de vue ;
- Un texte qui s'y oppose ;
- Un texte qui s'inscrit dans la nuance en rendant le débat moins tranché.

Dès lors, organisez l'analyse en vous dotant de trois feuilles : une par texte. Lancez-vous alors dans le résumé paragraphe par paragraphe de chacun des textes. Ne commencez pas forcément par le premier texte qui est souvent plus dense que les autres. Et ayez bien en tête qu'il faut que votre synthèse accorde une place équivalente à chacun des trois textes.

Secret n° 3 Bâtissez le plan de la synthèse autour de la question globale et de trois points de confrontation

Timing : 1h

On rentre dans le cœur de la valeur ajoutée de votre synthèse puisqu'il s'agit à présent, non de résumer les textes, mais de les confronter.

Commencez par trouver la question globale qui doit être claire, centrée sur le problème et compréhensible.

Ensuite pour chacun des textes, procédez à un questionnement comme suit :

- **Observation :** quels constats peut-on faire ?
- **Discernement :** quelle réflexion porte l'auteur ? Que veut-il démontrer ?
- **Action :** que faut-il faire ? Quelle issue / perspective ? Quel remède ?

Ce travail vous permettra alors d'identifier trois points de confrontation qui commanderont chacun de vos trois paragraphes.

Il est temps à présent de faire le plan de vos trois paragraphes. Généralement, et sans que cela soit une règle absolue, une fois de plus, vous pourrez structurer vos points de confrontation comme suit :

- **Un point de confrontation autour du constat :** ce point est souvent un point de convergence ;
- **Un point de confrontation autour des causes ou des conséquences** identifiées par chacun des auteurs ;
- **Un point de confrontation** autour des perspectives et des actions à mettre en place pour résoudre le problème : ce paragraphe fera souvent apparaître des divergences.

Je vous conseille de structurer votre plan dans un tableau comme suit :

QUESTION GLOBALE		
POINT DE CONFRONTATION N° 1		
Auteur n° 1	Auteur n° 2	Auteur n° 3
POINT DE CONFRONTATION N° 2		
Auteur n° 1	Auteur n° 2	Auteur n° 3
POINT DE CONFRONTATION N° 3		
Auteur n° 1	Auteur n° 2	Auteur n° 3

Secret n° 4 ***Rédigez la synthèse au brouillon sur une feuille blanche séparée en trois en respectant le nombre de mots***

Timing : 1h15

Vous avez fait le plus difficile. Il vous reste à présent de retranscrire avec sobriété et élégance le plan pertinent que vous avez bâti. Comme en contraction de texte, faites attention de bien respecter l'orthographe, la fluidité et le nombre de mots. Veillez également à faire des paragraphes homogènes grâce à votre feuille que vous aurez mise au format paysage découpée en trois parties : utile pour repérer qu'une partie est plus maigre que les deux autres.

Secret n° 5 Recopiez au propre en indiquant le nombre de mots

Timing : 15 minutes

Vous commencez à savoir faire. Recopiez au propre et essayant de ne pas faire de fautes de recopiage et en respectant les alinéas en début de paragraphe.

Mettez bien sûr des barres obliques tous les 50 mots pour faciliter le comptage des mots par le correcteur et indiquez le nombre de mots en ne bluffant jamais : les correcteurs ont le don pour déceler les tricheurs alors ne jouez jamais avec le feu.

Bonus,
Synthèse de texte d'Armand de Maistre

En cadeau, voici la copie de concours d'Armand qui a eu également 20/20 à cette épreuve.

EN UN MOT LES SECRETS À RETENIR

Contraction de texte

1. Faites une lecture globale et active du texte.
2. Faites une lecture analytique à l'aide d'une feuille divisée en deux.
3. Rédigez le résumé de la colonne de gauche sur la colonne de droite en reformulant les idées, en faisant des choix et en soignant le fil directeur.
4. Comptez vos mots au fur et à mesure de votre rédaction.
5. Recopiez au propre en portant attention aux enchaînements et aux contraintes de l'épreuve (alinéa, nombre de mots).

Synthèse de textes

1. Faites une lecture globale des trois textes, en insistant sur le début et la fin de chacun des textes pour identifier la question globale.
2. Faites une lecture analytique en résumant paragraphe par paragraphe.
3. Bâtissez le plan de la synthèse autour de la question globale et de trois points de confrontation.
4. Rédigez la synthèse au brouillon sur une feuille blanche séparée en trois en respectant le nombre de mots.
5. Recopiez au propre en indiquant le nombre de mots.

ANALYSE DE COPIES

Intéressons-nous à l'épreuve de contraction de texte d'HEC 2012.

Avant de lire les commentaires des deux prestations qui suivent, je vous invite à lire le texte à contracter ! Vous pourrez le trouver ici :

Lien vers le texte à contracter, sujet de l'analyse de copie

HEC 2012 : Analyse d'une prestation « ratée ».

Note : 3/20

Le poids des loisirs[1], privant le peuple du seul **héritage humain**[2], les livres et la culture, est douloureux. **Cette séparation culturelle, véritable privation**[3], ne permet qu'une vie incomplète, pour ces exclus, qui, de fait **ignorent même ce qu'ils perdent**[4]. Les intellectuels semblent eux-mêmes divisés : faire avec ou **faire évoluer cette injustice**[5] ?

Celle-ci, n'étant pas liée à une misère effective, **nuisant la zoé**, s'apparente plutôt à une misère culturelle **affectant le bios**[6], sans toucher effectivement l'homme, mais freine son épanouissement. Même si ces formes d'inégalités vont de paires, elles restent incomparables par décence pour les plus démunis et par souci de la culture. **Par ailleurs**[7]**, cette vie douloureuse sans œuvres ne relève pas d'une absence de droit, mais plutôt d'un devoir**[8]**, dépendant de la volonté de l'homme de « se cultiver » pour rendre sa vie humaine,** pouvant **être alors décliné il est appréhendé comme une contrainte**[9]. Une erreur cruciale

1. Faux sens : c'est l'absence de culture qui est douloureuse
2. Trop proche du texte
3. « cette séparation culturelle, véritable privation » : trop proche du texte
4. Contresens : l'exemple de la femme de ménage dit exactement le contraire
5. « Faire évoluer cette injustice » : mal dit
6. « la zoé… bios » : trop proche du texte
7. « Par ailleurs » : lien logique faible donc à éviter absolument
8. « vie douloureuse… devoir » : contresens. C'est l'apprentissage de la culture qui pourrait relever d'un devoir
9. « Par ailleurs… contrainte » : phrase trop longue avec contresens et trop proche du texte

chez les intellectuels, qui, voulant supprimer ce privilège qu'est la culture est de la délégitimer en lui conférant une valeur symbolique, révélant la position sociale. Ni un privilège, ni une injustice, simple reflet d'une élite elle serait une valeur à abattre. **Cependant** au lieu d'être fustigée, **cette** théorie réfutant toute émancipation humaine, est **médiatiquement et scientifiquement soutenue**[1]. **Toutefois**[2], **cette séparation culturelle** proviendrait d'une inégalité sociale et provoquerait un **nihilisme culturel**[3], **véritable signe de distinction sociale**[4]. Il faut alors démontrer que la «culture cultivée[5]», comme valeur, est en elle-même un précieux privilège**. Rejoignant l'égalitarisme démocratique**[6]**, la lecture dépendant plus de l'apport personnel que de l'œuvre, ces inégalités sont consenties**. La culture **retrouvant**[7] alors son **sens anthropologique**[8], rien n'est possible pour combler cet écart.

Plus inquiétante encore, reste la question de l'acharnement des intellectuels contre la culture, **véritable trahison des clercs**[9]. Un nouveau populisme, à l'encontre des idéaux des Lumières, lié à une certaine **culpabilité et au tiers-mondisme**[10], explique cet engouement pour une culture exotique au lieu de réduire **cette** injustice. Depuis peu, les intellectuels appréhendent la culture comme chance et non comme émancipation de leur vie banale. Selon Nietzsche, la vie sans culture, les livres et les «arts», est déchue. Mais, la culture, faisant progresser l'homme, diffère des arts. Selon Arendt, la culture, comme fertilisation ou comme dépassement de soi**, s'intéresse au monde alors que le loisir s'occupe des gens**[11]. A l'opposé du culturel, elle est désintéressement. Certes, elle s'accomode[12] de la technique pour se répandre mais

1. «médiatiquement et scientifiquement soutenue»: à la fois incompréhensible pour qui n'a pas lu le texte et trop proche du texte
2. «Cependant… Toutefois»: il est maladroit de placer deux adverbes exprimant une opposition à deux phrases d'intervalle
3. «nihilisme culturel»: reprise d'un mot du texte que l'on pouvait reformuler
4. «nihilisme culturel… signe de distinction social»: invention du candidat
5. «culture cultivée»: trop proche du texte
6. «Rejoignant l'égalitarisme démocratique»: à la fois incompréhensible pour le lecteur lambda et trop proche du texte
7. «Rejoignant… dépendant… retrouvant»: utilisation excessive du participe présent
8. «sens anthropologique»: pas clair et proche du texte
9. «trahison des clercs»: trop proche du texte
10. «culpabilité et tiers-mondisme»: trop proche du texte
11. «s'intéresse au monde… gens»: trop proche du texte
12. Orthographe: «s'accommode» et non pas «s'accomode»

cela ne suffit pas pour rendre un homme cultivé. La démarche doit venir du **sujet, qui se livre à l'œuvre**[1].

Les « pratiques culturelles[2] » diluent la culture en un passe-temps. Telle la lecture, la culture, **véritable**[3] expérience de vie, ne permettrait donc pas de distinction sociale.

419 mots[4]

Commentaires :

- Contresens fréquents
- Très faible reformulation
- Fil directeur peu apparent
- Sélectivité des arguments contestable
- Style à revoir : participe présent excessif, tics (cette, véritable)
- Fluidité à revoir
- Passages incompréhensibles pour qui n'a jamais lu le texte
- Malhonnêteté sur le décompte des mots
- Qualité : l'orthographe avec une seule faute

Le 3/20 était donc amplement justifié, pour ne pas dire généreux…

HEC 2012 : Analyse d'une prestation réussie

Note : 19/20

Au xxe siècle[5], on déplore le fait que la majorité de la population soit privée de la culture et de la littérature, et s'abêtisse[6] dans des loisirs de masse.

Certes, la priorité est de sortir de la misère **pécunière**[7], avant de penser à se cultiver. Les besoins du corps l'emportent sur les besoins de l'esprit. Néanmoins, la culture est essentielle à l'homme. L'humain sans livres n'est,

1. « sujet, qui se livre à l'œuvre » : trop proche du texte
2. « Les pratiques culturelles » : pas de lien avec ce qui précède, témoignant d'une absence de fil directeur
3. Style : utilisation excessive de l'adjectif « véritable »
4. Grossière erreur de décompte : 473 mots, en réalité
5. Datation non présente dans le texte mais implicite puisqu'il est fait mention du loisir télévisé
6. Verbe un peu fort mais qui traduit toutefois la pensée de l'auteur
7. Orthographe : « pécuniaire » et non pas « pécunière »

ne peut être pleinement homme. La vie sans culture est insoutenablement routinière et manque de saveur et de vivacité[1]. On peut distinguer deux attitudes intellectuelles et politiques face à ces inégalités culturelles. Ou bien, selon une idée héritée des Lumières, il faut élargir l'accès à la culture, de telle sorte que chacun puisse disposer de cette opportunité. Ou bien on voit dans la culture le reflet des hiérarchies de classes sociales, et on cherche alors à établir au même niveau toutes les cultures. Dans cette deuxième optique, on considère que tous les objets culturels ont même valeur.

D'où vient cette idée surprenante que tout se vaut ? D'abord du sentiment de honte de certains intellectuels, confrontés à leur position de privilégiés culturels. C'est ensuite la conséquence d'un mouvement de relativisme culturel. Ce qui était lié à une inégalité sociale (l'inculture) devient désormais l'expression d'une particularité à conserver. Face à la souffrance de ceux qui se savent exclus du cercle des cultivés, on a voulu abaisser la culture. Le fait d'être cultivé a été vu comme un privilège à abolir.

En fait, la question des inégalités culturelles est davantage philosophique que socio-politique. Certes, chacun doit avoir le droit d'accéder à la culture, mais il est également indispensable que chacun exerce son droit. Se cultiver, ce n'est pas seulement disposer d'objets culturels, de patrimoine. C'est avant tout effectuer un processus personnel de formation, d'édification. Il ne suffit pas d'analyser les œuvres rencontrées, encore faut-il être transformé par leur vision, leur lecture. À l'époque moderne, alors que la sortie culturelle est devenue un loisir comme un autre, en particulier celui des classes sociales supérieures, on veut démocratiser l'accès à la culture.

Mais on oublie alors que seule une culture édifiée par la lecture est vraiment formatrice, et que cette culture, loin d'être socialement hiérarchisante, est au contraire nécessaire et humaniste.

398 mots

Commentaires :

Un texte bien assimilé avec un recul assez remarquable et une reformulation extrême et fluide qui témoigne d'une réelle appropriation de la pensée de l'auteur. On aurait pu reprendre la référence d'Hannah Arendt. Elle a choisi de faire

1. « saveur et vivacité » : termes contestables mais traduisant toutefois une réelle reformulation et appropriation de la pensée de l'auteur

sans. Ce qui n'est pas bien grave au regard des autres qualités démontrées. Voici ce que m'a répondu Margaux quand je lui ai demandé quels étaient ses secrets pour atteindre ce niveau en contraction de texte :

SECRET D'ALUMNI

« En contraction de texte, j'avais deux obsessions : la reformulation et le fil directeur »

Margaux, 19/20 en contraction de texte, 15/20 en synthèse de texte

Chapitre 12

CULTURE GÉNÉRALE

	VRAI	FAUX
Pour avoir une bonne note à l'écrit, il faut avoir beaucoup de culture générale		✘
Pour avoir une bonne note en dissertation, il faut beaucoup travailler la culture générale en première année		✘
Avec la méthode de la dissertation parfaite, il suffit d'apprendre une seule dissertation pour avoir une bonne note		✘
La culture générale à l'écrit est une matière aléatoire		✘

LE SECRET DU MAJOR

« Ma méthode est simple mais très atypique, ce qui promet un succès quasi certain si on la maitrise parfaitement. Vous serez certainement surpris en lisant mes copies, au sens où les quatre sont quasiment les mêmes. »

Alexis, 19/20 de moyenne au concours, 20/20 à HEC

L'INTRO QUI FAIT DU BIEN

« La CG, c'est aléatoire ». Voilà une pensée récurrente dans l'esprit des futurs candidats. C'était aussi mon avis lorsque j'étais en prépa, ce pourquoi j'avais négligé son travail. Avec les résultats que vous connaissez… Permettez-moi, aujourd'hui, de revenir sur ce point de vue et d'affirmer que des méthodes très précises existent pour être performant le jour J. Cette assertion est née de plus de 25 ans de discussions avec des étudiants brillants en CG. Les cancres de la CG m'ont également apporté leurs précieux conseils : avec leurs recettes intelligentes, ils ont parfois dépassé les 12/20 en quelques semaines de travail bien ciblé… En 2012, le major du concours en CG, Alexis, nous a permis de découvrir une méthode révolutionnaire que nous appliquons depuis dans notre institut : la méthode de la dissertation parfaite.

CE QU'ON ATTEND DE MOI :
Les exigences du jury

Rappelons tout d'abord le format de l'épreuve : on vous demandera lors des épreuves écrites de rédiger une dissertation en 4h sur un thème qui change chaque année : l'animal (2021), le désir (2020), la mémoire (2019), le corps (2018), etc.

Trouvez une problématique

L'AVIS DU JURY

[Rappelons] l'importance primordiale de la problématisation : il nous faut donc ***sanctionner*** *toute copie dont l'introduction n'est qu'une formalité, qui évite ou dénature le sujet et* ***se contente d'annoncer un programme là où on attend l'énoncé d'un problème****.*

Osez développer une pensée personnelle…

L'AVIS DU JURY

Le jury déplore donc, une fois encore, le trop ***faible pourcentage de copies qui font preuve d'une véritable pensée****. Il faudrait ici, avec beaucoup de correcteurs, supplier le public (…) de ne pas se réfugier dans le prêt-à-penser (…) quel qu'il soit, de ne pas craindre d'aller contre les idées reçues, en gardant le cap de la raison (…) et d'oser penser, d'oser relever le défi du sujet, d'oser questionner les connaissances apprises,* ***d'oser critiquer les auteurs, de discuter avec eux, au lieu de les réciter bêtement*** *et de les ressasser parce qu'on ne les comprend pas.*

… en soignant l'enchaînement des idées

L'AVIS DU JURY

Les candidats sont invités par de très nombreux correcteurs à ***bannir les « de plus » et autres « en outre », qui transforment certains développements en inventaires*** *ou en accumulations indigestes d'arguments, d'exemples et d'idées, et à* ***revenir à une syntaxe logique normale*** *en recourant aux connecteurs logico-grammaticaux dont la langue française est loin d'être avare* ***(« Or », « Donc », « Mais »)****. (…) Beaucoup de* *correcteurs notent* ***la logique faible de la plupart des copies, y compris des compositions bien écrites.***

Sortez du lot

L'AVIS DU JURY

« Que les candidats aient ***le courage de se distinguer*** *! Il ne s'agit pas ici d'un polycopié ou d'une fiche de lecture à restituer passivement, mais d'une réflexion à conduire dans un contexte de concours. »*

« Il y a une ***incroyable uniformité des copies qui semblent toutes inspirées des mêmes sources*** *(manuels, sites, internet). On doit encourager les élèves à des lectures personnelles qui les sortent de cette vulgate fastidieuse. »*

Soignez les références choisies…

L'AVIS DU JURY

Le groupe des bonnes copies comprenait [systématiquement] des ***références (…) consistantes****, des connaissances précises, les unes et les autres faisant réellement progresser la réflexion au lieu d'en jalonner rhétoriquement les étapes. (…)* ***Nous conseillons aux candidats d'approfondir les références et de travailler par eux-mêmes les textes, les livres, de se procurer des exemples originaux si possible.***

… en étoffant leur analyse

L'AVIS DU JURY

[Notons] ***l'importance des exemples*** *que, là encore,* ***on doit choisir et exposer avec attention et scrupule*** *(il nous faut donc sanctionner et les copies sans exemple et celles qui, pratiquant la livraison en vrac d'exemples à peine évoqués, la plupart du temps confondent d'une part références et exemples et d'autre part exemples littéraires, philosophiques et historiques). On redira enfin que « citation n'est pas raison » et qu'il faut donc garder en mémoire le point suivant :* ***une citation n'a de valeur que par le commentaire qui l'explique et l'exploite. (…)****. Les copies que nous avons valorisées sont donc celles où le candidat s'installe et séjourne dans les références et non celles présentant une juxtaposition de doctrines sans analyses ni transitions.*

Retenons l'essentiel : une introduction qui soulève un problème, des références à la fois originales et analysées, un propos aussi enchaîné que possible. Le tout dans un style clair et agréable à lire. Point barre. Et c'est déjà beaucoup !

MÉTHODES ET SECRETS EN 1RE ANNÉE

Il nous faut ici distinguer les deux années. Ne passez pas un temps fou sur la culture générale en 1re année car votre thème du concours n'est pas encore connu. Voyons toutefois comment travailler intelligemment.

Secret n° 1 — Apprenez les grandes étapes de l'histoire de la pensée

Que ce soit sur une copie de concours, à l'oral d'HEC ou dans votre future vie de citoyen du monde, connaître les grandes étapes de l'histoire de la pensée est fortement souhaitable.

De nombreux ouvrages existent sur la question donc demandez à vos enseignants ou cherchez par vous-même en feuilletant la table des matières et les premiers chapitres, vous saurez reconnaître l'ouvrage qui vous plait.

LE SECRET DU COACH

Lisez L'étonnement philosophique, de Jeanne Hersch

J'ai découvert cet ouvrage passionnant sur les conseils de Jean d'Ormesson qui, dans l'un de ses derniers ouvrages, en faisait l'éloge. Vous savez à quel point je n'aime pas vous faire perdre trop de temps sur la lecture d'ouvrages de culture générale. En prépa, on n'a pas le temps de lire ! Mais si je devais ne retenir qu'un ouvrage d'histoire de la philosophie, je pense que ce serait celui-là. Lisez-le, analysez-le, fichez-le et apprenez-en la quintessence. Vous ne le regretterez pas.

Secret n° 2 — Mémorisez quelques références variées

Avoir compris et mémorisé les notions philosophiques clés ne suffira pas pour convaincre les correcteurs. Il faudra pour cela donner vie aux notions à l'aide d'exemples de culture générale : littérature, mythologie, théâtre, poésie, art, musique, anthropologie, sculpture, etc.

Là aussi, vos professeurs auront sans doute leur mot à dire sur la question. Certains professeurs conseillent des ouvrages souvent indigestes : *Histoire de l'art* de Gombrich, *La mythologie* d'Hamilton, par exemple. Bien que passionnants et complets, ces ouvrages sont trop lourds pour un étudiant de prépa HEC. Si vous les choisissez, soyez très sélectifs.

LE SECRET DU MAJOR

Ava et l'éloge de La bibliothèque du littéraire

Ava adorait la culture générale. Ses exemples en dissertation étaient toujours bien choisis et bien analysés. « Comment les trouves-tu ? » m'amusai-je à lui demander lors de nos séances de coaching. Sa réponse : « en plus des exemples de mon prof de prépa, j'utilise l'ouvrage *La bibliothèque du littéraire*, de Yannick Mercoyrol. Il est super bien fait avec plein de références de prose, de poésie et de théâtre. Avec, pour chaque référence, le résumé de l'œuvre et son analyse ». Ava a majoré la culture générale à HEC avec 20/20. Elle a eu par ailleurs 18/20 en culture générale à l'EM Lyon.

Secret n° 3 — Analysez et fichez des bonnes copies de concours

Dernier secret avant le fichage : la lecture des bonnes copies de concours ou d'étudiants de votre prépa. C'est un aspect fondamental car bien souvent, en rentrant en prépa, vous ne savez pas disserter. Pas d'inquiétude car cela s'apprend ! Voici une trame d'analyse de bonnes copies que vous pouvez adopter :

- 1re étape – 1h30 : analysez le sujet donné par vous-même avant de lire la bonne copie puis recherchez une problématique et construisez un plan détaillé (Parties, sous-parties, exemples) ;
- 2e étape – 1h : rédigez avec soin l'introduction et la conclusion ;
- 3e étape : lisez la bonne copie et dressez-en le plan détaillé ;
- 4e étape : recopiez dans le petit cahier ou dans la fiche à venir les meilleurs passages ;
- 5e étape : rangez le travail effectué dans un porte-vues ou bien au chaud dans vos dossiers sur votre ordinateur.

Secret n° 4 — Faites des fiches thématiques par grandes notions philosophiques

C'est le secret logique qui suit les trois précédents : pour fixer les idées, les références et les bonnes copies étudiées, il est toujours bon de pouvoir en extraire la substantifique moelle dans un fichier. Alors voici une organisation possible pour vos fiches :

- **Titre :** Choisissez un thème pour votre fiche : la liberté, le mal, la violence, l'action, le langage, etc.
- **Définition :** Commencez par donner une définition du concept en partant par exemple de l'étymologie, de la définition du Larousse et/ou d'un dictionnaire de philosophie.
- **Qu'en disent les philosophes :** dans cette partie, trouvez 2-3 philosophes dont l'analyse vous séduit. J'insiste sur ce point : ne choisissez pas les auteurs que vous ne comprenez pas mais ceux que vous aimez ! Apprendre sans comprendre est vain, ne l'oubliez jamais.
- **Références de culture générale :** une fois que la définition et l'analyse du concert sont établies, il s'agit de lister là aussi deux ou trois références que vous aimez. En rédigeant par exemple un ou deux paragraphes par référence dans un style bien écrit pour vous forcer à travailler votre style.

À force de relire, voire de réécrire votre fiche en mode « blind test », vous développerez votre culture générale de manière optimisée pour bien préparer l'année du concours, à l'écrit comme à l'oral d'HEC !

SECRET D'ALUMNI

Cyril K., ou comment majorer l'écrit sans faire de CG en bizuth

Étudiant ordinaire au lycée, avec une mention AB au bac et 13/20 en maths, Cyril est étudiant assez atypique : c'est le premier étudiant de l'histoire de la prépa HEC à avoir choisi de faire toute sa prépa entièrement en ligne. C'est aussi le seul étudiant que je connaisse à avoir fait le choix radical de ne pas faire de CG en bizuth : ZERO heure de CG ! Son pari ? Miser sur la méthode de la dissertation parfaite en carré. Résultats : admissible à HEC et admis à l'ESSEC grâce à des notes d'exception en CG : 18/20 à HEC, 19/20 à l'EDHEC/ESSEC, 19/20 à l'EM Lyon. Un triplé rare ! Deux bémols toutefois : n'adoptez cette stratégie que si vous êtes sûrs de vouloir énormément travailler la CG en carré, avec ou sans dissertation parfaite. Deuxième bémol : cette stratégie est risquée si l'on veut avoir une bonne note à HEC à l'oral. Aux oraux d'HEC, Cyril est tombé sur un sujet difficile et a eu 5/20. Sans doute aurait-il eu une meilleure note s'il avait travaillé avec plus de régularité cette matière…

MÉTHODES ET SECRETS EN 2E ANNÉE POUR L'ÉPREUVE ÉCRITE

Plusieurs méthodes existent pour avoir une bonne note aux concours mais une seule, à ma connaissance, permet de minimiser les aléas le jour J : c'est la méthode de la dissertation parfaite. Toutefois, dans les Secrets qui suivent, je tâcherai de parler des différentes méthodes possibles pour réussir sa dissertation à l'écrit.

Secret n° 5 — Profitez de tout l'été et du début de l'année pour découvrir le thème et chercher des références issues de différentes sources

Le thème sur lequel vous devrez disserter aux concours tombe généralement en mai de l'année précédente. Des ouvrages paraissent alors dès le début de l'été, profitez-en donc pour découvrir la complexité du thème et faire le plein de références. Vous pourrez alors vous orientez vers plusieurs types d'ouvrages :

- Les ouvrages qui balaient de nombreuses références par catégorie (philosophie, littérature, cinéma, etc), par auteur (Platon, Pascal, Kant, Bergson, etc) ;
- Les ouvrages qui disséminent des auteurs au fil de leur réflexion autour du thème ;
- Les ouvrages de dissertations ;
- Les ouvrages transversaux.

LE SECRET DU COACH

Misez sur l'ouvrage d'Anne-France Grenon

C'est un ouvrage que je vous recommande, pas seulement parce que je connais bien l'autrice, Anne-France Grenon, mais parce que je le lis chaque été et je trouve que c'est un compromis idéal : des références variées organisées par fiche, un style élégant et clair et des dissertations en fin d'ouvrages qui reprennent les références étudiées. Je recommande vivement pour vous aider ensuite à construire vos paragraphes ou votre dissertation parfaite !

Secret n° 6 Construisez des paragraphes en mettant en avant le triptyque idée + référence + analyse puis apprenez-les par cœur

Avant de pouvoir produire une dissertation, il faut savoir quoi mettre dedans ! En guise de prolongement du Secret précédent, sélectionnez les meilleures références que vous avez trouvées (dans vos lectures et/ou lors des cours de vos enseignants) et plutôt que de faire des fiches, construisez déjà des paragraphes prêts à l'emploi dans une dissertation. Puis apprenez-les par cœur. Pourquoi ? Car cela vous permettra le jour J de connaître déjà plus de 50 % des mots qui seront dans votre dissertation : vous réduirez ainsi drastiquement le stress lors de l'épreuve. Et vous libérerez ainsi du temps pour soigner votre réflexion et les liens logiques entre les paragraphes.

Attention, dans la construction de vos paragraphes, ne tombez pas dans l'écueil de la récitation de références sans mise en valeur des idées : dans une dissertation, ce sont les idées et la conduite du raisonnement logique qui doivent vous amener à introduire une référence. Dès lors, construisez vos paragraphes en respectant la trame suivante :

- Commencez par écrire dès le début du paragraphe l'idée principale qui va se dégager de la référence ;
- Introduisez ensuite la référence de culture générale analysez la référence pour illustrer, voire, idéalement enrichir l'idée

SECRET D'ALUMNI

Sur le thème du plaisir, un exemple de paragraphe par Ava, major en CG à HEC :

Idée : Le plaisir est un poison destructeur dont l'antidote est la modération.

Référence : *Roméo et Juliette*, William Shakespeare (1594)

Paragraphe rédigé :

Roméo et Juliette, (1594) première tragédie amoureuse de Shakespeare, est par excellence la pièce où le plaisir est un sentiment destructeur. Cette œuvre est profondément marquée par l'idée selon laquelle le plaisir est un feu ardent, un poison mortel. La Vérone des Capulets et des Montaigus est en effet en proie à l'incendie, au feu de la canicule qui y sévit à la mi-juillet, aux flambées de la violence endémique qui ne cesse de se rallumer, comme aux affres de la passion, toujours à cheval entre amour et haine, éros et thanatos, qui embrase les deux personnages éponymes. Cette idée est retranscrite à l'Acte V scène 3 :

« *Ces plaisirs violents ont des fins violentes, et meurent dans leur triomphe : flamme et poudre, elles se consument en un baiser.* »

Ainsi, le baiser d'amour qui unit la « sainte » au « pèlerin » lors du sonnet mystico-érotique qui scelle la rencontre de Roméo et Juliette au bal, (Acte I scène 4) préfigure « le baiser de mort » qui les réunit à la fin dans le tombeau. Les mises en garde que Frère Laurent adresse à Roméo montrent assez à quel point le plaisir peut envenimer les choses, à quel point il se résume en cet instant fatal du baiser de la poudre et du feu. C'est en cela que le plaisir devient poison, poison mortel, à l'instar de celui qu'avale Roméo et que Juliette cherche à boire sur ses lèvres encore tièdes. Shakespeare montre donc comment jouissance et violence coïncident en une explosion mortifère.

Mais Shakespeare propose aussi un antidote à ce poison que constitue le plaisir. Et au baiser mortel de la poudre et du feu il oppose la modération, le juste usage du plaisir.

« **Le plus doux miel devient fastidieux par sa suavité même, et détruit l'appétit par le goût** : *aime donc modérément car modéré est l'amour durable : la précipitation n'atteint pas le but plus tôt que la lenteur.* »

Secret n° 7 Montrez dès l'introduction votre capacité à identifier un ou plusieurs problèmes posés par le sujet

Ça y est, vous avez respecté les Secrets précédents et donc vous avez en tête des idées et références passionnantes que vous pourrez glisser dans à peu près n'importe quel sujet de dissertation. C'est parfait. Reste maintenant à savoir disserter ! Et pour commencer, il faut réussir l'introduction. Comme le jury le répète chaque année, il vous faut trouver un ou plusieurs problèmes posés par le sujet que vous formaliserez ensuite sous forme d'une problématique. Si vous n'en trouvez pas : continuer de chercher. Une bonne méthode consiste à adopter l'approche philosophique consistant à définir avec toujours plus de précision les termes en jeu.

LE SECRET DU COACH

Évitez la complaisance vis-à-vis du sujet

Sur le sujet « le plaisir de penser », tombé aux concours en 2013, Adrien me faisait part de son incompréhension : « j'ai eu 8 et je ne comprends pas pourquoi. J'étais hyper fier de mon plan. » En me montrant son plan, cela sautait pourtant aux yeux : « Adrien, ton plan est complaisant : dans tes trois parties, tu expliques que penser est un plaisir sans identifier de tensions, de paradoxes dans les termes du sujet. C'est une erreur majeure : une copie doit absolument en faire apparaître. Ici par exemple, le plaisir, qui se caractérise souvent par son immédiateté, semble en opposition avec l'acte de penser qui, lui, demande un effort et la médiation du travail de la pensée… De quelle forme de plaisir parle-t-on ici ? »

Ne tombez donc pas dans le piège d'Adrien et cherchez absolument à formuler plusieurs questions qui font apparaître des paradoxes, des difficultés, des tensions, des problèmes. Les exemples de bonnes copies analysées plus loin vont vous y aider.

Secret n° 8 Adoptez un plan du type « en apparence / en réalité / en vérité » en soignant les liens logiques entre les paragraphes

Une fois le sujet bien introduit avec la bonne problématique, il faut se lancer dans la conduite d'un raisonnement logique articulé en trois parties.

S'il faut généralement se méfier des plans type, il est tout de même utile d'observer qu'une dissertation de culture générale pourra souvent s'articuler autour d'une progression où l'on commence par les évidences en partie I, puis on observe des tensions en partie II, pour arriver à une redéfinition des termes du sujet nous amenant à former une troisième partie de synthèse de la réflexion. Cela doit vous rappeler le bon vieux plan «thèse / antithèse / synthèse». Qu'en dit Alexis, notre major du concours en 2012 ?

LE SECRET DU MAJOR

Alexis et la progression «en apparence / en réalité / en vérité»

J'en parle un peu plus loin dans l'interview de l'incroyable Alexis mais voici un extrait assez parlant qui met en lumière le présent Secret : «Si vous voulez depuis le début de ma prépa, lorsque je vois un sujet, je me dis toujours qu'il faut que la première partie réponde au sujet "en apparence", que la deuxième y réponde "en réalité" et que la troisième y réponde "en vérité". C'est vraiment la base de mon travail donc je gagne forcément du temps pour établir mon plan car en définitive, quel que soit le sujet, mon plan ira toujours dans le même sens».

Mais ce n'est pas tout : à l'intérieur de votre développement, il faudra prêter une grande attention à la connexion entre vos idées, vos exemples afin que cela ne fasse pas trop «catalogue» ou juxtaposition d'idées. Bannissez donc absolument les liens logiques faibles du type «d'autre part, par ailleurs, etc.». Votre raisonnement doit se dérouler sans à-coups, avec fluidité. Lisez les bonnes copies qui suivent pour comprendre plus précisément ce point fondamental que vous aurez l'occasion d'exercer en seconde année.

Secret n° 9 Soignez la conclusion en réservant des surprises

L'introduction, c'est **fondamental** car c'est le premier contact que vous nouez avec le correcteur. Mais n'oubliez pas que la conclusion de votre dissertation est le dernier contact avec la note qui vous sera attribuée : son importance est donc capitale !

Pour cela réserver encore quelques surprises, notamment en mobilisant la poésie. C'est ce qu'a fait Charlotte dans toutes ses conclusions…

SECRET D'ALUMNI

Une surprise identique dans toutes mes conclusions !

« Dans toutes mes dissertations, je concluais en citant Stig Dagermann, un écrivain suédois. Sur le sujet d'HEC, « La vie est-elle autre chose que le théâtre de la cruauté ? », comme dans les deux autres sujets, je terminais comme ça :

«Stig Dagermann écrit dans Notre besoin de consolation est impossible à rassasier : « ce qui donne à ma vie son merveilleux contenu : la rencontre avec un être aimé, une caresse sur la peau, une aide à un moment critique, un spectacle au clair de lune…»

Et ça a plutôt pas mal marché ! »

Charlotte a majoré la culture générale à HEC (20/20) tout en ayant un double 16/20 à l'ESSEC et à l'EML.

Secret n° 10 Pour maximiser vos notes, posez-vous la question de rédiger une dissertation parfaite

C'est un secret paradoxal : sans doute l'amoureux de culture générale et de philosophie sera-t-il choqué par cette invitation à rédiger une dissertation parfaite qui **répondrait** à tous types de sujets. C'est pourtant la méthode qui a été inventée par un professeur agrégé de l'Éducation nationale très conscient des enjeux du concours et qui a été adoptée avec talent par Alexis dont l'interview et les copies sont présentées dans l'ouvrage et en bonus numérique. C'est aussi la méthode que nous privilégions dans notre institut pour les résultats exceptionnels qu'elle procure avec un nombre de 20/20 important chaque année aux concours depuis 2015.

FAKE NEWS **IL SUFFIT D'APPRENDRE LA DISSERTATION PARFAITE PAR CŒUR POUR AVOIR UNE BONNE NOTE**

C'est le grand malentendu qui plane sur cette méthode : d'aucuns, souvent des enseignants et étudiants mal informés, pensent que cette méthode consiste à apprendre par cœur une seule dissertation. C'est beaucoup plus subtil que cela. La méthode de la dissertation parfaite demande beaucoup de travail et exige une compréhension fine des problématiques clés qui gravitent autour du thème.

Un ouvrage entier serait nécessaire à la description précise de la méthode mais pour avoir un aperçu de la méthode, lisez l'article de Ken LeCoutre, notre créateur de dissertations parfaites chez MyPrepa et qui résume bien l'approche :

Bonus numérique
Article de Ken LeCoutre sur la dissertation parfaite

Vous trouverez également dans cet article les liens vers les trois dissertations d'Alexis. Enjoy !

Et si, malgré tout, vous n'adhérez pas à la démarche, ne forcez pas les choses et concentrez-vous sur les neuf premiers secrets !

ANALYSE DE COPIES

Voyons à présent quelques prestations et stratégies d'étudiants qui ont réussi. Nous commencerons par la dissertation d'Inès qui devrait vous paraître accessible et qui a été couronnée d'un 17/20. Nous découvrirons ensuite l'incroyable stratégie d'Alexis…

L'exemple d'Inès

Inès venait de louper ses concours carrés lorsqu'elle est venue nous voir. Avec des notes moyennes mais homogènes en culture générale (10, 13 et 12 aux concours BCE soit une moyenne de 11,67), son potentiel n'était pas encore pleinement exploité. Je lui ai alors proposé la méthode que je vous ai décrite précédemment (les 9 premiers Secrets). Elle a été très disciplinée dans la recherche des références qui font mouche aux concours. Elle a eu double 17/20 à HEC et à l'EM Lyon. Voyons cela de plus près avec l'analyse de l'une de ses copies, suivie d'un extrait de sa prestation à HEC.

Sujet : « L'imagination est-elle une puissance incontrôlable ? »

Note : 17/20

> Perrette, héroïne de la fable de Jean de la Fontaine « Perrette et le pot au lait », se rendait au village, le pot au lait sous le bras, toute légère et primesautière, en pensant à l'argent qu'elle récolterait de la vente de son lait et à l'usage qu'elle en aurait. Mais, perdue dans ses rêveries, elle trébuche et fait tomber le pot au lait : « Adieu veaux, vaches, cochons », ses espoirs sont anéantis et elle risque même d'être battue par son mari. Mais quel esprit « ne bat la campagne », « ne fait château en Espagne », dit alors Jean de la Fontaine[1] ? En effet, tout homme s'adonne à la rêverie et peut alors en oublier le réel. Il semble donc, à l'image de Perrette, que l'imagination puisse être dangereuse, en nous déconnectant de la réalité. Dès lors, l'imagination serait-elle

1. Cette accroche a été apprise par cœur dans l'ouvrage « 20 dissertations ». Lors d'une séance que nous avons eue, je la revois encore toute enthousiaste à l'idée de recaser cette référence en accroche !

une puissance incontrôlable ? C'est ce que suggère Kant, en considérant que bien souvent, « l'imagination se joue volontiers de nous ». Néanmoins, le rôle primordial dans la recherche, à la fois scientifique, historique et artistique, atteste de la capacité de l'homme à maîtriser son imagination, à la mettre au service de la quête de la vérité, de la connaissance et de la création, sans pour autant ôter à l'imagination son caractère fécond. Comment contrôler son imagination ? Qu'entendons-nous par « contrôler » son imagination ? Mais que dire du caractère incontrôlable de l'imagination ? L'imagination est-elle par nature une puissance incontrôlable, ou bien en sommes-nous, dans certains cas, responsables ? En effet[1], il semble que dans bien des cas, nous cherchions volontairement à être dominés par notre imagination, à être sous son emprise : pour quelles raisons ? Qu'est-ce que nous cherchons alors à atteindre par le biais de l'imagination[2] ?

Tout d'abord, l'imagination peut être en effet[3] considérée comme une puissance incontrôlable (I). Néanmoins, il semble indéniable que l'homme ait une emprise sur cette faculté et qu'il soit capable de l'utiliser comme il l'entend (II). Enfin, si le caractère incontrôlable de l'imagination revêt une connotation péjorative, ne peut-on pas dire qu'il est également souhaitable et qu'il contribue à la richesse de l'imagination ? (III)[4]

En effet[5], force est de constater que l'imagination apparaît à certains égards comme une faculté incontrôlable, ce qui explique la méfiance qu'elle suscite, Pascal allant jusqu'à la qualifier de « maîtresse d'erreurs et de faussetés ».

Le caractère contrôlable de l'imagination provient de la capacité de l'imagination à tromper, à illusionner : elle peut nous faire confondre le réel et l'imaginaire, nos rêves et la réalité, la distinction étant difficile à réaliser.

1. Style : « en effet » répété donc créant un écho pour le correcteur.
2. Le nombre de questions est quelque peu élevé pour une problématique mais il témoigne d'une volonté d'étoffer l'analyse.
3. « en effet » évitable ici et créant encore un écho. Un tic verbal qui peut irriter le correcteur d'autant que cette expression est très fréquemment rencontrée…
4. Numérotation des parties non nécessaire en culture générale. Les correcteurs n'aiment généralement pas. Cette maladresse n'est toutefois pas vraiment sanctionnée et présente au mieux l'avantage de cadrer le développement.
5. « En effet » à éviter absolument en début de partie ! L'expression est censée étoffer un argument précédent et non pas introduire une partie. Très maladroit ici donc. D'autant que l'effet « écho » commence à être pesant pour le correcteur.

C'est en effet[1] le problème soulevé par DESCARTES[2], dans les Méditations Métaphysiques : le philosophe nous avoue avoir été trompé par son imagination et ses sens, entre autres à l'occasion d'un rêve ; certains songes sont « bien liés », bien construits et il devient alors difficile de les considérer comme tels, de ne pas les prendre pour des événements réels passés. L'imagination peut donc être fourbe et nous plonger dans le doute, nous conduire à prendre nos rêves pour la réalité. Dès lors, la frontière entre le réel et l'imaginaire est brouillée si bien que l'imagination peut altérer notre vision du réel et provoquer des maux, sans que nous ne puissions lutter : le vertige est la parfaite illustration de la prise de contrôle de l'imagination sur notre corps. Si, lorsqu'un individu se trouve en haut d'un bâtiment, la distance entre le sommet et le sol est bien réelle, justement perçue, en revanche la peur du vide et de tomber est provoquée par l'imagination, qui affecte la perception, les sens, le corps et plonge ainsi l'individu dans la crainte, l'effroi. ALAIN avance alors que l'imagination est responsable de ces sensations, qu'elle décuple jusqu'à brouiller notre juste perception du réel. L'homme est alors sous l'emprise de son imagination déployée, qu'il ne peut pas contrôler.

Une imagination incontrôlable est également[3] une imagination qui prend le pas sur la raison, et peut avoir des conséquences désastreuses sur notre existence. Telle est l'expérience vécue par Catherine Morland, héroïne du roman Northanger Abbey de Jane AUSTEN[4], qui, invitée par le père de son prétendant, le Général Tillney, à l'abbaye de Northanger, suspecte celui-ci d'avoir assassinner[5] ou de retenir en otage son épouse. Catherine, férue de romans gothiques, ne se rend pas compte de l'absurdité de ses accusations, convaincue de détenir des preuves évidentes. Elle est alors victime de son imagination, nourrie par la lecture abusive de romans gothiques, qui prend le pas sur sa raison. Catherine ne parvient plus à analyser la situation avec sa raison, et compromet sa réputation et son avenir sans s'en rendre compte. L'imagination a donc le pouvoir d'endormir, de faire taire notre raison, à

1. « en effet » : un de plus…
2. Notez l'usage des majuscules pour tous les auteurs mentionnés : ce n'est pas du tout obligatoire mais Inès a fait ce choix stratégique pour montrer indirectement à un correcteur qui lirait en diagonale la variété des références choisies. Malin !
3. « également » : lien logique faible à éviter autant que possible.
4. Exemple issu de la littérature anglaise : très original donc permettant de sortir du lot.
5. Orthographe : « assassiner » et non pas « assassinner ». La faute n'a pas été relevée par le correcteur.

notre insu, ce qui peut nous être néfaste, voire fatal, notamment lorsque l'on se retrouve sous l'emprise totale de l'imagination.

Le caractère incontrôlable de l'imagination est aussi[1] la cause de graves dérèglements et maladies psychiques, tels que la schizophrénie. L'imagination projette alors sur la vie réelle du malade ses propres productions fictives, que le malade ne distingue pas comme telles : il est victime des illusions produites par son imagination, qui fait naître en lui la paranoïa et le déconnecte du réel. D. ARONOFSKI aborde cette thématique dans son dernier film Black Swan[2], dans lequel la danseuse étoilée, Nina, sombre dans la schizophrénie, aggravée par le double rôle du cygne noir et du cygne blanc qu'elle interprète, et en vient à se poignarder, en croyant se battre avec une danseuse rivale. L'imagination ici ne semble donc pas contrôlable et entraîne dans le délire imaginaire quasi permanent sa victime.

L'imagination apparaît donc comme une puissance incontrôlable, et de ce fait au potentiel destructeur, ce pourquoi elle suscite la méfiance.

Néanmoins, il semble que l'homme ait le pouvoir d'agir sur son imagination, de la discipliner et d'en maîtriser l'usage.

Il est possible d'encadrer son imagination, de distinguer, ses productions, images de la réalité. DESCARTES, dans la 6e Méditation fournit des critères de distinction : un événement est réel s'il est cohérent avec le cours de notre existence et si sa localité et temporalité s'accordent avec notre vie. Si ces critères demeurent insuffisants, ils attestent de la possibilité de questionner les choses dont nous doutons et que nous soupçonnons d'être le produit de notre imagination. Dès lors, celle-ci ne semble pas toute puissante et pleinement capable de nous illusionner.

De fait, l'imagination peut être disciplinée et mise au service de la recherche de la vérité, de la connaissance, notamment dans les domaines scientifique et historique. L'imagination occupe une place centrale dans la science en contribuant à la formation de nouvelles hypothèses et de tests pour tester[3] la validité de ces hypothèses, lorsque les scientifiques sont confrontés à un phénomène nouveau, « polémique » (G. BACHELARD) que le savoir, la théorie

1. « aussi » : encore un lien logique « d'accumulation » qui peut irriter le correcteur.
2. Exemple cinématographique récent : référence risquée mais parfaitement dans le sujet. Le film a été bien accueilli par les critiques donc le risque d'Inès était bien calculé.
3. Style : « tests pour tester » n'est pas très élégant…

déjà acquis ne permettent pas d'expliquer. C'est ce que soutient PASCAL, qui souligne que la compréhension de phénomènes nouveaux, encore inexpliqués, implique de recourir à l'imagination, encadrée par la raison et les connaissances acquises. De même, l'imagination est indispensable dans la reconstitution historique, comme l'explique COLLINGWOOD[1]. L'historien, après avoir réunit[2] des documents historiques faibles, des archives et témoignages historiques, use de son imagination pour relier les faits entre eux, pour présenter sa reconstitution historique sous la forme d'un « fil » continu et cohérent. Ainsi aucune reconstitution historique n'est objective, puisque impregnée de la subjectivité de l'historien ; mais cette part de subjectivité nécessaire est réduite au minimum, grâce au solide travail de recherche mené au préalable. L'imagination, grâce au solide travail de recherche mené au préalable. L'imagination peut donc être maîtrisée, encadrée par la connaissance, la raison et l'expérience ; cette puissance s'associe alors à la mémoire, à la perception, la raison pour permettre à l'homme de créer, d'expliquer et de connaître.

S'il est tentant de laisser son imagination se déployer, prendre le contrôle de l'esprit et du corps, il semble que les vertus et la richesse de l'imagination ne soient pleinement assurées que lorsque l'imagination est maîtrisée par l'homme. Pour ce faire, Jane AUSTEN, dans Northanger Abbey[3], recommande implicitement d'enrichir nos connaissances, notre culture pour nous doter d'un esprit rationnel et critique, pour éviter d'être manipulé ou « absorbé », comme Catherine Morland, par notre imagination. Mais pour être salutaire, bénéfique, l'imagination doit-elle systématiquement être contrôlée ? Une imagination toute puissante n'a-t-elle rien de bon à nous apporter ? Et ce caractère incontrôlable de l'imagination ne peut-il pas être volontairement recherché par l'homme ?

Si l'imagination revêt intrinsèquement un caractère incontrôlable, celui-ci peut être volontairement recherché, renforcé.

Tout d'abord, l'imagination s'oppose au principe même de contrôle, par sa force « libératrice » : cette « Reine des facultés » (selon l'expression de

1. Parler de l'historien britannique était particulièrement pertinent et original ici. Cette référence a dû faire mouche !

2. Orthographe : « réuni » et non pas « réunit ». L'erreur a été relevée par le correcteur.

3. Reprise d'une référence de la partie I témoignant d'une volonté salutaire de « sejourner » parmi les références, pour reprendre les attentes formulées dans les rapports de jury. Cette reprise a certainement dû être appréciée.

BAUDELAIRE) permet de se libérer de l'emprise du réel, qui peut être étouffant, comme le déplore C. BAUDELAIRE dans Les Fleurs du Mal, en désignant par le «spleen» la dépression du poète, errant dans ce monde terrestre décevant, médiocre et morne. En effet, FREUD[1] souligne l'importance de l'imagination dans l'existence humaine : elle agit comme une «catharsis», dans le sens où elle permet à l'homme de laisser s'exprimer ses désirs, de les satisfaire, imaginairement, par le rêve, alors même que le monde réel ne le permet pas forcément, la réalité pouvant décevoir, frustrer, blesser les individus. D'une certaine façon l'imagination est encore le «refuge de la liberté» : elle permet de satisfaire ses désirs, envies et besoins, par le rêve éveillé ou nocturne. Ceci implique donc une imagination débordante, débridée, suffisamment puissante pour nous porter hors du réel, vers une «surréalité» pour reprendre l'expression baudelairienne, c'est-à-dire une réalité supérieure, à notre image.

Ainsi, nous laissons volontairement notre imagination être toute puissante, pour nous détourner du réel. NIETZSCHE va dans ce sens en affirmant que l'homme cherche volontairement à produire des illusions pour échapper à la vérité, souvent trop difficile à supporter, à assumer en raison de la dureté de la vie, de la condition humaine, dont la fin est incertaine : la mort rappelle à l'homme qu'il est voué à disparaître. Ainsi, nous nous plongeons dans une vie imaginaire, nous laissons notre imagination nous transporter et transformer notre vision du monde, volontairement erronnée[2]. J.J. ROUSSEAU défend à ce titre la rêverie qu'il considère comme «le repos de l'âme» : dans Rêveries d'un promeneur solitaire, il raconte comment son imagination peut conférer à la nature une dimension féerique, magique, bienveillante et protectrice qui apaise l'auteur et lui provoque un sentiment de bien-être intense, que la vie en société n'autorise pas.

De même, une imagination débridée, déployée volontairement se retrouve dans la création artistique. Selon C. BAUDELAIRE, l'artiste ne doit pas chercher à reproduire la nature, dépourvue d'intérêt, mais à produire de l'inexistant, de la nouveauté, la beauté résidant, selon le poète, dans la «surréalité», une réalité supérieure accessible par l'imagination. Il faut donc laisser l'imagination nous envoûter, nous posséder spirituellement et charnellement pour accéder à une réalité supérieure, libérée de la contrainte matérielle et corporelle.

1. Exemple psychanalytique adapté.
2. Orthographe : «erronée» et non pas «erronnée». Le correcteur n'a pas relevé cette coquille.

Ainsi l'imagination peut volontairement être incontrôlée, dans l'espoir de se détâcher du monde, de lui échapper pour accéder à la liberté.

L'imagination, « reine des facultés » si puissante et donc si difficilement contrôlable, peut être encadrée par l'homme, ainsi assuré de parvenir à ses fins. Mais si la perte de contrôle peut être dangereuse, elle conditionne également la richesse de l'imagination et sa puissance : comme l'affirmait Virginia Woolf, seule la vie imaginaire importe, même si cela implique de laisser notre imagination nous posséder, au risque de retomber dans une « prison », imaginaire, plus destructrice que celle du réel, comme en témoigne l'expérience du joueur d'échec de S. Zweig[1], libéré puis emprisonné par le monde des échecs, libéré puis emprisonné par son imagination.

Bilan

Les points faibles :

- Un niveau d'abstraction assez limité pouvant heurter les puristes de la philosophie ;
- Des « en effet » trop nombreux en début de devoir ;
- Des arguments qui ont parfois tendance à s'accumuler, comme en témoigne l'usage des liens « également », « de même ».

Les points forts :

- Des références à la fois originales, creusées et variées (littérature, poésie, histoire, cinéma, psychanalyse, philosophie) ;
- Malgré quelques maladresses, le style reste clair et agréable ;
- Un plan simple et efficace qui a le mérite de ne pas trop surprendre le correcteur ;
- Une écriture très agréable (on ne le voit pas ici mais je vous l'affirme).

En définitive, cette copie est loin d'être impressionnante. J'aurais pu vous proposer un 20/20 incroyable mais cela vous aurait sans doute découragés. Ici, on a conscience du travail mais on sent que le 17/20 est accessible.

1. Inès termine sur deux références de la littérature étrangère. Original et pertinent.

Extrait de la prestation d'Inès à HEC

Pour arriver à de telles notes aux concours, Inès a parfaitement respecté les conseils que je lui ai proposés. Notamment celui d'apprendre parfaitement certaines références afin de gagner du temps sur l'élaboration du plan et sur le soin apporté aux transitions. À l'épreuve d'HEC, elle a ainsi repris quasiment mot pour mot la référence à *Black Swan*. Extrait :

Sujet HEC : « Les images auront-elles raison de nous ? »

Note obtenue : 17/20

> Le film récent d'ARONOFSKI, Black Swan, nous entraîne dans l'univers de la paranoïa et du dédoublement de personnalité : Nina, jeune danseuse étoile, sombre peu à peu dans la schizophrénie, ce qui est aggravé par le double rôle du cygne blanc et du cygne noir qu'elle interprète, et en vient à se poignarder, alors qu'elle croyait se battre avec une danseuse rivale. Ses images mentales ont eu raison d'elle, elles l'ont dominé et l'ont aveuglée sans qu'elle n'ait conscience de basculer dans la folie.

Reprenez la première dissertation et retrouvez ce même passage sur *Black Swan*. Étonnant, non ?

L'incroyable stratégie d'Alexis

Soyons sincères : Alexis n'était malheureusement pas l'un de mes étudiants ! Il m'a été présenté par l'un des lecteurs de MyPrepa News, le blog de MyPrepa, qui a senti que ce profil me séduirait. Et il y avait de quoi : Alexis a eu en culture générale aux concours 20, 20, 19 et 17 en faisant quasiment la même dissertation. Je ne plaisante pas. La même dissertation pour quatre sujets différents ! L'introduction, la problématique, le plan, l'ordre des références, la conclusion. Presque tout a été appris par cœur. Incroyable ! Alexis est ainsi allé encore plus loin que ce que je proposais jusqu'à présent à mes étudiants avant de découvrir cette fameuse méthode de la dissertation parfaite ! Quand je conseillais d'apprendre par cœur des références, Alexis apprenait par cœur une unique dissertation censée répondre à tous les sujets ! Que les professeurs de philosophie se rassurent : derrière cette idée se cache un professeur de philosophie génial qui exerce son art dans la région lyonnaise…

Pour illustrer cet exploit, voici l'introduction et l'amorce de la partie I de deux sujets du concours 2012 :

Sujet : L'ordre de la société (HEC 2012)

Note : 20/20

La société serait ce tissu de relations non instituées d'individus, ce tissu de situations réciproques de termes différents où les individus se sociabilisent. L'ordre de cette société signifierait le devoir qu'impose la société à ceux qui la composent. Dès lors, une situation paradoxale se fait jour : l'individu social est défini par son autonomie, par sa conscience inexpugnable. En ce sens, le fait que la société lui impose un ordre établi souligne cette situation paradoxale que l'on qualifiera de « facticité » au sens où l'individu va être « jeté au monde » selon la formule d'HEIDEGGER, inscrit d'emblée dans un réseau qui lui est ordonné. Il conviendrait donc de savoir si cet ordre de la société ne se constituerait pas dans la violence, au sens où cet ordre va être source d'aliénation des individus.

Cependant, en réalité, l'ordre de la société n'est-il pas de devoir humaniser ces êtres qui la constituent ? La société, plus qu'une antécédence non choisie, serait capable de faire sourdre une puissance humanisante, en opérant des sauts qualitatifs. En cela, l'ordre de la société n'est plus la représentation d'une prégnance, d'une emprise sur les individus, mais il deviendrait ce temps et ce lieu permettant la « mise en ordre » des relations humanisantes dans un processus de moralisation.

En vérité, il apparaît nécessaire de se demander comment la société peut devenir, à travers la transgression de son ordre établi, ce temps et ce lieu permettant l'exhaussement des êtres humains. C'est l'analyse de ces différentes questions qui nous permettra de savoir ultimement ce qu'est « l'ordre de la société ». Voyons comment.

Selon HELVETIUS, « si l'univers physique est soumis aux lois du mouvement, l'univers moral ne l'est pas moins à celles de l'intérêt ». En ce sens, nous comprenons que l'ordre de la société est celui de l'intérêt particulier. Cependant, cet ordre est inconcevable car la société est un tissu d'individus. C'est ainsi qu'établir un tel ordre en société conduirait à l'aliénation de ceux qui la composent. C'est pourquoi un Max STIRNER dans <u>L'unique et sa propriété</u> va vouloir que l'individu soit son propre ordre, que la société ne lui impose pas, car il serait sa propre cause. L'ordre social serait alors défini dans l'autarcie des individus. C'est d'ailleurs en cela que ROUSSEAU dans <u>Les rêveries du promeneur solitaire</u> voudra trouver l'amour de soi de son personnage, hors de tout ordre social… »

Sujet : Une société peut-elle être internationale ? (EML 2012)

Note : 19/20

De prime abord, la société serait ce tissu de relations non instituées entre des individus inscrits dans des situations réciproques de termes différents. La société offre d'emblée cette situation paradoxale d'individus marqués par leur autonomie et cependant soumis à une prégnance de la société qui s'explique par son antécédence. Dès lors, nous pouvons constater que les individus ont plusieurs manières de faire société : soit à travers des groupes d'appartenances répondant à la gratuité des relations, soit par des groupes d'adhésions marqués par la volonté ou non d'un individu à entrer dans telle ou telle relation. Ainsi la quête d'individuation des êtres humains va pousser les individus à l'ethnocentrisme à travers l'individualisme. Toute forme de société internationale, c'est-à-dire de société regroupant plusieurs nations, plusieurs cultures, ne serait qu'un échec, poussant les sociétés à entrer dans une violence larvée marquée par l'indifférenciation.

Cependant, se demander si une société peut être internationale revient à se demander « est-il possible », « est-il légitime » qu'une société ait les capacités de répondre aux critères d'internationalisation, d'universalisation de modes de vie à travers un phénomène de cristallisation de la sagesse d'un groupe, d'une culture. Dès lors, si la société est un lieu d'aliénation, la société peut opérer des sauts qualitatifs permettant ainsi l'accès à la moralisation des êtres vivants. Une telle opération serait un véritable tremplin pour faire société universellement.

En ce sens, il conviendrait de se demander comment la société peut devenir ce temps et ce lieu permettant l'exhaussement des êtres humains, où les individus seraient capables de dépasser un destin collectif marqué par des barrières entre les individus de différentes nations, de différentes cultures. L'amitié, fine fleur du lien social, peut-elle être suscitée par la société permettant ainsi de lier internationalement les sociétés ? C'est l'analyse de ces différentes questions qui nous permettra ultimement de savoir si la société peut être internationale. Voyons comment.

En apparence, il est légitime d'affirmer que la société est régie par l'intérêt. C'est ainsi qu'Helvétius nous dira que « si l'univers physique est soumis aux lois du mouvement, l'univers moral ne l'est pas moins à celle de l'intérêt ». En cela, il peut se faire jour au sein de la société certains conflits. C'est pourquoi Max STIRNER dans L'unique et sa propriété va préférer se couper de toutes relations pour vivre en parfaite autarcie. Notre individu de ne compare plus car tous types de comparaisons sociales seraient aliénation. L'idée d'une société internationale est alors inconcevable. Cette thèse est appuyée par ROUSSEAU dans Les rêveries du promeneur solitaire pensant retrouver le chemin de l'amour de soi en se détachant de toute forme sociétale… »

Analyse des prestations d'Alexis

Vous constaterez les ressemblances évidentes entre les deux amorces de dissertation : accroche identique, problématique identique, références placées exactement dans le même ordre… C'est assez bluffant !

Vous noterez également l'intelligence du candidat : afin de coller au sujet, Alexis s'est efforcé de placer des phrases d'explications, de connexion avec les termes du sujet. Il y a beaucoup de « par cœur » mais également un savoir-faire indéniable de dissertateur. C'est la raison pour laquelle je ne vous ai pas mis la dissertation en entier. Elle est fabuleuse mais relativement inaccessible donc décourageante ! Alexis a énormément travaillé cette matière pour atteindre un tel niveau. Ce qui n'est pas la stratégie la plus intelligente pour décrocher le top 5.

Retenez toutefois l'essentiel : la culture générale, c'est un peu de stratégie et beaucoup de par cœur. Obtenir plus de 15/20 n'est donc pas un objectif délirant.

Pour finir, Alexis a accepté de nous livrer le détail de sa stratégie. L'entretien qui suit en fait l'exposé.

ENTRETIEN
avec Alexis

Avant de m'entretenir avec Alexis, voici le message qu'Alexis m'a transmis pour expliquer sa stratégie :

LE SECRET DU MAJOR

«Pour expliquer en quelques lignes mon 17 à Essec, 19 à EM Lyon, 20 à Ecricome et enfin 20 à HEC, je pense pouvoir dire que tout est dans la méthode, autant sur la forme (très important pour pouvoir traiter un sujet avec intelligence) que sur le fond et il est important aussi de lire encore et encore des copies d'élèves ayant excellé les années passées pour s'en inspirer.

En ce qui me concerne, ma méthode est simple mais je pense très atypique, ce qui promet un succès quasi certain si on maitrise cette dernière parfaitement. Dans un premier temps, je tiens à vous dire que vous serez certainement surpris en lisant mes copies, au sens où les quatre sont quasiment les mêmes. Cela s'explique dans le fait que j'ai énormément travaillé quelques exemples très précis (vous les retrouverez) pour les maîtriser parfaitement, prendre de la hauteur face à n'importe quel sujet pour pouvoir toujours les ré-exploiter. Ces exemples doivent se différencier des autres copies et je me suis obligé à travailler des exemples de culture générale peu connus en y adaptant toujours une analyse philosophique poussée. Cela peut paraitre pénible, mais au moins, on est sûr de maitriser parfaitement ce que l'on marque. Toujours sur le fond, je pense que la maitrise parfaite des grands philosophes du thème est inévitable, et il est bienvenu de connaitre parfaitement quelques auteurs (qu'il faut repérer) peu exploités pour en sortir une analyse assez originale (la mienne fut celle de René Girard par exemple). La clé est de toujours allier un exemple de culture générale (littérature, etc.) à de l'analyse philosophique.

Pour ce qui est de la forme, vous verrez que la mienne est très rodée, au sens où il faut savoir cadrer sa dissertation (regardez mes fins d'introductions, mes fins de conclusions etc... , ce sont toujours les mêmes !) avec un fil conducteur qui doit être connu avant de passer les concours , car il doit être travaillé en profondeur durant l'année, ce qui m'a conduit à sortir une problématique quasiment commune à chaque dissertation , car je pense qu'elle permettait de saisir le sens général qui était attendu sur le thème de la société : « comment la société peut-elle devenir ce temps et ce lieu permettant l'exhaussement de l'être humain ? ». Je crois qu'il est nécessaire de trouver cette problématique commune à n'importe quel sujet bien qu'elle peut paraître simple ! De plus, je pense qu'il est nécessaire d'avoir un vocabulaire riche, et de savoir l'expliquer par une définition, ce qui permet de dire plusieurs fois la même chose sans se répéter, bien qu'on me reproche souvent dans mes dissertations d'avoir un style assez imbuvable ... Donc je donnerais comme conseil aux futurs candidats de passer la deuxième année en remplissant un carnet de définitions philosophiques se raccrochant au thème abordé. Enfin, il ne faut pas avoir peur des limites de pages, toutes mes dissertations font 12 pages. Pour résumer, il faut savoir ce que l'on va dire avant de rentrer dans la salle et cela passe forcément sur un travail plus qu'approfondi de quelques « pépites » sur lesquelles on a travaillé pour pouvoir prendre du recul. »

Comment faisais-tu pour dégoter des exemples originaux ? Ton professeur ? Des ouvrages précis ? Des revues littéraires ? Ta culture générale ?

Le fait d'utiliser des exemples originaux était l'idée majeure de mon ex-prof de philo. Il nous disait une phrase qui m'a marqué qui était « Surtout le jour du concours, ne mettez JAMAIS une citation du type «L'homme est un loup pour l'homme» car 90 % de vos concurrents la mettront et les correcteurs seront contents de trouver de l'originalité et de ne pas lire 100 fois les mêmes phrases ». C'était véritablement son mot d'ordre, au sens où il nous répétait continuellement qu'en l'espace de 2-3 minutes, le correcteur savait déjà la note qu'il allait nous mettre. Il fallait donc faire ABSOLUMENT une introduction « sexy » qui allait interpeller le correcteur, qui devait le pousser à avoir envie de lire notre copie. C'est pourquoi j'utilisais toujours des termes accrocheurs en fin d'introduction du genre « c'est au terme de l'analyse de ces différentes questions que nous verrons ultimement ce qu'est .... Voyons comment. ». En ce qui concerne véritablement le fond, mes exemples originaux proviennent essentiellement d'un très bon bouquin pour prépa qui sort chaque année : celui de Fréderic Laupies (vraiment conseillé). Cependant il est vrai que mon professeur nous a trouvé de nombreux exemples avec une analyse très fine qu'il a fait lui-même (celle du Festin de Babette...). De plus j'essayais de récupérer des rapports de conférences philosophiques lyonnaises (notamment une sur René Girard

– auteur qui je pense, peut être très utile pour le thème du plaisir – à la faculté catholique de Lyon). Je crois aussi que pour répondre totalement aux attentes de l'épreuve et pour être efficace, il faut absolument placer dans ses copies des exemples de littérature (Les Misérables), d'histoire et autres domaines que l'on explique à travers une analyse philosophique. Je crois que tout est là si l'on veut faire la différence.

Sur quel ouvrage travaillais-tu le cours (les idées principales sur le thème, les auteurs clés, j'imagine tu as dû travailler aussi les classiques en plus des exemples originaux ?)

Malgré mon grand nombre de références, je ne les ai pas lues toutes et encore heureux, c'est un travail impossible en 10 mois vu le travail attendu dans les autres matières. Je pense qu'il ne faut pas perdre de vue que travailler un an sur un seul thème demande d'avoir la capacité de suivre un fil conducteur pour ne pas s'éparpiller. Je conseille donc de lire 2 ou 3 ouvrages majeurs des auteurs classiques pour avoir une connaissance solide et large du thème. Toute l'originalité suivra si l'on comprend déjà la base du thème pour pouvoir prendre le plus de recul possible dans son analyse. Pour ma part j'ai lu seulement Rousseau (du contrat social), Kant et Tocqueville.

Comment faisais-tu pour analyser philosophiquement tes références ? Te lançais-tu seul ? Les validais-tu avec ton prof ? Te servais-tu d'ouvrages qui t'ont aidé à mieux analyser les références ?

Mes analyses, je les puisais dans des copies d'anciens de ma prépa qui ont eux aussi excellés aux concours. Je pense qu'il est très important de lire et relire des bonnes copies pour s'en inspirer, rien que sur la forme et sur la manière d'appréhender le fond. Je fichais aussi les polycopiés de mon professeur et je les relisais régulièrement. Sinon, l'ouvrage qui me parait essentiel pour progresser dans son analyse est celui de M. Laupies.

Le jour J, compte tenu de ta stratégie, tu passais du coup très peu de temps sur le plan non ? J'ai vu que tu supprimais parfois quelques exemples qui ne rentraient pas dedans. Ce travail de sélection était fait pendant la construction du plan, j'imagine…

Si vous voulez depuis le début de ma prépa, lorsque je vois un sujet, je me dis toujours qu'il faut que la première partie réponde au sujet «en apparence», que la deuxième y réponde «en réalité» et que la troisième y réponde «en Vérité». C'est vraiment la base de mon travail donc je gagne forcément du temps pour établir mon plan car au final, quel que soit le sujet, mon plan ira toujours dans le même sens. Ainsi pendant l'année, j'ai établi une liste de 6-7-8 auteurs et exemples par parties. Je m'explique : dans n'importe quel sujet, ma première partie nous dira qu'au final la société est aliénation, c'est l'apparence qu'elle donne (Max Stirner, René Girard…). Cependant, en REALITE, elle est plus que cela, elle permet l'humanisation des êtres (Kant, Rousseau…). Dès lors, en VERITE, elle peut devenir ce temps et ce lieu permettant l'exhaussement des êtres humains (Karen Blixen…). Comme vous le voyez, c'est assez répétitif mais ça permet de travailler en profondeur ce que l'on sait et ça marche ! Je suis sûr que le thème du plaisir (c'est le thème du concours 2013) est aussi simple d'utilisation : Pour moi j'aurais déjà mis en place une stratégie de travail qui serait de regrouper les exemples, analyses, auteurs allant dans le sens de : « le plaisir est aliénation des individus, il est un mal absolu » (Spinoza – le plaisir est conatus ...) puis ceux qui pensent que « cependant le plaisir peut être appréhendé comme ce qui va être le DÉVOILEMENT de la vie de l'homme, ce qui va faire qu'il existe ... » et enfin « le plaisir comme moyen d'accéder aux finalités absolues de l'humanité : l'accès aux valeurs du BEAU du VRAI, du BIEN, du JUSTE à travers le don, le plaisir d'offrir sans retour… Bon après ce n'est qu'une idée car je n'ai pas vraiment travaillé le thème mais ma logique est là. Effectivement, en 10-15 minutes le jour J mon plan était établi et structuré je n'avais plus qu'à analyser le sujet en fonction et choisir les exemples pertinents.

Que t'a apporté ton prof de prépa ? Et ceux du lycée ? Avais-tu déjà cette démarche de recherche d'originalité au lycée ?

Il m'a apporté la méthode et l'analyse. Comment réfléchir de manière différente des autres devant un sujet. Mes profs de lycée (surtout en éco et math) m'ont appris la rigueur, la réflexion intelligente face à un énoncé et le goût du savoir. Je n'avais jamais eu cette démarche d'originalité avant de connaitre la prépa, la concurrence aux concours et ses attentes.

Concrètement, comment as-tu orchestré la construction de la dissert idéale ? Avec ton prof ? Seul en testant aux devoirs surveillés (DS) ?

Concrètement, notre prof nous a donné la méthode et ce qu'il appelait « les pépites » qu'il fallait voir et revoir. Quant à la structure de mes dissertations, c'est vraiment que je me sentais à l'aise dans ce système de plan ternaire évolutif et oui je l'ai testé aux DS.

En 1re année, comment travaillais-tu la culture générale ? Surquel ouvrage ? Puisque tu n'avais pas de thème, tu ne travaillais sans doute pas sur la dissertation idéale comme en seconde année...

En première année, nous avons travaillé sur des grands thèmes tombés aux concours ou non (le mal, la Religion, la science...). Nous avons étudié des œuvres comme Le Gorgias, des œuvres de Finkielkraut et autres ... Mais notre spécialité en 1re année était que l'on travaillait surtout sur des dissertations d'anciens de la prépa qui avait excellé aux concours. L'un de mes passages (celui sur Jean Valjean par exemple) est tiré directement d'une ancienne copie sur la vie, et ma conclusion sur Heidegger vient tout droit d'un 20/20 à HEC l'an dernier sur l'imagination par exemple.

EN UN MOT LES SECRETS À RETENIR EN CULTURE GÉNÉRALE

En 1re année

1. Apprenez les grandes étapes de l'histoire de la pensée.
2. Mémorisez quelques références variées.
3. Analysez et fichez des bonnes copies de concours.
4. Faites des fiches thématiques par grandes notions philosophiques.

En 2e année

1. Profitez de tout l'été et du début de l'année pour découvrir le thème et chercher des références issues de différentes sources.
2. Construisez des paragraphes en mettant en avant le triptyque idée + référence + analyse puis apprenez-les par cœur.
3. Montrez dès l'introduction votre capacité à identifier un ou plusieurs problèmes posés par le sujet.
4. Adoptez un plan du type « en apparence / en réalité / en vérité » en soignant les liens logiques entre les paragraphes.
5. Soignez la conclusion en réservant des surprises.
6. Pour maximiser vos notes, posez-vous la question de rédiger une dissertation parfaite.

Chapitre 13

HISTOIRE, GÉOGRAPHIE ET GÉOPOLITIQUE DU MONDE CONTEMPORAIN (HGG)

	VRAI	FAUX
Avoir 17/20 de moyenne en travaillant 3 h par semaine cette matière, c'est possible	✘	
Pour avoir une bonne note à l'écrit, il faut exposer plusieurs échelles d'analyse du sujet	✘	
Pour chaque sujet de dissertation, il existe un plan idéal attendu des correcteurs		✘
Si je ne parviens pas à finir ma dissertation, je suis condamné à avoir en dessous de la moyenne	✘	

LE SECRET DU MAJOR

«Au niveau de la dissertation, j'essayais toujours de mélanger l'histoire, la géopolitique et la géographie car chaque correcteur a une spécialité.»

Amin, Louis-le-Grand puis HEC avec 17/20 à HEC-ESCP, 18/20 à l'ESSEC puis 20/20 à l'oral d'HEC

L'INTRO QUI FAIT DU BIEN

Les concours bousculent souvent les hiérarchies : les stars de l'HGG finissent parfois avec des notes moyennes tandis que des candidats moyens parviennent à s'illustrer. Je repense au major de ma classe à l'époque. Avec 16/20 de moyenne en HGG pendant ses deux années de prépa, il pouvait partir sereinement aux concours : il a fini avec 8 de moyenne… Cette matière serait-elle alors imprévisible ? Certainement plus que les maths… Mais nous verrons que des méthodes gagnantes existent. L'un de mes anciens étudiants, particulièrement brillant et surtout malin, nous éclairera grandement. Ses notes à l'écrit : 18/20 et 17/20. À l'oral d'HEC : 20/20…

CE QU'ON ATTEND DE MOI : *Les exigences du jury*

Les épreuves de géopolitique varient selon les écoles : une dissertation, avcc ou sans carte, avec ou sans document, des commentaires de cartes. Vous trouverez aisément les modalités de toutes ces épreuves sur le site de la BCE ou de la banque d'épreuves Ecricome. Dans ce chapitre, on se concentrera sur les secrets pour réussir l'épreuve la plus répandue et la plus importante : la dissertation.

Présentez une réflexion personnelle et non un patchwork de cours…

L'AVIS DU JURY

Trop de candidats se contentent simplement de leur cours, si bien que les correcteurs sont souvent amenés à corriger des copies ternes qui répètent invariablement les mêmes exemples, s'organisent selon le même plan, ressassent les mêmes anecdotes, citations et formules chocs et souvent très journalistiques. La pensée de l'étudiant doit au contraire apparaître avec évidence.

… en prenant certains risques s'il le faut

L'AVIS DU JURY

Le libellé du sujet invitait les candidats à prendre position assez clairement. Peu se sont risqués à cet exercice, alors que tous les avis étaient recevables, sachant qu'il y a une pluralité d'interprétations. Les copies ayant fait à cet égard preuve d'une certaine prise de risque, d'originalité et de pertinence ont toutes été valorisées. Il convient donc de sensibiliser les candidats sur ce point et de les encourager à prendre certains risques calculés.

Utilisez l'actualité pour enrichir le propos

L'AVIS DU JURY

Trop de candidats ignorent aussi l'actualité et n'y font nullement référence alors que celle-ci est incroyablement riche. (…) L'entame de l'introduction est souvent un bon endroit pour glisser un élément d'actualité intéressant.

Variez les échelles d'analyse

L'AVIS DU JURY

Sujet : Que reste-t-il du clivage Nord-Sud ?

La notion de clivage n'a enfin été perçue par la plupart des candidats qu'à l'échelle du planisphère. Or le sujet invitait à distinguer différents niveaux scalaires (regroupements régionaux, continents, pays, régions, etc.), notamment lors du choix des exemples. L'approche d'un sujet par la diversité des échelles n'est à l'évidence pas encore devenue un réflexe chez les candidats. Elle est pourtant essentielle pour cerner un phénomène dans sa globalité, en évitant les généralisations réductrices.

L'AVIS DU JURY

Sujet : Les Amériques : entre intégrations et fragmentations

La dimension multiscalaire, bien exploitée dans les meilleures copies, s'avérait absolument nécessaire à mobiliser pour ce sujet. Les documents joints en annexes invitaient notamment à s'attarder sur les fragmentations intra étatiques, y compris dans les pays a priori les mieux intégrés comme les Etats-Unis. Les échelles fines notamment, celles de l'intra urbain, s'imposaient. Les fragmentations au sein des villes (notamment des métropoles géantes du Nord et du Sud des Amériques), marques patentes des inégalités, devaient constituer un volet de la réflexion.

Introduisez brillamment le sujet

L'AVIS DU JURY

L'introduction doit être vraiment soignée. La problématique choisie doit notamment apparaître avec clarté. Celle-ci ne doit pas se ramener à la simple reprise de la question posée, ce qui annonce d'emblée une copie sans relief. Quelques questions judicieuses peuvent y figurer, à condition de ne pas y répondre dès l'introduction, afin de ne pas déflorer le sujet. Le plan doit être annoncé clairement. L'introduction enfin ne doit pas être trop longue afin d'éviter les redites inutiles.

Développez et répondez à la problématique en respectant le plan annoncé

L'AVIS DU JURY

Le corps de la dissertation doit refléter fidèlement le plan annoncé en introduction. Les différentes parties (trois le plus généralement) et sous parties doivent apparaître clairement dans le texte, sans pour autant recourir à leur numérotation. Il convient notamment de sauter quelques lignes entre les grandes parties et de recourir systématiquement aux alinéas pour signaler le passage d'un paragraphe à un autre. Les grandes parties doivent surtout être équilibrées en taille (les premières parties de nombreuses copies sont souvent disproportionnées et les suivantes indigentes, quand elles ne se transforment pas en conclusion !).

Soignez absolument les transitions…

L'AVIS DU JURY

Les transitions sont absolument indispensables entre les grandes parties, afin de ne pas passer abruptement d'un thème à un autre. Leur présence et leur maîtrise participent à l'impression générale laissée par la lecture de la copie.

Réussissez votre conclusion

L'AVIS DU JURY

Les conclusions qui se contentent de résumer ou de synthétiser les propos tenus précédemment sont les plus classiques, mais elles ne sont pas forcément les plus efficaces. Il est préférable de les ouvrir, en élargissant la problématique et en dégageant des perspectives nouvelles. Cela suppose d'y avoir pensé ponctuellement durant tout le temps de la rédaction de la dissertation, par exemple en lui réservant un brouillon spécifique sur lequel le candidat note les idées et les informations qui lui seront nécessaires dans les dernières minutes de l'épreuve.

Au-delà de ces exigences, je rajouterai, comme Amin vous le conseillera dans la partie sur l'analyse des bonnes copies, qu'une bonne dissertation doit inclure de l'histoire, de la géopolitique et de la géographie. Cette dernière discipline est souvent délaissée par les candidats alors qu'elle est très appréciée des correcteurs. Enfin, la langue doit être claire, fluide et sans faute, comme d'habitude.

MÉTHODES ET SECRETS

Face à la masse d'informations dont vous bénéficiez, il faut s'organiser. Voyons à présent comment apprivoiser cette information disponible.

Secret n° 1 Soyez très sélectifs sur le choix de vos ouvrages

Comme je le dis souvent à mes élèves, vous pouvez passer votre vie entière à faire de la géopolitique, de l'histoire, de la géographie. Les ouvrages à la fois riches et passionnants sont inépuisables. Il est donc inutile de passer votre temps à choisir l'ouvrage idéal. Il n'existe pas ! Comment choisir ?

En début d'année, votre enseignant vous proposera sans doute une sélection d'ouvrages. Si la liste est trop longue, méfiez-vous et n'achetez pas tout. Et lorsque la liste est courte, méfiez- vous des ouvrages trop épais.

De manière pragmatique, si les ouvrages de votre enseignant ne nous convainquent pas, je vous recommande de vous doter :

- D'un ouvrage de dissertations avec des rappels de cours et analyse de bonnes copies ;
- D'un ouvrage de cartographie ;
- D'un ouvrage de synthèse de l'actualité.

Si vous lisez entre les lignes, cela veut dire que je ne conseille pas nécessairement l'acquisition d'un manuel de cours, souvent indigeste et dans lesquels les étudiants ont tendance à se perdre.

LE SAVIEZ-VOUS ?

Quelques noms d'ouvrages ? Je ne peux m'empêcher de vous recommander les ouvrages que l'on a dans notre collection chez Dunod, et notamment ceux dirigés

Bonus numériques
Ouvrages de géopolitique et le Meilleur de l'actualité

Newsletter Neogeopo

par Matthieu Alfré, pédagogue, auteur et directeur d'ouvrages de grand talent avec lequel je travaille depuis des années. Sa newsletter d'actualité Neogeopo et ses ouvrages de géopolitique, de cartographie ou d'actualité (Le meilleur de l'actualité) sont devenus des références en prépas. Lisez-en quelques passages en scannant ces codes.

Secret n° 2 — Lisez régulièrement le programme officiel pour avoir une vision transversale des connaissances à acquérir

C'est un conseil assez simple mais pourtant important : face à la masse d'informations que vous aurez à gérer, il est important d'avoir toujours en tête précisément les connaissances attendues aux concours.

Dans la façon de structurer vos fiches, par exemple, se caler sur le programme officiel vous permettra de n'avoir absolument aucun trou dans la raquette.

Le cours de votre professeur ou le sommaire de certains ouvrages font référence à ce programme officiel mais ce n'est pas systématique. Reprenez-le donc de temps en temps pour avoir la « big picture ».

Secret n° 3 — En cours, rangez vos ordinateurs et prenez des notes manuscrites

Vous commenciez à bien aimer cet ouvrage et ce conseil vient tout gâcher ! Comment ça ? Prendre des notes avec un stylo plutôt qu'un clavier ? Au XXIe siècle ? Oui, vous m'avez parfaitement compris. Quel est l'intérêt de ce secret d'un autre temps ? En écrivant de manière manuscrite :

- Vous développerez votre esprit de synthèse (de nombreuses études l'ont démontré) ;
- Vous mémoriserez mieux (de nombreuses études l'ont également démontré !) ;
- Vous développerez votre vitesse d'écriture, qualité fondamentale dans toutes les matières ;

– Votre professeur prendra plus de plaisir à donner cours à des étudiants qui le regardent qu'à des étudiants qui fixent leur ordinateur !

Ensuite, bien évidemment, vous aurez tout le loisir de faire des fiches sur Word en reprenant vos notes.

FUN FACT **DANS NOTRE INSTITUT, LES ÉTUDIANTS ÉCRIVENT TOUS DE MANIÈRE MANUSCRITE !**

Si vous connaissez les méthodes pédagogiques de notre institut, notamment en matière d'innovation, vous serez surpris de découvrir qu'en géopolitique, comme dans toutes les matières d'ailleurs, tous nos étudiants écrivent de manière manuscrite. Ils n'ont pas le choix ! Pour les raisons que je viens d'exposer en matière d'efficacité, de mémorisation et de vitesse d'écriture. Et si le professeur va trop vite, ils sont plutôt détendus car tous les cours sont enregistrés, y compris les cours présentiels, donc ils auront le loisir de revoir le replay quand bon leur semble !

Secret n° 4 — Faites des fiches personnelles et multi-scalaires

Comme le stipulent les exigences du jury, une bonne dissertation de géopolitique doit savoir faire varier les échelles d'analyses. En d'autres termes, votre dissertation doit exposer des arguments historiques, géographiques, géopolitiques, économiques, écologiques, culturels, sociétaux tout en variant les échelles : du local au global, des acteurs individuels aux grandes organisations (les États, les ONG, etc.) en passant par les acteurs économiques (les entreprises, les associations, etc.).

Un bon réflexe à avoir est de structurer vos fiches à l'aide de la grille suivante :

	HISTOIRE	GÉOGRAPHIE	GÉOPOLITIQUE	ÉCONOMIE / ÉCOLOGIE	CULTURE / SOCIÉTÉ / DÉMOGRAPHIE
Régions					
Pays					
Villes					

États					
Organisations					
Entreprises					
Hommes / Femmes					
Auteurs					

Attention, vous n'arriverez pas à remplir chacune des cases de cette grille mais veillez à ce qu'au moins chaque ligne et chaque colonne aient un minimum d'informations. Par exemple, vous n'aurez peut-être pas d'exemples d'organisation africaine qui agit dans le secteur de la culture mais il vous faut connaître au moins une organisation internationale africaine.

Prenons un exemple. Sur le chapitre du programme officiel « la France, une puissance en mutation », vous veillerez à organiser vos fiches avec les rubriques suivantes :

- Les éléments historiques clés ;
- Les grandes spécificités de la géographie française ;
- Les grands enjeux géopolitiques de la France dans le monde ;
- La place et l'évolution de l'économie française ;
- Les actions françaises en matière d'écologie ;
- La place de la culture et les mutations sociales en France.

Et pour chacune de ces rubriques, variez les échelles et les acteurs. Par exemple, concernant la géographie française :

- Faites une typologie des régions par rapport à leur dynamisme économique ;
- Zoomez sur quelques villes à enjeu : Paris, Lyon, Marseille ;
- Identifiez les localisations de quelques grandes entreprises françaises ou étrangères sur le territoire français ;
- Évoquez les réactions et opinions contrastées de la population en fonction de la localisation : la France des régions parfois hostile à la mondialisation à opposer à celle de Paris, plus intégrée au processus de mondialisation ;
- Citez quelques auteurs clés ayant réfléchi à la géographie française.

Vous utiliserez également cette matrice pour analyser vos sujets de dissertation. J'y reviendrai.

LE SECRET DU COACH

Faites vos propres fiches plutôt que d'aller chercher des fiches existantes

C'est un écueil dans lequel vous tombez souvent : aller chercher voire acheter les fiches de diplômés de Grandes Écoles. L'intention est louable mais rien ne remplacera le travail de fichage que vous ferez vous-mêmes car c'est le processus de fichage qui vous fera retenir les ingrédients de votre fiche. Si vous trouvez sur le marché des fiches géniales, achetez-les mais je vous conseille vivement de les ficher à votre tour !

Secret n° 5 — Soyez très sélectifs dans les références à insérer dans vos fiches

Soyez très sélectifs dans le choix de vos arguments et exemples. Pour cela, n'apprenez que des exemples qui ont de l'impact. Que ce soit au niveau géopolitique, géographique, économique, social ou historique. Certains ne comprennent pas tout de suite cette nuance et retiennent des références certes originales mais anecdotiques voire inutiles. En observant les fiches de mes étudiants, je me rends souvent compte de leur incapacité à ficher l'essentiel.

CAS PRATIQUE

Voici pour illustrer mon propos un court extrait de fiche de l'une de mes étudiantes sur les États-Unis, en difficulté sur cette matière :

1875 : interdiction des fous et des criminels.

1880 : interdiction des polygames, alcooliques et malades contagieux.

1882 : *Chinese Act* → interdiction des travailleurs chinois.

1883 : interdiction des anarchistes.

Permettez-moi de vous dire que ces quatre dates seront parfaitement inutiles pour le concours !

LE SECRET DU MAJOR

« Moi, je fichais directement en cours ! »

L'un de mes camarades de promotion à HEC, Nicolas, est allé très loin dans la sélectivité. Il était dans une grande prépa et avait cours avec un professeur renommé. Pendant les cours, tous les étudiants buvaient les paroles du professeur et écrivaient absolument tout ce qui était dit. Nicolas, quant à lui, se mettait au fond de la classe et faisait semblant d'écrire pour ne pas se faire houspiller ! Dès qu'une information lui paraissait très impactante, il la notait. Son cours était alors une mini-fiche qu'il n'avait plus qu'à relire. Il a eu 19/20 en HGG à HEC…

FAKE NEWS **« MA FICHE DOIT FAIRE AU MINIMUM 20 PAGES »**

C'est une question qu'on me pose souvent : « combien de pages doit faire une fiche en moyenne ». Très sincèrement, il n'y a pas de réponse à cela. Cela dépend des chapitres et des thématiques. Un impératif demeure : être très sélectif dans l'information à recueillir pour vos fiches.

Secret n° 6 — Révisez à l'aide de « blind test » ou de conférence virtuelle

Vos fiches sont prêtes, il faut maintenant les apprendre. Pour cela, comme en mathématiques, **faites des « blind tests » ou « test de la feuille blanche »**. En clair, vous prenez une feuille vierge, vous choisissez une rubrique du programme officiel et vous écrivez tout ce que vous savez sur la rubrique en question. Une fois que vous avez vidé votre mémoire, vérifiez que vous n'avez pas oublié d'arguments ou exemples clés en vous référant à vos fiches.

Autre façon de procéder : **la conférence virtuelle**. Choisissez une rubrique du programme officiel et mettez-vous dans la peau d'un conférencier qui doit parler de cette rubrique. Préparez votre conférence sur une feuille vierge dans laquelle vous allez structurer votre propos. Et ensuite lancez-vous dans votre chambre seul ou auprès de vos amis / parents. Avec ces conférences virtuelles :

- Vous vous forcerez à ne retenir que les arguments et exemples qui peuvent passionner une audience et donc sans doute un correcteur
- Vous travaillerez votre mémoire en vous mettant dans une situation à forte décharge émotionnelle et donc à fort impact mémoriel
- Vous travaillerez vos capacités oratoires importantes pour les oraux à venir.

Secret n° 7 Devenez un maître en introduction

Un correcteur aura parfois une centaine de copies à corriger. Il faut donc frapper fort dès les premières lignes. Sans m'étendre dans trop de détails méthodologiques, une bonne introduction doit contenir les ingrédients suivants :

- **Une bonne accroche** qui fait le lien, par exemple, entre l'actualité et le sujet. L'accroche doit montrer en quelques lignes que le sujet est passionnant. Vous pouvez également accrocher le correcteur à l'aide d'une citation d'un auteur.
- **Une délimitation du sujet** au niveau chronologique, géographique et lexicale. Tous les termes du sujet doivent ainsi être définis. Ce travail a priori scolaire est en fait crucial pour cerner la profondeur des enjeux portés par le sujet. Ne le prenez donc pas comme une formalité, une contrainte, mais bien plutôt comme un appui dans le plan et le développement qui se dessinera derrière.
- **Une problématique** qui résume par une ou deux questions les enjeux du sujet à plusieurs échelles. Elle ne doit être ni trop large, ni trop restreinte.
- **Une annonce de plan** qui répond à la problématique et que vous allez respecter ensuite dans le développement.
- **Un style clair et fluide** permettant au correcteur de prendre plaisir à vous lire.

CAS PRATIQUE
L'introduction presque parfaite de Nicolas, alumni et major à HEC en HGG

Sujet : « Influences et ingérences au proche et au Moyen-Orient »

Note : 20/20

« Crises sociales, conflits d'intérêts ponctuels ou durables, les tensions l'emportent sur les solidarités d'un bout à l'autre de ces terres d'Orient, si diverses par leurs langues, leurs pratiques religieuses » disait Georges Mutin. De fait, dans Du Maghreb au Moyen-Orient : un arc de crises, G. Mutin montre bien le creuset de risque que représente cet ensemble régional que représentent Proche et Moyen-Orient et qui s'étend de l'Égypte à l'Iran. Théâtre d'intervention occidentales fortes depuis le début du XXème siècle et les accords de Sykes-Picot de 1916, les puissances étrangères n'ont cessé d'y imposer leur volonté. Ces influences et dynamiques exogènes étant multiples, il nous faudra en dresser la typologie pour mieux comprendre les effets de ces ingérences externes. De même, Proche et Moyen-Orient étant profondément hétérogènes, les espaces ne subissent pas tous de la même manière les interventions extérieures et nous amènera à raisonner à plusieurs échelles. Finalement dans quelle mesure cet ensemble régional pluriel et historiquement dominé par les dynamiques exogènes à toutes les échelles peut-il reprendre son destin en main ?

Le Proche et le Moyen-Orient est un ensemble régional historiquement dominé et au cœur d'un jeu de puissances extérieures (I) mais dispose désormais d'atouts indéniables pour redevenir maître de son destin (II). Le Proche et Moyen-Orient prouvent néanmoins que sans réformes politiques et sociales efficaces, ils ne peuvent accéder à une croissance autonome (III).

Commentaires :

On observe tout de suite dans cette introduction les qualités de Nicolas. L'accroche présente :

– Une citation d'un géographe contemporain ;
– Une délimitation géographique habilement insérée ;
– Un fait historique précis (accords de Sykes-Picot de 1916).

Parfait donc, ou presque car il manque sans doute une définition des termes clés du sujet (influence, ingérence)

Ensuite, la problématique large, intéressante, laisse entrevoir une analyse multi-scalaire qui reprend un sujet que l'on avait abordé ensemble (Le Moyen Orient est-il maître de son destin).

Enfin, le plan est clair avec présence de l'histoire en I, bienvenue ici. La partie II peut sembler risquée car pas parfaitement dans le sujet a priori mais son traitement dans le développement fera de nouveau le lien avec le sujet. La partie III par contre nous réconcilie avec Nicolas : elle est en plein dans le sujet !

Malgré ces quelques maladresses, l'introduction de Nicolas est à la fois précise, multi-scalaire, agréable à lire et concise. Presque parfait !

Secret n° 8 — Entraînez-vous tous les week-ends sur des sujets de dissertation

Pour atteindre le niveau de Nicolas, il n'y a pas de secret : il faut s'entraîner. Je vous conseille donc tous les dimanches de vous entraîner à faire des introductions rédigées, des plans ultra détaillés et des conclusions elles aussi rédigées.

LE SECRET DU COACH

Dans le développement, placez les termes du sujet dans chacune de vos premières phrases de partie.

« Ce conseil est, je l'avoue, un peu scolaire. Cela dit, si vous prenez l'habitude d'insérer systématiquement les mots du sujet dans chacune de vos premières phrases de partie, vous serez assurés de tomber dans le piège du hors sujet. Je vous rappelle que vous devez être obsédé par le sujet. Or, vous avez souvent tendance à être obsédé par la récitation afin de montrer au correcteur que vous avez plein de connaissances. C'est une erreur. Privilégiez toujours le « focus » sur le sujet. Et replacer les mots du sujet dès la première phrase d'une partie vous y aidera. Ce qui veut bien sûr dire que dans votre annonce de plan en introduction, les mots du sujet doivent aussi habités chacune de vos parties… Un piège à éviter absolument : les premières phrases de paragraphe qui commencent par un exemple ou des phrases descriptives. Non : vos premières phrases de paragraphes doivent toujours exprimer une idée ou un argument qui répond directement ou indirectement à la problématique ou à l'idée générale de la partie. »

Dès lors, dans votre développement, veillez à :

- Proposer 3 parties avec 3 sous-parties ;
- Rédiger dans un style argumentatif, et non pas descriptif, les premières phrases de parties et sous parties en exprimant l'idée de la partie et les arguments de la sous-partie et en reprenant autant que possible les termes du sujet ;
- Lister des références multi-scalaires ;
- Prendre l'habitude de placer un ou deux auteurs par partie.

Lorsque vous faites ce travail, n'hésitez pas à utiliser d'abord votre mémoire, puis à compléter en rouge avec vos fiches. Sauvegardez vos plans et relisez-les régulièrement pour bien ancrer les apprentissages.

FAKE NEWS **NON, LE PLAN TYPE N'EXISTE PAS !**

« Les étudiants nous consultent souvent pour savoir comment trouver le plan idéal. À vrai dire, il n'y a pas de plan type. En fonction des sujets, plusieurs approches peuvent être développées et les rapports de jury le rappellent sans cesse en proposant plusieurs plans possibles. Une seule obsession doit vous guider dans la construction de votre plan : les trois parties doivent TOUTES parler du sujet. Forcez-vous donc à toujours rappeler les termes du sujet dans chacune de vos parties. Si tel n'est pas le cas, votre plan est sans doute parfois hors sujet… »

Secret n° 9 Réservez des surprises pour toutes vos conclusions

La conclusion est le dernier regard que pose le correcteur sur votre dissertation. Il faut donc terminer en beauté. Pour cela, juste après avoir conçu le plan de votre introduction et de votre développement, pensez à bâtir également le plan de votre conclusion. Et pour être convaincants, je vous conseille de miser sur deux types d'ouverture :

- Une ouverture originale où vous surprenez le correcteur à l'aide d'un parallèle vers d'autres disciplines (littérature, sciences, philosophie, etc.)
- Une ouverture sur l'actualité la plus brûlante afin de rappeler au correcteur que le sujet était pleinement pertinent.

LE SECRET DU MAJOR

Adonis où l'art de conclure parfaitement !

Les copies d'Adonis aux concours 2015 étaient juste incroyables : en 8-9 pages avec pourtant une grosse « police » de caractères, il parvenait à décrocher les notes maximales. 19/20 de moyenne dont 20/20 à HEC. En conclusion, il réservait plusieurs surprises : auteur de géopolitique, auteur de littérature, actualité, jargon pertinent, etc.

Sur le sujet d'HEC, « Les espaces maritimes, objet de tensions et de conflits entre les États », il termine sa conclusion ainsi :

« *Dans sa Géopolitique des mers et des océans, Pierre Royer décrit l'émergence de nouveaux enjeux sur les espaces maritimes, à la croisée des enjeux géopolitiques, géographiques et économiques que nous avons soulevés. L'un de ces nouveaux enjeux est environnemental : il s'agit dès lors de préserver ces espaces maritimes sujets à de graves crises (naufrage d'Erika, marée noire due à la plateforme BP Beepwater Horizon, existence d'un « trash vortex »). Cette « mer toujours renouvelée » dont parlais Paul Valéry regorge de plus de trésors inexplorés, comme notamment les nodules polymétalliques, riches en minéraux et matières rares. L'exploitation de ces nouvelles ressources pourrait dès lors, tout comme la pêche, être la source de nouvelles tensions entre États.* »

Sur le sujet de l'ESSEC « Nourrir la planète : exigences paradoxales et nouvelle géopolitique de la faim (de la chute du mur de Berlin à nos jours) », voici les dernières lignes de sa conclusion :

« *Voltaire soulignait déjà avec ironie au siècle des Lumières que la politique avait l'audace de faire mourir de faim ceux qui cultivaient la terre* ».

Magnifique !

Secret n° 10 — Apprenez de vos erreurs grâce aux bonnes copies

Quand vous arriverez en prépa, vous cumulerez sans doute pas mal de soucis : style trop descriptif, « recrachage » de cours, structuration inadéquate, hors sujet, etc. Avec tous les secrets énoncés plus haut, vous avez de quoi ajuster mais en prime, je vous conseille vivement d'aller voir le savoir-faire des candidats brillants du concours. L'idéal est de vous mettre en situation en adoptant la démarche suivante :

- 1re étape : analyse du sujet, recherche de problématique et construction d'un plan détaillé (Parties, sous-parties, exemples) – 1 h 30 ;
- 2e étape : rédiger avec soin l'introduction et la conclusion – 1 h ;

- 3e étape : lire la bonne copie et en dresser le plan détaillé ;
- 4e étape : recopier dans le petit cahier les meilleurs passages ;
- 5e étape : ranger le travail effectué dans un porte-vues ou dans vos dossiers numériques.

LE SECRET DU COACH

Demandez à votre professeur de vous remettre voire d'analyser les meilleures copies de vos DS et concours blancs

Quel que soit votre niveau, il est toujours utile de comprendre pourquoi tel camarade de classe a réussi à décrocher une meilleure note que vous à un DS ou à un concours blanc. Dès lors, n'hésitez pas à faire preuve d'audace et à aller demander à votre professeur de vous distribuer la copie du major. Si en plus l'enseignant peut commenter ce qu'il a apprécié dans la copie, c'est l'idéal ! Dans mon institut, c'est une pratique régulière : tous les étudiants ont la copie du major dans toutes les matières, ainsi que le replay des meilleurs oraux. Progrès garantis !

Et pour finir en beauté, voici une partie bonus avec la méthodologie du major et alumni, Adrien Gredy, ainsi que l'analyse de copies de concours de quelques brillants étudiants.

ENTRETIEN
avec Adrien

LES SECRETS DU MAJOR DU CONCOURS ET ALUMNI, ADRIEN GREDY

Adrien est un alumni de mon institut ayant passé le concours en 2020 et ayant intégré HEC. Son niveau était assez exceptionnel dans de nombreuses matières dont les mathématiques et la géopolitique. Sur cette dernière matière, il a réalisé l'exploit d'avoir 20 de moyenne aux écrits avec 20/20 aux épreuves d'HEC et Grenoble École de Management (GEM) et 19,5/20 à l'ESSEC. Je n'avais jamais vu cela depuis que j'évolue dans le monde de la prépa. J'ai donc naturellement demandé à Adrien de nous livrer sa méthodologie de travail pour cette nouvelle édition des Secrets pour intégrer HEC. Vous le verrez, et ce n'est pas étonnant, sa méthodologie de travail est très proche des conseils que je viens de vous livrer dans le détail. Mais il est bon de voir comment cela s'incarne au quotidien dans la peau du major. Bonne lecture !

Peux-tu nous livrer quelques généralités sur ton travail de cette matière ?

L'HGG peut sembler chronophage et peu rentable en termes de travail/note : c'est pourtant faux. En plus d'être souvent très intéressante, elle peut être rentable, et une fois que l'on est bien entraîné, les accidents aux concours sont quasiment impossibles !

Afin de m'organiser au mieux et d'optimiser mon travail, je divisais en 6 sections mon travail dans la semaine.

La semaine, je travaillais mon cours du moment et le week-end je m'entraînais et revoyais des chapitres anciens selon un calendrier prédéfini.

Un emploi du temps type, pour ne pas se noyer dans son emploi du temps :

- 1 h d'entraînement par semaine. 2 h une fois par mois pour faire une carte.
- 1 h 30 tous les soirs où l'on a eu cours d'HGG pour apprendre son cours.
- 1 h 30 pour ficher et apprendre des éléments supplémentaires (fiches d'un exemple classique, étude de cas originale, *Dessous des Cartes*...).
- 30 minutes pour bien cerner l'actualité de la semaine (s'intègre en soit au point précédent). Plutôt les dispatcher tout le long de la semaine.
- 2 h 30 pour revoir (plutôt le week-end) des chapitres anciens.

En tout donc 10 h de travail (plus ou moins bien sûr), ce qui est tout à fait faisable. Cela permet aussi de pouvoir consacrer plus de temps à d'autres matières (comme les mathématiques ou les langues).

Comment apprenais-tu ton cours ?

J'adoptais cinq règles.

- **Règle numéro 1 : être très concentré en cours et avoir une écoute active.**

Toujours être concentré sur le cours et à jour pour tout bien comprendre. En s'y intéressant, on comprend l'essentiel dès les heures de cours, ce qui facilite beaucoup l'apprentissage.

- **Règle numéro 2 : apprendre activement.**

Il ne faut jamais simplement relire son cours mais plutôt faire une relecture active qui fait appel à notre mémoire (par exemple : je me récite le plan puis pour chaque sous-partie je vois tout ce que je peux dire). Une fois le travail de mémoire fait, on relit pour vérifier ce qui est su et ce qui ne l'est pas et on recommence !

- **Règle numéro 3 : avoir un planning d'apprentissage.**

Par exemple : apprendre le soir des cours son cours. Et sur les quelques jours disponibles, se dispatcher la confection/apprentissage de fiche supplémentaire.

- **Règle numéro 4 : le fichage (du cours).**

Ficher le cours n'est pas toujours le plus rentable en termes de temps. Privilégier des fiches de résumé de chapitre entier (ce qui servira pour les concours) avec le plan détaillé et les exemples fondamentaux (sur une page, une page recto-verso grand maximum). Des fiches d'études de cas importantes, pertinentes et facilement utilisables sur une page maximum sont intéressantes aussi : par exemple, une fiche sur la crise de 29 pour le chapitre sur le monde en 1939. Personnellement, j'optais pour le format constat-causes-conséquences pour mes fiches afin de continuer à réfléchir et pour que ça soit plus facilement mobilisable en dissertation.

- **Règle numéro 5 : ré-apprendre.**

Sur 7 jours, on peut considérer 6 créneaux d'histoire (un jour de pause). Sur ces 6 créneaux, il est pertinent de consacrer 3 créneaux à l'apprentissage du cours actuel, 1 à l'entraînement, 1 à la confection de fiches d'actualité/étude de cas et surtout 1 à la révision des anciens chapitres (les fiches de résumé de chapitre sont importantes pour aller vite à ce moment-là). Dans une logique de court-terme : c'est pratique pour les DS qui reprennent souvent tout le programme vu. Dans une logique à long terme (beaucoup plus importante) en vue des concours : ça permet d'être beaucoup moins stressé avant les concours (ou les CB) qui reprennent tout le programme et donne des atouts en plus par rapport aux autres.

Comment travaillais-tu la dissertation ?

Une seule règle : l'entraînement régulier en temps limité. Je m'entrainais une fois par semaine voire deux fois par semaine (de décembre à février environ). On est en effet noté sur une dissertation, c'est donc ça le plus important.

Je cherchais surtout à comprendre les logiques des plans types : dialectique, dialectique remanié (thèse, antithèse, conséquences-limites), analytique, chronologique, géopolitique (constats-causes, tensions-conflits, coopérations-prospective) pour l'essentiel. Ainsi, je pouvais rapidement repérer comment ma réflexion allait prendre forme.

Pour choisir mes sujets, j'essayais au maximum de les varier (des questions, des sujets sur le temps long, des sujets très actuels…). L'objectif est d'améliorer ses chronos le plus possible (le mieux étant selon moi d'arriver à faire entre 45 minutes et 1 heure le plan détaillé et l'introduction pour un sujet ESCP).

Il est essentiel de s'entraîner en alternant selon nos besoins : je privilégiais les plans détaillés et les introductions, mais il faut aussi s'entraîner à rédiger des paragraphes si besoin est (par exemple du plan détaillé de la semaine passée).

Concernant les exemples que j'utilisais (et donc que j'apprenais), je misais d'abord sur un apprentissage poussé et non superficiel des exemples classiques voire attendus. Il faut bien sûr aussi avoir quelques exemples originaux, pour se démarquer. Ainsi, dans une copie je visais environ 2/3 d'exemples classiques et le reste d'exemples plus originaux.

Les enjeux de la dissertation :

- Comme l'intitulé de la matière l'exprime, il est impératif d'inclure de l'histoire, de la géographie, de la géopolitique dans sa copie. Il est aussi apprécié de déve-

lopper des aspects économique et sociologique, voire même littéraire ou artistique (plutôt en accroche ou ouverture).
- Avoir un peu plus de 4 auteurs bien utilisés (pas de *name-dropping* abusif).
- Varier les échelles quand le sujet invite à le faire (tensions, coopérations…).
- Des rappels historiques dès que le sujet ne présente pas de borne.
- Multiplier les acteurs : États, Organisations internationales, entreprise (FTN mais aussi PME innovante…), homme politique, ONG… Il faut incarner le propos.

L'introduction est la première partie du devoir et donc celle que le correcteur voit en premier. Elle participe donc très fortement à la notation. On saisit directement en lisant une introduction si les enjeux du sujet sont dominés et si l'élève a réfléchi et non pas juste recracher ses connaissances.

Je menais mon introduction de la façon suivante :

- Accroche pertinente (le mieux selon moi est de montrer en quoi ce sujet est justifié et actuel avec un exemple récent tiré de l'actualité)
- Définitions de tous les mots en mettant en interrelation les mots du sujet !
- Mise en tension/pertinence du sujet/enjeu actuel (les logiques sous-jacentes au sujet, en quoi il est pertinent, actuel…)
- Problématique
- Annonce de plan

Pour organiser son plan, je me posais constamment les questions suivantes :

- Qui ça concerne ?
- Quels sont les lieux/espaces concernés ? Y a-t-il des différences (raisonnement multiscalaire, typologie pour aider…) ?
- Quelles évolutions dans le temps (dialectique rupture/continuité et permanence/mutations) dans le temps ?
- Quelles causes ? Quel contexte ? Comment en est-on arrivé là ?
- Quelles conséquences ? Sur qui, quels espaces, quelle intensité ?
- Des tensions ? Des risques de conflits ?
- Une coopération ? Entre quels acteurs ? Est-elle efficace ?

Progressivement, à l'aide d'auteurs surtout, une part de prospective (en III-c) ou en ouverture) peut être très appréciée si elle est menée sobrement et lucidement (utilisation du conditionnel, etc.) : on ne sait pas ce qu'il va se passer, c'est pourquoi donner les 2 *scenarii* les plus probables peut être une meilleure option que donner un seul *scenario*.

La cartographie, c'est important. Comment travaillais-tu cet exercice ?

La carte, c'est parfois ce que le correcteur voit en premier. Ainsi, si c'est propre et assez dense, c'est l'effet jackpot pour la première impression !

Je m'entraînais une fois par mois sur des thèmes variés (cours du moment ou bien retour sur des cours passés). Il est essentiel de les faire dans un premier temps en temps limité (45 minutes environ). Dans un second temps, il peut être intéressant de prolonger son travail de cartographie afin d'en faire une forme de fiche de synthèse très complète, utilisable facilement aux concours et agréable à travailler. Je trouvais cela très utile pour résumer un chapitre très cartographiable (soit globalement tous les sujets sur la mondialisation et les sujets de 2e année).

Une carte ne doit jamais être blanche pour les espaces concernés par le sujet : pour un sujet sur l'UE, il faut AU MOINS que tous les membres de l'UE soient coloriés.

Je visais entre 15 et 25 figurés, à la fois ponctuels, de surface et linéaires. Ça n'est pas obligé de faire 3 parties 3 sous-parties : s'il est très souvent préférable de mener un plan en 3 parties, ne pas avoir 3 sous-parties mais seulement 2 sous-parties n'est pas du tout problématique.

J'avais appris quelques aplats de couleur classiques et je m'étais entraîner à les faire le plus vite et proprement possible (environ 5 minutes à la fin pour colorier proprement toute la carte). J'ai appris personnellement les IDH, les pays signataires de Montego Bay, les membres de l'OMC et les pays signataires de la COP 21.

Il faut garder en tête que, peu importe le sujet, il est nécessaire d'utiliser des flux le plus possible. C'est ce qui rend la carte dynamique.

Pour se démarquer, je cherchais le plus possible à y faire des rappels historiques et à y mentionner des auteurs.

Dernier point, il ne faut pas hésiter à écrire un peu gros : il faut que la légende ait l'air remplie !

Lisais-tu l'actualité ou avais-tu des lectures annexes ?

Il est attendu aux concours que l'élève traite de l'actualité. Ainsi, il faut suivre régulièrement les évènements importants pour bien maîtriser les enjeux contemporains. Cependant, il ne faut pas non plus y perdre trop de temps :

ainsi selon moi, y consacrer entre 30 minutes et une heure disséminée dans la semaine est suffisant.

L'émission hebdomadaire « le dessous des cartes » est une mine d'or, en parfaite adéquation avec les thèmes développés en cours. Je les fichais presque tous : cela me servait d'étude de cas très développée, cartographiée et souvent originale.

Hormis l'actualité évidemment importante (une guerre, la politique étrangère américaine, les réussites et tentatives de l'UE…), il peut être utile de prendre parfois des exemples intéressants qui croisent plusieurs chapitres (par exemple la Mer Noire dans le Dessous des cartes : espaces maritimes, environnement, Russie et Turquie qui sont au centre de la géopolitique mondiale en ce moment).

Concernant les journaux et newsletter, j'utilisais principalement *Le Figaro* et *Le Monde* ainsi que la newsletter Neogeopo de Matthieu Alfré, enseignant chez MyPrepa, qui est aussi très utile. En effet, elle a l'avantage de prendre la forme d'une dissertation argumentée de façon succincte (environ 5 minutes de lecture), ponctuée d'exemples classiques et originaux et de références à des auteurs.

Enfin, la revue *Conflits* est très complète et a récemment eu du flair sur les sujets qui sont tombés à HEC…

Tu voulais rajouter un dernier point sur l'orthographe

Oui. Si l'orthographe pose problème, il faut impérativement l'inclure dans l'emploi du temps, par exemple avec 3 séances de 30 minutes.

On peut par exemple se faire un carnet avec les fautes fréquemment faites (et il faudra alors le réviser toutes les semaines en se testant).

Adrien, merci infiniment pour cet éclairage !

Sujet HEC-ESCP 2020 : La France dans la recomposition des puissances dominantes.

Bonus numérique
La copie d'Adrien à HEC

ANALYSE DE COPIES

La stratégie d'Amin, le magnifique

De tous les étudiants que j'ai observés et accompagnés sur cette matière, Amin, qui était alors dans une grande prépa parisienne, est sans nul doute le plus talentueux. Ses résultats sont époustouflants : 17 à HEC-ESCP, 18 à l'ESSEC puis 20 à l'oral d'HEC ! Buvez donc sans modération tout ce qui suit et répliquez ces quelques précieux conseils.

La stratégie de travail

« Je n'allais plus en cours en 2e année, je travaillais seul à partir des magazines et d'un ou deux ouvrages. Je ne rentrais jamais dans trop de détails et me concentrais sur les enjeux, les défis, les concepts, les acteurs les plus importants. Au niveau de la dissertation, j'essayais toujours de mélanger l'histoire, la géopolitique et la géographie car chaque correcteur a une spécialité… Je faisais aussi attention à bien analyser les différentes échelles des phénomènes impliqués par le sujet. Enfin, dès l'introduction, je parlais des différents acteurs et des thèmes principaux mais sans les développer. »

Comme vous pouvez le constater, ces conseils ne sont pas très « politiquement corrects » … Mais Amin avait un tel recul, une telle conscience des attentes du jury que ses prestations étaient à chaque fois couronnées de succès. Soyez également attentifs à son style et notamment sa capacité à trouver le mot à la fois juste et élégant. Très étonnant pour un étudiant de son âge.

J'ai choisi d'analyser cette copie sur la France que vous pourrez mettre en parallèle avec celle d'Adrien Gredy, plus riche en connaissances.

Analyse de l'une de ses copies

Sujet : La France et les Français face aux grands défis économiques et géopolitiques des trente dernières années (ESSEC 2011)

Note : 18/20

En 1981, Les Français élisent le premier président socialiste de la Vème République. Ce choix est emblématique du souci de la population française de préserver les acquis sociaux hérités d'une longue histoire et dont les « Trente Glorieuses » (selon la formule consacrée par Jean Fourastié) semblaient marquer la consécration. Cette « spécificité française » est ainsi rendue visible puisque la France, dont le gouvernement adopte les méthodes dirigistes qui ont marqué les « Trente Glorieuses », se place **à contre-courant d'un monde marqué par le retour des théories libérales** sous l'impulsion de Margaret Thatcher au Royaume-Uni et de Ronald Reagan aux Etats-Unis[1]. Le monde vit alors les premières heures de la troisième mondialisation, des nouveaux équilibres géoéconomiques (1979 est l'année de l'ouverture des premières zones économiques spéciales chinoises avec le soutien de Deng Xiaoping)[2] et des nouvelles menaces (1979 est l'année du renversement du Shah d'Iran suite à la révolution islamique menée par l'ayatollah Rouhollah Khomeini) qu'elle suppose[3]. Et face à ses défis, qui sont restés les mêmes tout en prenant une ampleur plus considérable trente ans plus tard, nombreux sont les Français qui semblent faire preuve de la même frilosité alors que la France, avec toute la diversité de ses acteurs (entreprises, établissements scolaires, collectivités territoriales[4]), semble tiraillée entre tentation du repli et volonté d'affirmation.

Dès lors, comment les divers acteurs français réagissent-ils face aux équilibres, aux menaces et aux dynamiques engendrées par la mondialisation[5] ?

La France présente de nombreuses ressources qui lui permettent de faire face aux défis qui se présentent à elle (I). Pourtant, il semble que la mondialisation puisse s'exercer aux dépens de certains acteurs français (II). On assiste alors à une recomposition du territoire français[6] sous l'effet de nouvelles logiques géo-économiques et géostratégiques induites par la mondialisation (III[7]).

1. L'accroche justifie le choix de la période étudiée et montre ainsi d'emblée l'intérêt du sujet.
2. Les défis économiques sont légèrement précisés dès l'introduction.
3. Un défi géopolitique à la fois original et pertinent est mis en avant. Le correcteur a manifesté son approbation avec un « B » dans la marge.
4. Analyse multiscalaire des acteurs en jeu.
5. Problématique parfaitement dans le sujet et pas complètement « bateau ».
6. Plan qui annonce de la géographie : très valorisé aux concours et pourtant souvent négligé par les candidats. Le correcteur a souligné cette portion de l'annonce du plan, comme pour relever cette originalité.
7. La numérotation a été barrée par le correcteur. Pas bien grave.

Nombreux sont les acteurs français qui semblent répondre avec succès aux défis engendrés par la mondialisation.

Dans des secteurs divers, les Firmes transnationales (FTN) françaises savent ainsi déployer des stratégies à même de consolider leur place dans leurs secteurs d'activité respectifs. Dans le secteur bancaire, BNP Paribas s'impose par exemple comme une entreprise capable de développer des stratégies et d'accéder à des marchés à une échelle mondiale : en témoigne son rachat d'une des premières banques belges (Fortis) ou encore sa présence en Afrique du Nord à travers l'Union Bancaire du Commerce et de l'Industrie en Tunisie[1]. Des entreprises industrielles françaises ont également mis en place des stratégies mondiales à l'instar de Renault-Nissan, aujourd'hui solidement implantée sur des marchés aussi divers que le marché japonais (héritage de la présence de Nissan dans le pays) ou le marché roumain (la compagnie en contrôle près de 70 % depuis le rachat de Dacia par le groupe). Dans le secteur des technologies de pointe relevant de ce que l'on peut appeler la troisième révolution industrielle, la France s'illustre aussi bien dans le nucléaire à travers une firme comme Areva ou par sa participation au programme ITER (d'ailleurs implanté en France) que dans l'aéronautique par l'intermédiaire de Dassault Aviation ou d'Airbus par exemple[2].

Ces entreprises savent tirer profit de la présence sur le territoire français d'une population éduquée[3]. Ainsi 40 % des Français dont l'âge est compris entre 19 et 21 ans font des études supérieures. Surtout, certains établissements scolaires prestigieux (écoles d'ingénieurs ou de commerce) leur fournissent un vivier de cadres à même d'alimenter une technostructure managériale idoine dans le cadre d'un développement des activités de l'entreprise. Ces établissements s'adaptent également aux défis de la mondialisation en développant des partenariats avec des établissements étrangers, témoignant d'une capacité d'établissements français souvent anciens à s'adapter à la mondialisation et aux défis qu'elle suppose[4].

1. Exemple original et précis d'une entreprise bancaire à travers son rayonnement mondial
2. Notez la précision des exemples d'entreprises retenus par Amin.
3. Transition élégante entre les deux idées. Plutôt que d'écrire « d'autre part », Amin préfère créer un lien entre le premier argument et le second. Bien joué !
4. Argument éducatif très original et qui répond parfaitement à la problématique. Le correcteur a apprécié.

Cette réactivité économique et culturelle française[1] s'ajoutent[2] à des ambitions géopolitiques de Paris, qui cherche à consolider certains héritages de l'histoire plus ou moins récente de la France. Le somment France-Afrique de la Baule s'inscrit ainsi dans le souhait de la France de maintenir les solidarités tissées entre Paris et ses anciennes colonies. La « Françafrique » se manifeste aujourd'hui par une présence active de la France sur le continent noir notamment à travers ses forces armées stationnées en Côte d'Ivoire (où elles ont récemment contribué à mettre un terme à la résistance des troupes fidèles à Laurent Gbagbo) mais aussi au Tchad (à l'inverse, les forces françaises y ont défendu N'Djamena face à l'assaut d'une colonne de rebelles au milieu des années 2000[3]. La présence française y est parfois plus tacite, comme l'illustre l'appui discret fourni à Ali Bongo au cours des dernières élections présidentielles gabonaises. Paris conserve également un prestige certain dans le monde arabe, notamment en raison de l'engagement que l'on attribue à la France au profit de la cause palestinienne. L'ouverture d'une antenne de la Sorbonne à Abu Dhabi ou encore l'inauguration en 2009 d'une base militaire dans le même émirat témoigne de cette aura, mais aussi d'une réelle présence française dans une région stratégique (Abu Dhabi est à quelques encablures de l'Iran et du détroit d'Ormuz)[4]. La France est également au cœur de la construction européenne.

Les FTN, une frange de la population (notamment la plus éduquée), certains établissements scolaires, l'armée et la diplomatie française semblent donc faire face aux défis sécuritaires et économiques des trente dernières années avec succès. Pourtant la peur d'un monde de plus en plus concurrentiel semble marquer certains acteurs français, mal préparés ou peu réactifs aux bouleversements qu'a connus le monde[5].

Sur le plan économique, on assiste à un certain affaiblissement français dans certains secteurs, affectant une frange de la population et inquiétant la société française. On assiste ainsi à une médiatisation croissante des délocalisations qui affectent la France. Ces délocalisations rejoignent d'ailleurs l'idée d'une certaine désindustrialisation de la France ; la part de l'emploi industriel dans l'emploi total passe ainsi de 26 % en 1980 à 15 %

1. Notez encore l'élégance de la transition pour éviter le « par ailleurs », « de plus » ou « d'autre part »…
2. Orthographe : « s'ajoute » et non pas « s'ajoutent ».
3. Argument géopolitique apprécié par le correcteur.
4. Exemple géographique que le correcteur a apprécié.
5. Résumé de la partie et transition très soignés.

en 2008 (document 3)[1]. Dès les années 1980, on assiste ainsi à la douloureuse extinction d'une véritable « civilisation de la mine ». Les déficits commerciaux et publics français se creusent par ailleurs, alimentant une dette qui passe de moins de 2 1 % du PIB en 1980 à près de 7 8 % du PIB en 2009.

On assiste également à une remise en cause d'un « modèle social » français auquel les Français se montrent dans l'ensemble très attachés. Celui-ci, jugé inadapté à la mondialisation, peine à enrayer le chômage devenu structurel et surtout massif (il concerne aujourd'hui 10 % de la population active) depuis les années 1980. Surtout, du fait de la flexibilité qui caractérise l'emploi sous cette troisième mondialisation, on assiste à une augmentation du nombre d'emplois « atypiques » (document 3) qui nourrit le sentiment d'insécurité de Français favorables à un système social redistributif fort : le taux de redistribution français est particulièrement élevé puisqu'il atteint en 2008 près de 30 % du PIB.

Enfin, la place de la France dans le concert des nations semble remise en cause. En Afrique, son inaction face au génocide du Rwanda en 1994 a considérablement écorné son prestige dans ce pays dont le président, Paul Kagame, ne cache pas sa volonté de se détourner de la langue française au profit d'un anglais jugé plus adéquat dans les dynamiques de la mondialisation[2]. Les prises d'otages français dans le Sahel suscitent également l'inquiétude de Français doutant de la réactivité de leur gouvernement. Les vives critiques portant sur les erreurs commises par la diplomatie française face aux révoltes arabes[3] (par opposition à une superpuissance étasunienne qui a immédiatement salué le soulèvement tunisien) témoignent également de ce doute qui pèse sur la capacité de la France à soutenir des ambitions géopolitiques et diplomatiques d'envergure. Paris semble ainsi faire pâle figure face à ce qu'un ministre des affaires étrangères français, Hubert Védrine, a appelé l'hyperpuissance américaine.

Des oppositions semblent donc se dessiner entre une France ouverte aux dynamiques mondiales, qui accepte et relève ses défis, et une France qui la subit. La géographie française témoigne d'ailleurs de cette insertion

1. Argument économique et exemple pertinent issu des documents remis aux candidats.
2. Exemple du Rwanda original et souvent oublié des autres candidats.
3. Exemple tiré de l'actualité et parfaitement adapté ici.

différentiée des territoires dans le cadre de la mondialisation et de ses équilibres[1].

Au sommet de la hiérarchie des territoires français se trouve ainsi Paris et l'Ile de France, parangons d'une insertion réussie dans les dynamiques qui marquent les trente dernières années. La macrocéphalie de Paris s'est ainsi clairement affirmée du fait de la polarisation par la région de l'essentiel des Investissements Directs Étrangers (IDE) captés par la France dans le cadre d'une internationalisation accrue des flux financiers et de l'activité des FTN. Paris semble par ailleurs marquée par un certain cosmopolitisme qui contribue à en faire « la ville globale » décrite par Saskia Sassen : un habitant de Paris sur cinq est ainsi immigré. Enfin, alors que le monde est marqué par un caractère de plus en plus réticulaire[2], Paris et sa région s'insèrent dans les dynamiques globales grâce à la forte concentration de moyens logistiques et de transport qui les caractérise[3] : l'aéroport Roissy-Charles de Gaulle est ainsi le deuxième aéroport européen, ce qui a contribué à justifier l'installation par Fedex de son siège européen à Paris.

D'autres territoires semblent en voie d'intégration dans les dynamiques mondiales. Les métropoles savent ainsi tirer profit de dynamiques européennes voire mondiales. C'est notamment le cas de Toulouse, placée au cœur d'un « réseau Airbus » qui la met en contact avec des régions allemande, anglaise, espagnole et italienne[4]. Les littoraux savent également bénéficier des phénomènes de l'haliotropisme et de l'héliotropisme pour attirer chercheurs et entreprises (c'est le cas du technopôle de Sophia Antipolis près de Nice) mais aussi touristes ou retraités (au cours des cinq dernières années, l'aéroport de Bergerac a ainsi vu sa fréquentation multipliée par 6).

À l'inverse, de nombreux territoires semblent constituer le socle d'une « France sceptique » refusant de faire face aux défis de la mondialisation ou en subissant des conséquences néfastes[5]. La France rurale est notamment marquée par un « abandon » de plus en plus criant alors qu'elle fait actuellement face à des défis écologiques conséquents. Le succès d'un Nicoud et de son mouvement néo-poujadiste semble illustrer le refus d'un abandon

1. Transition qui synthétise les deux premières parties et qui annonce le début de la partie sur la typologie géographique. Le correcteur a adoré (« TB » dans la marge).
2. Réticulaire : organisé en réseau.
3. Exemple d'infrastructures (transport et logistique) très pertinent et original.
4. Exemple pertinent et qui répond directement à la problématique choisie.
5. Distinction appréciée par le correcteur.

d'une France ancrée dans la ruralité et attachée à la petite propriété terrienne tout comme celui d'un José Bové aujourd'hui. Les territoires de la « diagonale du vide » s'étendant des Pyrénées-Orientales aux Ardennes en passant par le Morvan, marqués par de faibles densités de population (moins de 50 habitants au km² contre 113 en moyenne en France et plus de 7000 à Paris) dont également largement marginalisés comme l'illustre l'absence de pôles de compétitivité (document 4)[1]. À cette France rurale s'ajoute une France des régions industrielles déshéritées subissant la concurrence des Nouveaux Pays Industrialisés d'Asie (NPIA) au cours des années 1980 et elle de la Chine ou de l'Asie du Sud-est aujourd'hui. Il s'agit notamment des régions de l'Est et du Nord de la France ou encore des anciennes enclaves industrielles (Le Creusot) ; leur déclin marque une rupture pour la France des années 1980 (fin d'une « civilisation de la mine ») et continue d'inquiéter nombre de Français d'aujourd'hui.

Ces trente dernières années ont donc marqué l'adoption de réponses diverses par les acteurs que sont les firmes transnationales françaises, l'État, les établissements universitaires, les collectivités territoriales voire les partis politiques au sein de l'hexagone. Au scepticisme marqué des défenseurs d'héritages ou traditions qui feraient la spécificité française répondent les réalisations entreprises par des organismes et individus qui ont su s'adapter aux exigences d'une mondialisation synonime[2] de mise en concurrence de territoires et d'acteurs variés[3].

Commentaires :

Une copie remarquable par son intelligence dans la construction, le choix et la précision des exemples retenus. Notez aussi la variété des arguments avancés : il y a de la géopolitique, de l'économique, de la géographie. De quoi combler tout correcteur. Le terme « les Français » a particulièrement bien été analysé contrairement à la plupart des dissertations que j'ai lues par ailleurs. Les correcteurs ont sans doute apprécié cette analyse fine et multiscalaire.

1. Exemple issu des documents et apprécié du correcteur.
2. Orthographe : « synonyme » et non pas « synonime ».
3. Conclusion de facture plus classique et qui manque sans doute d'une ouverture qui élargit le sujet.

ANALYSE D'UNE INTRODUCTION RÉUSSIE

Guillaume a obtenu la note maximale sur le sujet qui suit. Je tenais à vous présenter son introduction qui, aux vues des annotations en marge, a convaincu le correcteur.

Sujet : Que reste-t-il aujourd'hui du clivage Nord-Sud ? (HEC 2008)

Note : 20/20

> Envisager un clivage Nord-Sud, c'est prendre en compte tous les facteurs politiques (types de régimes), économiques (échanges, aide publique au développement, caractère autarcique ou ouverte de l'économie) et sociaux (indice de développement humain ou I.D.H., migrations), voire culturels, qui peuvent permettre de séparer le Nord du Sud, en tirant un trait sur une carte[1]. Il s'agit par ailleurs de différencier le terme « clivage », séparation envisagée d'une façon plutôt neutre, du terme « frontière », qui désigne lui les rapports de forces de deux puissances à un moment donné[2]. S'il paraît plus légitime de parler de « clivage » plutôt que de « frontière » entre le Nord et le Sud, c'est qu'un clivage est amené à terme à disparaître, tandis qu'une frontière perdure jusqu'à l'ascendant définitif d'une des deux puissances en présence. Or, une fois la décolonisation achevée pour la plupart des pays du sud (dans les années 60 pour les derniers), le Nord perd en hégémonie politique sur le Sud et il s'établit de fait un « clivage » entre Nord et Sud. Le clivage, qui s'est donc superposé à ses débuts à celui entre blocs communiste et anti-communiste, émerge comme seule véritable « fracture » mondiale après l'écroulement de l'URSS[3]. Cependant, la mise en réseau du monde et l'explosion de flux de toutes sortes, induites par la mondialisation, ont intégré bon nombre de pays du Sud à une « économie globalisée »[4].

1. Guillaume a choisi d'introduire le sujet non pas par une accroche mais par la mise en évidence de l'implicite du sujet. Cette définition qu'il dresse du clivage entre le Nord et le Sud permet de cerner tout de suite l'une des qualités du candidat : l'analyse multiscalaire.
2. Distinction entre les termes du sujet très appréciée par le correcteur (« + » dans la marge)
3. Idée qui justifie l'intérêt du sujet. Appréciée du correcteur.
4. Mise en lumière d'un paradoxe. Appréciée du correcteur.

Dès lors, quels facteurs permettent de constater une permanence du clivage Nord-Sud ? Sont-ils suffisants ? En prélude, il sera opportun d'analyser le fait que certaines caractéristiques de ce clivage n'ont guère évolué depuis une vingtaine d'années (I), avant de constater que d'autres ont subi des mutations, voire ne sont plus adaptées à l'heure actuelle (II). Enfin, il s'agira, en prenant en compte les caractéristiques du clivage Nord-Sud, de voir si ce dernier est encore pertinent (III).

Retenons l'essentiel : comme pour la dissertation d'Amin, Guillaume a su dès l'introduction mettre en exergue l'intérêt du sujet. Dès l'introduction, le correcteur doit sentir que le sujet est passionnant, complexe, riche. C'est pour cela qu'il n'y a pas de stratégie figée. Parfois, on accrochera le correcteur par un fait historique qui illustre la date affichée dans le libellé du sujet. Un événement issu de l'actualité peut également trouver sa place dès l'amorce. Mais rien n'empêche, comme l'a fait Guillaume, de commencer par la définition de l'un des termes clés du sujet. Tous les moyens sont bons pour servir cet impératif de mise en valeur du sujet. La problématique apparaîtra alors presque naturellement.

EN UN MOT LES SECRETS À RETENIR EN GÉOPOLITIQUE

1. Soyez très sélectifs sur le choix de vos ouvrages.
2. Lisez régulièrement le programme officiel pour avoir une vision transversale des connaissances à acquérir.
3. En cours, rangez vos ordinateurs et prenez des notes manuscrites.
4. Faites des fiches personnelles et multi-scalaires.
5. Soyez très sélectifs dans les références à insérer dans vos fiches.
6. Révisez à l'aide de « blind test » ou de conférence virtuelle.
7. Devenez un maître en introduction.
8. Entraînez-vous tous les week-ends sur des sujets de dissertation.
9. Réservez des surprises pour toutes vos conclusions.
10. Apprenez de vos erreurs grâce aux bonnes copies.

Chapitre 14

ÉCONOMIE, SOCIOLOGIE ET HISTOIRE DU MONDE CONTEMPORAIN (ESH)

	VRAI	FAUX
L'ESH, c'est aléatoire		✘
Je peux avoir 20/20 avec un plan en 2 parties	✘	
Pour chaque sujet de dissertation, il existe un plan idéal attendu des correcteurs		✘
Je dois absolument comprendre tous les concepts que j'expose dans ma copie		✘

LE SECRET DU MAJOR

« Sur les concepts économiques que je ne comprenais pas mais dont je savais l'importance dans certains sujets, j'apprenais par cœur un paragraphe explicatif du concept et je le récitais tel quel dans ma copie ».

Rémi, alumni et major du concours avec 20/20 à l'ESSEC, 20/20 à l'ESCP, 17/20 à HEC

L'INTRO QUI FAIT DU BIEN

Comme pour l'épreuve d'histoire-géo, il s'agira de digérer une masse d'informations conséquente et de savoir la restituer avec intelligence et sélectivité. Avec les mathématiques, c'est très certainement la matière la plus difficile à travailler. Grâce aux bons ouvrages et à une méthode adaptée, vous pourrez toutefois vous en sortir. En fin de partie, nous constaterons avec joie que, malgré ses nombreux défauts, un étudiant est parvenu à décrocher 16/20 à HEC et 15/20 de moyenne aux concours alors qu'il n'avait presque jamais atteint la moyenne en deux ans de prépa… Empressons-nous de comprendre comment !

CE QU'ON ATTEND DE MOI :
Les exigences du jury

Définissez bien et délimitez le sujet dès l'introduction

L'AVIS DU JURY

La définition des termes du sujet, tout comme l'appréhension de ses contours, constitue un préalable indispensable à l'exercice de dissertation. (…) Penser à bien définir systématiquement les termes du sujet et surtout se tenir, durant le développement, à la définition choisie.

Maîtrisez l'histoire économique, ses continuités et ses ruptures

L'AVIS DU JURY

Les correcteurs ont apprécié (…) la pertinence et le degré de connaissance des faits historiques mobilisés ainsi que la capacité à déceler des éléments de continuité et de rupture derrière l'enchainement des faits historiques.

(…) Penser à mobiliser systématiquement des analyses théoriques, mais aussi des références factuelles ; quel que soit le sujet, une perspective historique est toujours attendue.

(…) Les correcteurs attendent une mise en perspective historique la plus large et la plus riche possible, la combinaison des analyses historique et économique fait la singularité, la difficulté et l'intérêt de cette épreuve. L'épreuve ne consiste pas à résoudre un problème économique mais à posséder une solide culture historique.

Soyez très précis dans l'exposé des faits

L'AVIS DU JURY

Il est vivement conseillé aux candidats d'illustrer leur copie à l'aide de faits empiriques précis, en se mé fiant des formulations trop générales et définitives.

(…) Un bon devoir doit mêler de l'analyse et des faits et la datation doit être précise.

Maîtriser les concepts et mécanismes économiques

L'AVIS DU JURY

Les correcteurs attendaient une analyse structurée du sujet. Ils ont apprécié la qualité des arguments, le degré de maîtrise des concepts et des mécanismes économiques.

Mobilisez des économistes variés en respectant le plus souvent leur chronologie

L'AVIS DU JURY

Les meilleures copies ont des références récentes et exactes.
(…) Il est par ailleurs souhaitable, dans la mesure du possible, de respecter la logique chronologique des analyses.
(…) Citer des auteurs est nécessaire, mais en citer trop, dont certains sans rapport direct avec le sujet, est inutile voire sanctionné par les correcteurs.

Ne récitez pas : argumentez avec finesse, nuance et répondez au sujet

L'AVIS DU JURY

Parmi les copies qui ont traité le sujet, celles qui se sont appuyées sur des connaissances correctes mais qui sont restées dans le «récit» ont été valorisées jusqu'à 13. Celles qui sont entrées réellement dans les mécanismes ont été valorisées jusqu'à 14. Les copies qui ont montré des qualités d'argumentation, de dynamisme et de nuance ont été valorisées au-dessus de 15.
(…) Penser à donner une réponse au sujet ; on n'attend pas du candidat qu'il « traite » un sujet, mais qu'il réponde au sujet et/ou à la problématique qu'il a présentée dans son introduction.

Soignez la conclusion

L'AVIS DU JURY

Une attention plus grande doit être accordée à la conclusion. La plupart n'ouvrent pas les devoirs, se contentent d'une ou deux phrases ou, à l'opposé, présentent de longs résumés du développement.

MÉTHODES ET SECRETS

SECRET D'ALUMNI

« Toutes mes introductions étaient construites de la même façon : actualité en accroche, définition des termes du sujet, mise en perspective historique puis problématique et annonce de plan »

Tom, admissible à HEC, 18,5/20 à l'ESSEC

Secret n° 1 Limitez le nombre d'ouvrages et de sources d'information

Comme en géopolitique, vous ne devez pas céder à la tentation de vous disperser et d'acquérir de multiples sources d'information. Je vous rappelle que vous pouvez passer votre vie à faire de l'économie, et c'est d'ailleurs le métier de certains : les économistes ou les professeurs d'économie ! Ce n'est pas du tout votre cas. Votre unique objectif est de savoir disserter et avoir plus de 15/20 en ESH.

Pour cela, faites un choix de sources d'information limitées. Par exemple, faites l'acquisition de :

- **Un ouvrage de cours** sous forme de dissertations ou de fiches : feuilletez l'ouvrage dont je dirige la collection avec Matthieu Alfré et écrit par des professeurs de référence en prépa, vous ne devriez pas être déçus ; mais ne vous interdisez pas d'en feuilleter d'autres pour valider votre choix ;
- **Un ouvrage de résumé de l'actualité** ;
- Ponctuellement, **quelques magazines** qui sortiront sur des sujets intéressants. Ainsi, *The Economist* a souvent des articles très intéressants sur des points du programme avec une approche actuelle donc utile en dissertation, notamment pour vos troisièmes parties.

En prime, ponctuellement également, allez visionner quelques replays de l'émission de BFM Business, les experts, animé par Nicolas Doze et qui réunit souvent des économistes renommés : Emmanuel Combe (co-concepteur du sujet de l'ESCP Europe et auteur du Précis d'économie), Jean-Marc Daniel (enseignant à l'ESCP et membre du jury de l'oral), Christian Saint-Etienne, etc. Allez sur la page internet dédiée à l'émission pour voir les thématiques intéressantes et au programme.

Privilégiez donc la qualité à la quantité et c'est surtout ce que vous ferez de ces références qui fera la différence aux concours.

Le piège à éviter

Être passionné par la matière et ne faire que ça !

Une année, Clément, un étudiant très faible en maths est venu nous voir à quelques mois du concours pour tenter de limiter la casse sur cette matière. « Pourquoi as-tu ce niveau en maths à quelques semaines du concours » lui ai-je demandé discrètement. « Parce que je suis passionné par l'économie et je mise sur cette matière aux concours pour compenser ». Clément a finalement eu l'ESCP grâce à l'ESH et la culture générale et des notes insuffisantes en maths. À la lecture de ses copies d'ESH, que l'on analysera en partie plus loin, c'était effectivement impressionnant mais ne tombez pas dans ce piège de négliger la matière clé du concours. En travaillant légèrement moins cette matière, et plus intensément les maths, Clément aurait eu HEC…

Secret n° 2 Intégrez les 4 ingrédients clés dans toutes vos fiches : histoire, mécanismes, auteurs, actualité

Toutes vos fiches doivent nécessairement inclure les ingrédients suivants :

- L'histoire économique ;
- Les mécanismes et concepts économiques et sociologiques clés ;
- Les auteurs clés et leurs ouvrages à connaître ;
- L'actualité économique et sociologique.

Ces quatre ingrédients seront aussi, nous le verrons, la matière première nécessaire de vos dissertations donc habituez-vous, par exemple à la fin de vos fiches, à faire un tableau récapitulatif de cette forme :

HISTOIRE ÉCONOMIQUE	THÉORIES ET MÉCANISMES
AUTEURS CLÉS	ACTUALITÉ

Secret n° 3 — Faites vos propres fiches en suivant le plan du programme officiel.

En respectant le plan proposé par le programme officiel, vous éviterez les trous dans la raquette. « Oui, mais mon prof ne suit pas le programme officiel ! » Eh bien, ce n'est pas grave ! Forcez-vous à respecter la trame proposée par le programme officiel. De deux choses l'une : si votre prof suit la même trame, pas de soucis. Si votre prof ne suit pas cette trame, faites-en une force et articulez tout de même vos fiches autour du plan du programme officiel. Cela vous obligera à synthétiser le cours de votre prof et vérifier ainsi que toutes les rubriques du programme officiel sont gérées.

Attention, je vous invite grandement à produire vos fiches vous-mêmes et à ne pas vous doter de fiches d'anciens. Pour optimiser la mémorisation et la compréhension, vos fiches doivent être personnelles, même si, bien sûr, vous pouvez vous inspirer des fiches d'anciens candidats brillants par exemple.

Bonus numérique
Le programme officiel ESH

Secret n° 4 — Fichez des dissertations et bonnes copies de concours.

Aux concours, les sujets mobilisent très souvent plusieurs chapitres. Vos fiches ayant suivi le programme officiel ne suffisent donc pas. Il faut aussi savoir croiser les informations. Pour cela, analysez les bonnes copies de concours et fichez-en l'essentiel.

- Le plan détaillé ;
- Les faits historiques clés;
- Les mécanismes en jeu et auteurs clés ;
- Les points d'actualité intéressants ;
- Les paragraphes utiles faisant le lien entre différents chapitres.

Ficher les bonnes copies vous permettra aussi d'apprendre à mieux problématiser, à mieux adopter le style argumentatif requis aux concours.

Secret n° 5 — *Faites des fiches de fiches !*

Votre premier fichage ne sera sans doute pas suffisant car trop dense. Ce n'est pas grave. Cela fait partie du processus d'apprentissage. Progressivement, vous identifierez les parties vraiment vitales pour vos dissertations. Du coup, reprenez vos fiches et faites-en une version plus synthétique.

LE SECRET DU MAJOR

les fiches de 3 pages de Rémi

Rémi, alumni de mon institut et major du concours en ESH, faisait en cube des fiches de 3 pages par chapitre grand maximum quand d'autres en consacraient 20 pages ! N'ayez donc pas peur d'être très synthétiques à l'approche des concours.

Secret n° 6 — *Apprenez par cœur sous forme de paragraphes les concepts difficiles à comprendre*

Vous aurez parfois du mal à cerner l'intégralité des concepts clés de votre cours ou des bonnes copies de concours. Pas de panique dans ce cas. Faites comme un alumni de mon institut que l'on accompagnait en mathématiques. Sa stratégie : apprendre par cœur certains paragraphes sur les concepts non maîtrisés. Bilan : major du concours en ESH ! Car cet étudiant avait évidemment d'autres qualités à faire valoir sur ces copies de concours : style adapté, bon niveau de précision, plan pertinent. Mais retenez donc ici que l'objectif n'est pas de maîtriser absolument tout mais de savoir, parfois, utiliser l'apprentissage de paragraphes par cœur si l'importance du concept l'exige.

Secret n° 7 — *Apprenez les graphiques et schémas les plus importants*

Dans la plupart des bonnes copies de concours, les graphiques ou schémas sont l'occasion d'illustrer votre maîtrise des mécanismes en jeu dans votre dissertation. Aussi, aux oraux de l'ESCP et d'HEC, les membres du jury adorent vous faire passer au tableau pour leur dessiner un graphique. Dans votre fichage, n'hésitez donc pas à intégrer les graphiques les plus importants en essayant d'être précis dans la légende et les paramètres mobilisés.

LE SECRET DU MAJOR

Je me suis fait une fiche « les 10 schémas à connaître en économie ».

Pauline, major du concours en ESH, était venue récemment nous exposer sa stratégie de travail lors de l'une de nos séances d'économie. Parmi ses tuyaux méthodologiques, il y avait cette fiche « les 10 schémas à connaître » qui tenait sur 4 pages. En voici les titres :

1. Pertes liées au protectionnisme
2. Justification du protectionnisme dans les PED selon Krugman
3. Modèle IS-LM
4. Politique budgétaire efficace en changes fixes / inefficace en changes flottants
5. Pertes liées au monopole
6. Optimum du producteur en concurrence pure et parfaite (très demandé à l'ESCP)
7. Courbe de Laffer
8. Courbe de Phillips
9. Critique de la courbe de Phillips par Friedman
10. Modèle WS-PS

Secret n° 8 — *Faites des « blind tests » écrits et des conférences entre amis pour valider votre maîtrise*

Avoir fait des fiches géniales, c'est bien mais rien ne dit que vous les comprenez et que vous les maîtrisez ! Pour s'en assurer, je vous conseille deux outils de vérification de vos connaissances :

- **Les « blind tests » ou test de la feuille blanche :** prenez une feuille blanche, un chapitre du programme officiel ou un sujet de dissertation et listez tout ce que vous avez à raconter sur le sujet. Si possible en structurant votre propos, soit de manière **argumentative** (comme un plan détaillé de dissertation), soit de manière **thématique** en reprenant les quatre ingrédients clés que vous connaissez : **histoire, mécanismes, auteurs, actualité**.

- **Les conférences entre amis :** transformez-vous en conférenciers talentueux qui doivent livrer l'essentiel des idées et références à savoir sur un sujet donné. Préparez donc votre conférence avec une trame aussi intéressante et riche que possible. Lancez-vous ensuite entre amis, en famille ou seul dans votre chambre ! L'idée est de faire varier les canaux d'apprentissage. Le blind test mobilise le canal d'apprentissage visuel quand la conférence fait intervenir les canaux auditifs et kinesthésique.

SECRET D'ALUMNI

Hari et les conférences avec sa petite sœur de 13 ans

« J'ai embauché ma petite sœur de 13 ans pour faire un jeu que je conseille à tous. À la fin de l'ouvrage sur lequel je travaillais se trouvait un index des notions et concepts. Elle me les a tous énoncés un par un et je devais en quelques mots être capable d'expliquer ces notions à ma sœur qui n'avait jamais fait d'économie. » Hari, diplômé de l'ESSEC

Secret n° 9 — Entraînez-vous toutes les semaines à faire des introductions, plans détaillés et conclusions sur des sujets de révision

Vous tombez souvent dans l'écueil de n'être que dans l'apprentissage et pas assez dans la restitution des connaissances. Or, je vous rappelle que vous serez jugés aux concours sur votre capacité à disserter, pas à réciter… C'est très différent.

Pour cela, je vous conseille donc de prendre l'habitude de réserver un créneau de 3-4h, par exemple le dimanche, pour vous entraîner sur des sujets de dissertation, tombés à l'écrit ou à l'oral de l'ESCP ou HEC. Vous en trouverez plein sur internet. Essayez véritablement de :

- Rédiger une introduction qui reprend les exigences du concours exposées plus haut dans la partie sur les attentes du jury ;
- Concevoir un plan détaillé où vous rédigez les premières phrases de chaque partie et sous-partie, où vous listez les références clés à connaître, toujours en respectant les 4 ingrédients vitaux : histoire, mécanismes, auteurs, actualité ;
- Rédigez aussi votre conclusion en recherchant des façons originales d'ouvrir le sujet, par exemple en parlant d'actualité.

LE SECRET DU MAJOR

Sur la dernière ligne droite avant les concours, je me suis fait 50 plans détaillés

Charles était bon dans de nombreuses matières, et j'adore interroger les étudiants brillants pour qu'ils me livrent leur secret. Comment Charles a-t-il fait pour être aussi bon en ESH aux concours ? « Pendant les révisions, j'ai fait des plans détaillés sur tous les sujets qui avaient une chance de tomber aux concours, notamment en m'appuyant sur les sujets donnés à l'oral de l'ESCP l'année d'avant ». Charles, major en ESH à Henri IV, puis aux concours.

Le piège à éviter

Réciter plutôt que démontrer…

J'ai rencontré de nombreux étudiants sérieux et qui avaient appris par cœur de multiples références. Pourtant, parfois, ces étudiants plafonnaient à 12/20 en dissertation. A la lecture de leurs travaux, le problème sautait aux yeux : leur style était souvent narratif avec des passages parfois hors sujet qui les condamnaient.

Au contraire, forcez-vous à être toujours parfaitement dans le sujet à l'aide d'un style argumentatif et non narratif. Il s'agit ici de bâtir une démonstration autour d'une problématique, pas de réciter telles ou telles théories. Au démarrage, vous aurez du mal à faire la différence. Prêtez donc une attention particulière aux bonnes copies de concours et notamment aux premières phrases de chacun des paragraphes. La partie sur l'analyse des bonnes copies vous aidera.

Secret n° 10 — Respectez un minutage précis lors de vos devoirs sur table et le jour du concours

Voici le minutage que je vous propose et qui était adopté par Pauline, la major dont je vous ai parlé plus haut. Ce plan est évidemment à adapter si vous ne faites que deux parties.

Analyse du sujet	30 minutes
Conception du plan détaillé	1 heure
Rédaction au brouillon de l'introduction et de la conclusion	30 minutes

Rédaction au propre de l'introduction	30 minutes
Rédaction partie I	30 minutes
Transition vers partie II	5 minutes
Rédaction partie II	20 minutes
Transition vers partie III	5 minutes
Rédaction partie III	20 minutes
Rédaction de la conclusion au propre	10 minutes

FAKE NEWS IL FAUT ABSOLUMENT FAIRE UN PLAN EN TROIS PARTIES

Je vous rassure tout de suite : j'ai déjà lu une copie brillante qui a eu 20/20 aux concours et qui était structurée en deux parties. C'est donc possible d'avoir la note maximale avec deux parties.

Si, en moyenne, un plan en trois parties est préférable, il est absolument fondamental que vos trois parties soient utiles à la démonstration que vous souhaitez faire. Or, parfois, les troisièmes parties s'avèrent hors sujet par manque d'inspiration ou de réflexion. Si vous n'êtes pas inspirés le jour J pour une 3e partie, ne paniquez donc pas et concevez un plan en deux parties qui déchire !

Un conseil tout de même. Si vous faites un plan en trois parties, optez pour deux sous-parties. Si en revanche, vous choisissez un plan en deux parties, forcez-vous à faire 3 sous-parties par partie.

ANALYSE DE COPIES

La copie de Clément Henrat, major des concours 2014 en ESH

J'ai rencontré Clément lors d'un stage de maths que j'animais. Clément était en grosse difficulté en maths. Avouons-le aujourd'hui : Clément n'a pas intégré grâce aux maths.

En parlant avec lui à la fin d'une séance, il me fit comprendre qu'il misait sur son point fort : l'ESH. Je lui disais qu'il fallait se méfier car l'ESH est aléatoire mais il semblait assez sûr de lui : « mon prof m'a dit qu'il avait rarement corrigé des copies aussi bonnes en économie ». J'étais séduit par son audace et ses notes aux concours lui ont donné raison : 19/20 à HEC, 19/20 à l'ESSEC et 20/20 à l'ESCP. Je n'avais jamais vu cela. J'ai demandé à Clément de faire l'analyse de son 20/20 à l'ESCP. C'est passionnant. Merci Clément ! À la fin du chapitre, vous trouverez également un long entretien où il explique comment il a atteint un tel niveau en ESH. Bonne lecture !

Sujet : « Existe-il une fiscalité optimale pour assurer la croissance économique ? »

Note : 20/20 à l'ESCP

> Avec un taux de prélèvements obligatoires de près de 46 % du Produit Intérieur Brut (PIB) en 2013, le système fiscal français est souvent considéré par les économistes comme dommageable pour la croissance économique. Si l'enjeu de tendre vers la fiscalité optimale assurant la croissance est donc particulièrement d'actualité, le débat est également historique : à l'instar de Colbert qui déclarait que « l'art de l'imposition consiste à plumer l'oie pour obtenir le plus de plumes avec le moins de cris ! » ou encore de F. Bastiat qui dans ses Sophismes économiques, n'hésitait pas à qualifier toute fiscalité de nuisible pour la croissance et même… de vol ![1]

1. L'accroche doit absolument être réussie ! Pour cela, mêler actualité et histoire économique montre d'office au correcteur que ces deux critères centraux sont et seront intégrés à la réflexion. Ajoutez à cela une petite dose de « percutant » avec une citation polémique et/ou une référence à propos, et vous aurez vraiment « accroché » !

La croissance économique peut se définir[2] au sens de F. Perroux, La croissance au XXe siècle, 1961, comme étant « une augmentation pendant une ou plusieurs périodes longues, d'un indicateur de dimensions ; pour une nation : le produit global net calculé en termes réels ».[3] Ainsi, il semble évident que la fiscalité[4], que l'on peut définir comme l'ensemble des lois relatives au recouvrement des impôts et cotisations sociales parce que la Comptabilité Nationale nomme les « Administrations Publiques » (APU) afin de se financer, ait une influence directe sur la croissance économique. Mais que faut-il entendre par « optimal ? »[5]. Dans la lignée des travaux de Slemrod (1990) ou de Stern (1987) et Hines (2002), une fiscalité optimale serait celle qui maximiserait l'efficacité économique et l'équité, autrement dit dont la structure fiscale réaliserait les meilleurs arbitrages possibles. Dès lors, le terme d'optimal renvoie certes à une réalité quantitative – maximisation des recettes fiscales, mais aussi qualitative : quelles assiettes fiscales mettre en place et pour quels arbitrages ?[6] Ainsi, à la lumière de la théorie économique et de l'histoire, peut-il exister une fiscalité optimale qui assure la croissance économique ? Est-il possible de généraliser un tel modèle de fiscalité pour qu'il soit toujours et partout facteur de croissance ? Peut-il enfin exister, si l'on considère un sens très qualitatif du terme « optimal », une fiscalité qui, en plus de maximiser la croissance, l'orienterait vers davantage de durabilité ?

Il semble en effet exister une fiscalité optimale assurant la croissance : celle-ci répond à certains critères qu'il s'agit donc de caractériser (I). Cependant, il n'existe pas nécessairement une unique structure fiscale maximisant la croissance : pour être véritablement optimale, une telle fiscalité doit prendre en compte les différentes spécificités productives, institutionnelles et sociales de chaque pays (II). Le risque n'est-il pas, dès lors, en multipliant les fiscalités, de toujours se contenter d'un optimum de « second

2. Toujours définir les termes clés du sujet

3. Pour une notion aussi classique que la croissance, faites simple ! Prenez la définition la plus connue, celle de Perroux, que vous devez connaître par cœur.

4. Fiscalité : la définition de ce terme, moins courant que la croissance, a posé des problèmes à certains candidats. Soyez précis, et surtout pas d'erreur de concept ! Dire que la fiscalité est une politique économique est, par exemple, un contresens majeur.

5. Optimal : toujours s'interroger sur le terme du sujet qui pose problème, et/ou qui est au cœur même du sujet.

6. Ce type de nuance est indispensable pour rédiger une bonne copie, car en faisant cette différence, vous montrez au correcteur que vous avez compris l'enjeu central du sujet, et vous pouvez alors énoncer la problématique sur laquelle toute la dissertation reposera.

rang », dans un contexte de concurrence fiscale ? Une fiscalité optimale ne peut alors exister que si elle est coordonnée et de même, lorsqu'elle assure un certain type de croissance (III)[7].

***[8]

Toute fiscalité optimale doit ainsi répondre à certains critères, au premier rang desquels la stimulation de l'offre et de même, la maximisation de la demande. En effet, une fiscalité qui incite les offreurs à exploiter pleinement leurs moyens de production est indispensable pour être qualifiée d'optimale. C'est la théorie développée par l'École de l'offre dont Arthur Laffer devient, avec son ouvrage The Laffer Curve : Past, Present, and Future, le principal représentant. Ainsi, une fiscalité optimale existe dès lors que, dans la logique de la courbe de Laffer, l'unité supplémentaire produite n'est pas fiscalisée de telle sorte que l'entrepreneur engendre une perte, autrement dit une telle fiscalité doit alléger le coût marginal de production relativement au coût moyen pour inciter à produire. Historiquement, ce type de fiscalité fut non seulement mis en place aux États-Unis par R. Reagan avec la signature du Kemp-Roth Tax Act, mais aussi plus récemment par la Russie[9] comme le notèrent Laffer lui-même et JP. Seymour dans The Economics of Tax Revolt, via une *flat-tax* de 35 % ayant généré selon eux un gain de croissance de 2 points pour l'économie russe. En ce sens, il existerait bien des critères faisant d'une structure fiscale un modèle de taxation optimale à l'échelle de l'histoire[10]. Réciproquement, toute fiscalité optimale doit tenter de maximiser la demande pour la faire correspondre au surplus d'offre engendrée. En effet, dans l'équation de production classique, on a $Y = Yo + c(Y - T) + I + G$ ou $(Y - T)$ représente le revenu des ménages après impôt et c la propension marginale à consommer. On le voit, une fiscalité optimale, si elle doit maximiser

7. Vous devez montrer dès l'annonce de plan que la démonstration qui va suivre va être cohérente. Ce type de plan 1/Thèse ; 2/Nuance de la thèse (et non pas antithèse !), 3/Solutions envisageables ou redéfinition du terme central qui relégitime la thèse initiale ou qui ouvre une troisième voie, est particulièrement pertinent, cohérent, et adapté pour l'ESCP et l'ESSEC lorsque les sujets sont des questions. Pour encore mieux lier les parties, notamment entre 2/et 3/, vous pouvez formuler le problème non-résolu sous forme de question, ce sera encore plus logique, comme ici.

8. Les « chapeaux introductifs » n'ont rien d'obligatoires, ils ont parfois tendance à alourdir la dissertation, et à ralentir la lecture du correcteur.

9. Après le concept économique et la/les référence(s) théorique(s), il faut une illustration historique ou d'actualité, avec, comme ici, une certaine précision.

10. Revenir au sujet, encore et toujours ! À chaque segment d'argumentation, ce retour au sujet est indispensable tant il montre au correcteur que vous répondez à la question.

l'offre (Y), doit aussi équilibrer la demande, notamment par une fiscalité qui ne surtaxe pas trop le revenu des ménages. Car comme l'a démontré JM. Keynes dans le chapitre X du livre III de la Théorie Générale de l'emploi, de l'intérêt et de la monnaie, 1936, les ménages aux plus faibles revenus ont la propension marginale à consommer la plus forte en vertu de la « loi psychologique fondamentale ». Autrement dit pour maximiser la croissance, il s'agit de mettre en place une fiscalité qui allège considérablement l'impôt sur les ménages peu favorisés – aux faibles revenus. Il semble, là encore, que ce critère soit indépassable afin de qualifier une fiscalité d'optimale. Il existerait donc bien un certain modèle de taxation optimale.[11]

Par ailleurs, une fiscalité optimale qui assure la croissance peut exister à condition qu'elle favorise plus spécifiquement l'investissement et partant l'innovation. En effet démontre J.A. Schumpeter dans sa Théorie de l'évolution économique, 1911, puis dans Business Cycles, 1939, les innovations, en apparaissant « en grappes », sont à l'origine d'une vaste phase de croissance économique – phase A du cycle de Kondratiev. Dès lors, une fiscalité désireuse d'assurer la croissance économique doit encourager l'innovation et l'investissement. C'est ainsi le cas du CICE – Crédit d'impôt compétitivité emploi, mis en place en France fin 2012[12], et qui en favorisant l'investissement des entreprises dans la recherche et l'innovation, est censé participer d'une fiscalité optimale assurant la croissance économique[13]. Dans cette même logique, la fiscalité optimale doit favoriser l'investissement en améliorant la demande anticipée qui, selon les mots de Keynes, conditionne les « esprits animaux » des entrepreneurs désireux d'investir. Ainsi, une telle fiscalité doit augmenter le coût de la rente financière – c'est-à-dire des placements financiers envisagés comme une « fuite », relativement à l'efficacité marginale du capital tel que $i < Emc$ où i représente le taux d'intérêt.[14] Dès lors, les entrepreneurs n'auraient plus « d'arbitrage à faire » comme l'écrivaient Michel Zerbato et Joseph Kergué-ris dans L'investissement des entreprises : clé d'une croissance durable, et seraient donc inciter à investir dans la production, partant à innover, ce qui assure-rait de la croissance économique. En ce sens, il existe bien une fiscalité optimale assurant la croissance.[15]

11. Retour au sujet et à l'idée défendue dans cette partie.
12. Exemple d'actualité.
13. Retour au sujet.
14. Précision concernant les mécanismes théoriques.
15. Retour au sujet et à l'idée défendue dans cette partie.

Enfin, toute fiscalité qui se veut optimale doit satisfaire à deux critères objectifs : la crédibilité du système fiscal d'une part et l'efficacité du processus de recouvrement d'autre part. En effet, afin de correctement inciter les agents économiques à produire, investir, ou consom-mer, la fiscalité doit être crédible, c'est-à-dire comme le définissait Eichengreen (2006), est crédible « ce qui peut être cru a priori et stable par la suite ». Ainsi, toute fiscalité optimale doit avant tout être stable dans la durée et donc bannir toute idée de rétroactivité fiscale qui atrophie la confiance dans le système fiscal et casse la dynamique de prise de risque inhérente au capitalisme et facteur de croissance. Ce fut ainsi l'une des caractéristiques de la politique fiscale menée par l'Angleterre entre 1979 et 1990 par les gouvernements de Margaret Thatcher[16], et dont le but était d'assurer les agents de la crédibilité de l'État britannique en matière fiscale. Sans cette crédibilité, les effets néfastes sur la croissance peuvent rapidement se mesurer, conformément à la théorie de Nordhaus dans Le cycle politico-électoral ou aux idées du Public Choice de Bucha-nan et Tullock dans The Calculus of Consent : Logical Fondation of Constitutional Democracy, qui voient même dans les variations des politiques fiscales – baisse de l'impôt sur le revenu à l'approche des élections par exemple, les principales causes des fluctuations économiques ! C'est ainsi qu'une fiscalité instable aura tendance à pousser les entrepreneurs à l'attentisme, ce qui se traduit par un manque à gagner en termes de croissance pour l'économie. Le cas français est éloquent : qualifié de « chef-d'œuvre architectural » par Sterdyniak (2012), Patrick Aghion note dans Repenser l'État, que son instabilité – près de quarante-cinq taxes nouvelles crées entre 2008 et 2011[17], est à l'origine d'une perte de croissance considérable. C'est en cela qu'une fiscalité optimale doit avant tout être crédible pour maximiser la croissance[18]. Elle doit de même être efficace dans son recouvrement : certains économistes comme Arthus, estiment qu'une fiscalité dont le coût de collecte est supérieur à 2 % des recettes fiscales attendues est nécessairement sous-optimale puisqu'elle gaspille au lieu de favoriser la croissance économique. Par conséquent, il existe bien un certain type de fiscalité qui, pour demeurer optimale, doit répondre à l'ensemble de ces critères.[19]

16. Rapide illustration historique de l'idée énoncée, avant de faire appel à la théorie économique plus bas.
17. Actualité mentionnée, tant sur le plan factuel que théorique, avec l'appui d'auteurs.
18. Retour au sujet.
19. Retour au sujet et à l'idée défendue dans cette partie.

Cependant, si toute fiscalité optimale se doit d'intégrer ces critères, différents arbitrages tant quantitatifs que qualitatifs sont possibles : il existerait donc « plusieurs » fiscalités optimales assurant un même niveau de croissance économique, par des voies radicalement différentes.[20]

***

En effet, le terme « d'optimal »[21] ne correspond pas nécessairement à une réalité absolue et abstraite, mais doit correspondre à des arbitrages très différents, très spécifiques. D'une part, comme tout optimum, une fiscalité optimale correspond à un arbitrage entre ce que les contribuables attendent de la part de l'État, et le niveau de fiscalité. C'est ainsi qu'au XVIIIe siècle, Adam Smith dans Recherches sur la nature et les causes de la richesse des nations, 1776, envisageait un État minimal qui, tout en assurant la croissance économique par sa « non-présence », se chargeait de financer ses fonctions régaliennes, minimales, par une fiscalité très faible. Dans ce cadre, une fiscalité optimale sera minimale en termes de pression fiscale. En revanche, c'est Henry Morgenthau, le Secrétaire au Trésor de Roosevelt, qui déclarait que « les impôts sont le prix à payer pour une société civilisée, et trop de citoyens veulent ainsi une civilisation au rabais ». Car si dans une autre logique, l'État se veut davantage interventionniste pour assurer la croissance, une fiscalité, bien que tout à fait optimale, pourrait être beaucoup plus élevée. Ainsi, si l'État veut satisfaire aux trois fonctions que lui attribue Musgrave dans The Theory Of Public Finance, 1959, et notamment aux fonctions de stabilisation et de redistribution qui engendrent d'importants coûts, alors une fiscalité optimale demeurera plus élevée. C'est dans cette logique que toute fiscalité optimale assurant la croissance économique dépend du choix de modèle économique et des modalités de financement de cette croissance[22]. La France est à ce titre un pays où les stabilisateurs automatiques sont importants, alors même qu'ils sont financés par une forte fiscalité. Or, ces stabilisateurs automatiques ont garanti durant la crise de 2008[23], un certain niveau de croissance – ou du moins ont limité la récession. De même, une croissance assurée par la dépense publique peut en soi se justifier : le théorème de

20. Faites obligatoirement une transition ! C'est l'occasion de lier les parties et donc la démonstration, en pointant déjà une contraction à laquelle ce qui va suivre va tenter de répondre.
21. Revenir au terme montre au cor- recteur la qualité de la réflexion sur le sujet et sa totale prise en considération.
22. Retour au sujet et à l'idée développées dans cette deuxième partie !
23. Exemple récent.

Haavelmo (T. Haavelmo, *Multiplier effects of a balanced budget*), démontre ainsi que la puissance publique, parce qu'elle dispose d'un multiplicateur budgétaire supérieur au multiplicateur de dépense des ménages, est mieux à même d'assurer la croissance. Dans cette logique, une très forte fiscalité peut se justifier. En revanche, ces stabilisateurs automatiques comme cette forte dépense publique, s'ils assurent un minimum de croissance, induisent de la rigidité et semble retarder la reprise. Dès lors, « une » seule fiscalité optimale pour assurer la croissance n'existe pas mais plusieurs fiscalités optimales existent, en fonction du choix du modèle de croissance[24].

De même, il existe dans cette logique d'arbitrages à effectuer, plusieurs fiscalités optimales possibles prenant ou non en considération les facteurs sociaux, et la nécessité ou non de mettre en place de la justice sociale. En effet, si l'on considère dans la lignée de Malthus et de son deuxième ouvrage phare, Principes d'économie politique au point de vue pragmatique, 1820, que les inégalités ne doivent en rien être réduites – voire qu'elles sont incitatives et donc facteur de croissance, alors une fiscalité optimale ne lutterait pas contre les inégalités, et se soucierait exclusivement de l'efficacité économique. C'est en quelque sorte la conséquence de la règle formulée par Ramsey en 1927 dans A contribution to the theory of taxation : une fiscalité optimale serait celle qui minimiserait les distorsions en ne taxant que les biens et les services dont la demande est inélastique relativement aux variations du prix. Ainsi, les biens et services de luxe disposant d'un effet Veblen, de la même façon que les biens de première nécessité, pourraient supporter davantage de taxation, la demande des consommateurs ne se réduisant pas pour autant. À l'inverse, si l'on considère que les inégalités nuisent à la croissance, alors une fiscalité optimale va chercher à réduire ces inégalités. C'est davantage l'idée défendue par J. Mirrlees dans An exploration in the theory of optimal income taxation[25]en 1971 : il s'agit de fiscaliser davantage les salaires élevés jusqu'à ce que le niveau de taxation n'en vienne à décourager le travail. Pour Mirrlees, c'est donc l'impôt sur le revenu qui est la forme de taxation la plus optimale, en cela qu'il permet une redistribution plus efficace tout en incitant les « pauvres » à devenir plus riche en travaillant davantage – car cet impôt sur le revenu est certes élevé sur les hauts salaires mais non-désincitatif, de telle sorte que les travailleurs soient encouragés à cette

24. Toujours cette même bonne habitude du retour au sujet et à l'idée démontrée.
25. Précision : les titres d'ouvrages ou d'articles ne sont pas obligatoirement à citer lorsqu'ils ne sont pas absolument centraux, mais si vous les connaissez, tant mieux !

mobilité sociale. Par conséquent, il n'existe, là encore, pas un unique modèle de fiscalité optimale assurant la croissance mais différentes structures fiscales, se faisant l'écho de choix économiques, sociaux, ou politiques.[26] Mais alors, si différentes fiscalités optimales sont mises en place, ne court-on pas le risque, à cause de la concurrence fiscale, qu'elles ne soient plus vraiment optimales ? Bien qu'assurant un certain niveau de croissance, ces fiscalités ne deviennent-elles pas des optima de second rang ?[27]

En effet[28], l'un des objectifs d'une fiscalité pour assurer la croissance et notamment d'une fiscalité optimale, est de maximiser le taux de recouvrement des impôts, taxes et cotisations sociales qu'elle met en place. Dès lors qu'en économies ouvertes, plusieurs fiscalités – optimales au niveau national, sont à l'œuvre, le problème de la concurrence fiscale se pose. En effet, si une fiscalité même jugée optimale au regard des différents critères, demeure trop élevée, alors une fuite des capitaux peut s'engager ce qui est néfaste pour la croissance du pays en question. Ainsi, il se met en place au niveau mondial un phénomène que Tiebout nomme « la baisse non-coopérative des taux d'imposition » dans son ouvrage de 1956 <u>A Theory of Local Expenditures</u>. C'est en substance ce que C. Wolf reproche à la fiscalité allemande dans L'Allemagne : vraie réussite, faux modèle, décrivant alors un système fiscal qui, hérité des réformes Hartz et de l'Agenda 2010[29], se révèle être prédateur, ce qui est encore davantage le cas de pays comme l'Angleterre ou le Luxembourg, sans même parler de tous les autres paradis fiscaux. Le problème, c'est que cette concurrence fiscale est non seulement néfaste pour les pays au modèle social évolué, mais aussi pour la croissance même des pays qui pratiquent cette fiscalité non-coopéra-tive. Car comme l'ont montré Zodrow et Mieszwoski (en 1986), une telle concurrence fiscale engendre une offre de biens publics dans ces pays très inférieure au niveau optimal, ce qui nuit à moyen et long terme, à la croissance économique. C'est pour cette raison qu'une coordination ou harmonisation fiscale est la condition, en économie ouverte, de toute fiscalité véritablement optimale maximisant la croissance.[30] C'est l'une des propositions de Thomas Piketty

26. Retour au sujet et très rapide conclusion.
27. Comme mentionné dans le plan, on soulève le problème qui n'a pas été résolu voire qui a été amené par l'analyse nuancée de la deuxième partie… Suspense !
28. Voyez à quel point supprimer les chapeaux introductifs combiné à l'ajout de mots de liaison rend la lecture plus fluide !
29. Toujours une référence concrète après la théorie économique.
30. Lien avec l'idée démontrée.

dans la quatrième partie du Capital au XXIe siècle : la création d'un impôt mondial sur le capital qui réduirait l'opportunité pour un agent économique d'extraire ses capitaux en les plaçant dans les paradis fiscaux. La convergence des systèmes fiscaux serait donc la condition d'une fiscalité optimale assurant pour tous les pays une croissance élevée et stable[31].

Enfin, une véritable fiscalité optimale n'existerait-elle pas à condition de non seulement assurer la croissance économique, mais aussi de l'orienter ? Sans doute l'idée remonte-elle aux années 1920, lorsque A. Pigou proposa d'instaurer une taxe sur les émissions des cheminées londoniennes pour réduire le célèbre « smog »[32]. Dans The Economics of Welfare, Pigou propose donc d'internaliser les externalités négatives ce qui, en soi, orienterait la croissance vers davantage de durabilité. C'est ainsi que sur le graphique[33] une telle fiscalité élève la droite du coût marginal, conduisant à la baisse de la production de Y0 en Y1 (on a donc le prix p1 = p1' + t, avec t représentant la taxe écologique).

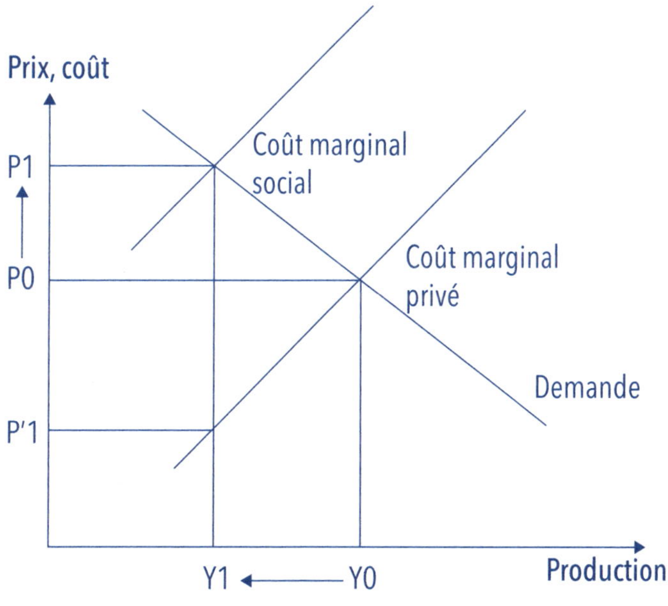

31. Retour à l'idée démontrée, toujours !
32. Référence historique.
33. Les graphiques sont valorisés, à condition d'être lisibles, brièvement expliqués, et cohérents dans la démonstration.

Ainsi, cette taxe est volontairement distorsive dans la mesure où elle incite les agents économiques à reporter leurs productions sur des productions moins polluantes, donc plus durables. Ce type de fiscalité est alors vraiment optimal puisqu'elle favorise non seulement la croissance, mais qui plus est une croissance durable ! De même, des mesures, en France[34], comme la déductibilité de l'impôt du montant alloué à de la rénovation propre – comme de l'isolation par exemple, relèvent d'une véritable fiscalité optimale puisque cela garanti des débouchés économiques – facteur de croissance, tout en la durabilisant.

Existe-il une fiscalité optimale pour assurer la croissance économique ?[35] Sans doute faut-il définir, à toute fiscalité optimale, certains critères obligatoires auxquels elle doit satisfaire. Seulement la très grande diversité des pays, de leurs structures économiques, sociales, et institutionnelles, conduit à réaliser des arbitrages différents, singuliers, pour que la fiscalité s'adapte aux spécificités locales et aux choix des acteurs. Plusieurs modèles de taxation optimale seraient donc envisageables. Le risque réside alors dans la concurrence fiscale que l'économie mondialisée n'a fait qu'exacerber. Et c'est pourquoi l'harmonisation fiscale au niveau mondial – ou du moins à l'échelle régionale, pourrait être la condition de toute véritable fiscalité optimale, qui, si elle est en outre conçue pour orienter durablement la croissance, devient optimale, dans tous les sens du terme optimal.

Dans leur ouvrage Pour une révolution fiscale, Piketty, Saez et Landais concluaient que le système fiscal français était, contrairement aux idées reçues, régressif sur les plus hauts revenus et patrimoines. Cette démonstration ouvre dès lors la voie à une vaste réflexion sur l'opportunité ou non de réformer la fiscalité française, et si oui, à partir de quels nouveaux arbitrages ?

Commentaires :

Copie de 12 pages avec environ 9 mots par ligne sur copies de concours.

34. Exemple concret et d'actualité, important, avec un graphique de microéconomie.
35. Réécrire le sujet ou la problématique en début de conclusion assure au correcteur que vous allez répondre définitivement à la question posée.

L'exploit de Jean

Jean a mis beaucoup de temps à comprendre ce que l'on attendait de lui. Ses professeurs d'économie lui faisaient systématiquement les mêmes remarques sur ses copies : « de bonnes connaissances mais mal exploitées ». Ses notes oscillaient entre 6 et 10 sans jamais décoller.

Jean avait des raisons de s'inquiéter. À deux mois des concours, nous nous sommes vus pour régler ensemble le problème. J'ai découvert que Jean avait le bon niveau de connaissances (grâce à des *blind tests* permanents) mais cela ne servait pas le sujet. Des passages entiers étaient à côté. « Oui mais c'était tentant de parler de ce super exemple… » me répondait-il. Certes ! Mais c'est suicidaire si le sujet ne s'y prête pas !

Je lui ai alors répété une chose simple : « sois obsédé par le sujet, quitte à rappeler les termes du sujet quasiment toutes les deux lignes ! » C'était évidemment schématique mais nécessaire pour que la prise de conscience s'opère. Résultat : 15/20 de moyenne aux concours BCE ; et 16/20 à HEC.

Sujet : « La crédibilité des accords monétaires »

Note : 16/20 à HEC

> Les accords monétaires sont la clef de voûte du système monétaire international. Dès lors, la question de la crédibilité apparaît essentielle car c'est de l'organisation monétaire internationale qu'émane l'ensemble des relations économiques entre les pays à savoir le commerce internationales[1], les politiques communes, les possibilités de financements externes et les échanges de capitaux. Ces accords monétaires, si ils sont incohérents, irréalistes, si ils[2] occultent des difficultés autres que monétaires sous-jacentes, seront néfastes à la croissances[3] mondiale. Jean Vilar dans son Histoire de l'or et de la monnaie met en garde son lecteur contre la « périlleuse illusion de la nouveauté qui n'est souvent qu'ignorance de l'histoire ». Son affirmation confirme l'intuition selon laquelle la crédibilité des accords monétaires, bien qu'évoluant, repose sur des fondamentaux à savoir : la volonté de paix monétaire, la garanti[4] du respect des accords par des institutions elles-mêmes crédibles

1. Faute d'accord : « internationale ».
2. Faire l'élision : « s'ils ».
3. Faute d'accord : « croissance ».
4. Orthographe : la « garantie ».

et par-dessus tout, la confiance. Les accords monétaires européens appliqués en 1999 sont à l'heure actuelle entrain[5] de pâtirent[6] de cette ignorance de l'histoire dont parle Jean Vilar. En effet les accords se vident de leur substance à mesure que la cohésion de la zone euro s'érode. La crédibilité des accords européens est mise à mal tandis que de nombreuses voix s'élèvent à l'instar de Christian St-Étienne qui annonce La fin de l'euro (2011). Des enseignements de l'histoire, quelles leçons peut-on tirées[7] quant à la crédibilité des accords monétaires ?

Depuis l'avènement du capitalisme marchand jusqu'à la chute définitive de l'étalon Or, la crédibilité des accords monétaires – souvent informels – a reposé avant tout sur la confiance en la valeur de la monnaie du « pays guide » (I)[8].

Toutefois, la crise du Gold Standard après la première guerre mondiale a entrainé l'apparition d'institution monétaire pour garantir cette crédibilité, qui cependant repose toujours sur la puissance d'un pays guide (USA) (II)

Le passage aux changes flottant[9] en 1976 ouvre une nouvelle ère monétaire qui met fin à la paix monétaire promise par les accords de Bretton-Wood. La crédibilité des accords monétaires doit désormais reposer sur la coopération des pays signataires – difficil[10] à mettre en place du fait de la guerre monétaire (Mantega) provoquée par l'obscession[11] de la compétitivité internationale. Un accord monétaire ne semble crédible que si il[12] s'accompagne d'une politique économique commune (III).

Avant la mise en place d'un véritable système monétaire géré par des institutions, l'ensemble des accords monétaires sont informels[13] et leur mise en place se fait naturellement. Leur crédibilité repose avant tout sur celle de l'émetteur.

5. Orthographe : « en train de ».
6. Orthographe : « pâtir ». Cette faute est particulièrement horrible mais vous verrez, le pire est à venir…
7. Conjugaison : « tirer ».
8. Le choix d'un plan chronologique est souvent pertinent sur les sujets HEC.
9. Faute d'accord : « flottants ».
10. Orthographe : « difficile ».
11. Orthographe : « obsession ».
12. Faire l'élision : « s'ils ».
13. Grammaire : on dira plutôt « l'ensemble des accords monétaires est informel » ou « la plupart des accords monétaires sont informels ».

Déjà les marchands vénitiens du XVe siècle que A. Sauvy nomme les « marchands du lointain » par un accord monétaire implicite avaient adopté la lettre de change qui permettait de ne pas avoir à transporter de masses d'or. Ces lettres de change ou IOU (*I owe You*) sont pratiques car elles permettent de payer des sommes très importantes – liées au commerce maritime – sans la contrainte métallique. Cette confiance est d'autant plus renforcée que des coopératives d'assurance maritimes pour assurer les transports sont créées. Tout le système monétaire repose sur la confiance que Friedman appelle l'effet Bootrap dans Hobart paper en 1973 : chaque agent à[14] l'assurance que son billet à une valeur stable. Ce système a dominé tout le XVIIIe siècle au[15] États-Unis avec le système du Free-Banking où chaque banque émettait ses propres billets. Ce système a facilité le maillage du territoire Nord-Américain car seule la confiance en la valeur des billets a permis de mettre en place des échanges car l'étendu[16] de l'espace Nord-Américain rendait à l'époque impossible l'établissement d'un système bancaire unique. Dès 1694, des institutions monétaires sont mises en place pour faciliter le système monétaire à l'instar de la Banque d'angleterre[17], toutefois la confiance domine et est parfois aveugle comme le montre la crise du système de Laws dont la sword blade Bank (1704) a fait faillite dû[18] fait de la confiance aveugle en les titres de sa banque. Cette crise va renforcer le rôle de la banque d'angleterre, laquelle va renforcer la crédibilité du système monétaire Anglais[19].

Au niveau international, les accords monétaires sont là aussi informels et reposent sur la « foi de l'époque » (Polanyi, La grande transformation) qu'est l'étalon Or. Toutefois, cette confiance repose surtout sur la confiance accordée par l'ensemble des pays en la livre Sterling qui, grâce au Gold Standard, devient la monnaie dominante du système. L'histoire nous montre que la puissance de l'angletterre est solidaire de la crédibilité du système monétaire. En effet, dès ses débuts, qui selon Einchengen dans son Histoire monétaire de l'occident remontent à l'adoption de l'Allemagne à l'étalon or en 1873, le Gold Standard est entièrement dominé par la banque d'angletterre dont le taux directeur est le taux de référence, et la confiance en

14. Orthographe : « a ».
15. Orthographe : « aux ».
16. Orthographe : « l'étendue ».
17. Orthographe : « Angleterre », avec une majuscule. Faute récurrente tout au long de la copie.
18. Orthographe : « du ».
19. Pas de majuscule aux adjectifs de nationalité.

la livre – permise par la puissance coloniale de l'Anglletterre[20] – assure une paix monétaire. Tandis qu'après la première guerre mondiale, l'Angletterre qui était le pays guide du système perd sa place de puissance économique et dès lors décridibilise[21] le système du Gold Standard. Il s'agit de remarquer que le Gold Standard tirait sa crédibilité de la puissance de son pays guide. À l'inverse, l'Union Latine de 1824 ou l'union scandinave n'avaient pas de pays guide et les membres se livraient une guerre monétaire. Il en résulte que la crédibilité des accords monétaires soit solidaire d'un rapport de domination au sein de son fonctionnement. La chute du Gold Standard a entraîné un désordre monétaire avec à partir de 1931, des politiques de dévaluations compétitives (31 % par l'Angletterre – 60 % par les États amis). Le système est clairement en manque d'un leader monétaire pour avoir une nouvelle crédibilité et mettre fin aux guerres monétaires (à l'instar des spéculations Anglaises et Autrichiennes contre le franc que Jean-Marcel Jeanneney critique) et à la balkanisation de l'espace mondial : bloc de l'or – zone dollar – Commonwealth durant les années 30[22].

Bien que la confiance soit une caractéristique fondamentale de la crédibilité des accords monétaires, il semble que la crédibilité d'un accord monétaire soit solidaire de garanties que seul un pays guide puisse donner. Les États-Unis vont redonner un nouveau souffle en 1945 : la crédibilité des nouveaux accords monétaires repose dès lors sur la puissance des États-Unis.[23]

Au sortir de la guerre, le système monétaire international est entièrement à redéfinir. Toutefois le désordre des années trente a complètement modifié les rapports internationaux et seule la puissance Américaine[24] peut imposer un nouvel ordre monétaire. Les États-Unis ont imposé leur vision du monde en 1947 au sommet de Bretton-Wood[25] avec le plan White. La crédibilité des accords monétaires a d'autant plus de force qu'elle est renforcée[26]

20. Orthographe : la majuscule est là… mais toujours un « t » de trop… Ça commence à faire beaucoup !
21. Orthographe : « décrédibilise ».
22. On écrit « années 1930 » même si on lit « années 30 ».
23. Transition qui résume et qui annonce la suite.
24. Pas de majuscule.
25. Orthographe : « Bretton Woods ».

Erreur qui a dû choquer le correcteur.
26. Style : éviter d'utiliser dans une même phrase deux mots de la même famille (« force » et « renforcée »).

par des instances monétaires – elles-mêmes crédibles – capablent[27] de faire respecter les nouveaux accords. Ce système est à ses débuts une réussite. Les économies sont encore peu ouvertes et la domination Américaine[28] apparaît naturelle. Toutefois, ces accords de Bretton-Wood ne peuvent fonctionner que si le rapports[29] de domination reste équilibrés[30] : ainsi les États-Unis vont rendre cohérents les objectifs de Bretton Wood en comblant le « dollar gap » par le plan Marshall. L'équilibre entre les pays se rétabli[31] peu à peu et les pays d'Europe connaissent une période de croissance forte aujourd'hui comprise comme une force de rattrapage économique des États-Unis. Cette période de croissance mondiale et de paix monétaire donne du crédit aux accords monétaires de Bretton Wood. Cependant, ce succès est de courte durée et le dollar qui jouit du paradoxe d'être à la fois monnaie nationale et monnaie internationale ne peut plus jouer son rôle. Les accords de 1947 avaient occulté ce paradoxe mis en lumière par Triffin en 1960 dans <u>Gold and the dollar crisis</u>. Le système n'apparaît plus crédible aux yeux des investisseurs car soit le dollar est rare et ainsi peut garder sa parité avec l'or et ne peut pas alimenter le commerce international, soit le dollar est abondant et peut alimenter le commerce international et ne peut pas garantir la parité avec l'or qui est pourtant la clef de voûte des accords de Bretton Wood. En 1973, les États-Unis suspendent la convertibilité or du dollar et le système de Bretton Wood s'effondre. Cette expérience nous montre que la confiance a fait défaut à ce système ce qui l'a mené à la faillite. De plus, il s'agit de remarquer que la crédibilité du système a aussi été érodée par la non-coopération des signataires qui sous l'impulsion de la France en 1959 ont amorcés[32] l'hémergie[33] d'or pour mettre à mal la puissance dominante qui jouissait injustement du privilège tant décrié par Jacques Rueff du « déficit sans pleurs » dans <u>Le péché monétaire de l'occident</u>. Ainsi, à la différence du XVIIIe et XIXe siècle, la crédibilité des accords monétaires ne peut plus reposer sur la domination économique sans partage d'un pays guide.[34] Les changes flottant[35] ouvrent

27. Grammaire : « capables ». Voilà sans doute la faute la plus aber- rante du sujet !
28. Pas de majuscule.
29. Faute d'accord : « rapport »
30. Orthographe : « équilibré ».
31. Grammaire : « rétablit ».
32. Grammaire : « amorcé ».
33. Hémorragie ?
34. Jean fait ici apparaître une rupture, une discontinuité de l'histoire très appréciée des correcteurs.
35. Orthographe : « flottants »

une nouvelle ère monétaire propice aux guerres monétaires en raison de l'obscession[36] de la compétitivité. Quelles ont été les réponses à cette instabilité et comment restaurer la crédibilité du système monétaire en vue d'une paix monétaire ?[37]

Les pays d'Europe, en réponse à cette instabilité ont justifié les accords monétaires européens par cette instabilité[38] avec tout d'abord le serpent monétaire européens[39]. Leur crédibilité reposait non plus sur la confiance en un pays guide mais sur la volonté de se prémunir des chocs monétaires exogènes. Si le serpent fut un échec, le système monétaire européen fut garant de la stabilité monétaire en raison de la symétrie entre les pays : les rapports entre les pays étaient non plus hiérarchiques mais égaux dès lors le système a permis aux économies de rester à l'abri[40]. Toutefois la zone est devenue une zone mark en raison de la montée en puissance de l'Allemagne. Dès lors un rapport de domination s'est créé et la zone a implosé. La crédibilité de l'accord monétaire a disparu car ses objectifs ont été modifiés car[41] mis au service de l'Allemagne. Il semble qu'à partir de 1973, les accords monétaires ne puissent trouver une légitimité que dans la coopération entre les pays signataires. Les *currency board* des pays en développement se sont tous soldés par des échecs car les États-Unis n'ont pas pris en compte que la valeur du dollar influait sur ces pays. Aucun rapport de domination ne peut aujourd'hui donner du crédit à des accords monétaires comme ce fut le cas au XIXe siècle. Y compris dans l'association monétaire la plus aboutie du monde. Les pays ont les mêmes pouvoirs de descision[42]. Cependant, la crise de la zone euro semble démontrer que la crédibilité d'un accord monétaire réside dans sa capacité à faire ses preuves. Or à ce jour, les attentes des promoteurs de l'euro n'ont pas été réalisées. Le système de Kingston semble être en quête de crédibilité aux vues des échecs des réponses à son instabilité (zone euro – currency board). Comment restaurer sa crédibilité ? Barack Obama a assurer[43] que le dollar serait la monnaie du futur. Ainsi faut-il envisager une nouvelle place de pays guide pour les États-Unis ? La

36. Orthographe : « obsession ».
37. Transition soignée vers la dernière partie.
38. Style : répétition maladroite du mot « instabilité ».
39. Orthographe : « européen ».
40. Ponctuation fautive avant « dès lors ».
41. Style : répétition maladroite de « car ».
42. Orthographe : « décision ».
43. Conjugaison « assuré ».

montée de l'euro qui concurrence le dollar dans les réserves de change et l'intuition d'Agnès Benassi quéré[44] (Reformer le système monétaire) quant au futur rôle du Renmibi[45] d'ici 2050 infirme cette possibilité. Les accords de 1973 ont plongé le monde dans une situation sous-optimale car le système se dirige vers un « SMU polycentrique » selon Aglietta et Brendon (L'aventure obligée) qui encouragerait la guerre monétaire. Est-il possible d'envisager un nouvel accord dont la crédibilité reposerait uniquement sur la coopération des signataires qui serait imposée à eux à l'aide d'une monnaie mondiale commune conformément à l'idée de Keynes présenté[46] en 1947 ? Comme pour l'europe[47], sa crédibilité reposerait sur ses résultats donc ce « nouveau Bretton Wood » ne trouverait sa crédibilité que dans le futur. L'histoire nous a montré que si les accords passés ont nécessité la mise en place de rapports de domination pour solidifier les accords monétaires, la situation actuelle est tout autre. La crise actuelle a mis en lumière les failles des accords monétaires en cours et a montré qu'aujourd'hui leur crédibilité réside dans une coopération non plus uniquement monétaire mais aussi politique afin de coordonner les objectifs et donner du sens à leurs politiques. Un accord monétaire semble ne pouvoir fonctionner seul dans le monde actuel.

Commentaires :

Des problèmes d'orthographe assez insupportables qui auraient pu vraiment lasser le correcteur. Notamment sur des mots aussi sensibles qu'« Angleterre » ou « Bretton Woods »

À côté de cela, relevons les qualités essentielles de la copie :

- Une obsession du sujet (l'expression « accords monétaires » et le mot « crédible » reviennent très souvent) ;
- Des références variées ;
- Des discontinuités mises en évidence ;
- Des mécanismes rapidement exposés ;
- Un plan chronologique adapté et souvent pertinent sur les sujets HEC.

Coup de chance ? Pas vraiment puisque les autres notes de Jean aux concours sont 15/20 et 13/20…

44. Majuscule aux noms propres : « Quéré ».
45. Orthographe : « Renminbi ».
46. Faute d'accord : « présentée »
47. Orthographe : « Europe », avec une majuscule.

La méthode de Tom pour introduire un sujet

Je tenais à finir ce chapitre sur la stratégie de Tom, l'un de mes étudiants qui était à Henri IV et qui a eu 13/20 à HEC, 18,5/20 à l'ESSEC et 15/20 à l'ESCP. Son professeur lui avait donné une trame infaillible pour convaincre un correcteur dès l'introduction.

- Accrocher à partir d'un fait d'actualité qui met en valeur l'importance du sujet.
- Définir les notions mobilisées.
- Replacer le problème dans une perspective historique montrant ainsi qu'il s'est déjà posé par le passé.
- Construire une problématique.
- Annoncer le plan.

Vous pouvez utiliser cette trame sur la plupart des sujets. Il n'est pas interdit d'insérer d'emblée quelques références de théoriciens ou de mentionner quelques mécanismes économiques pertinents sans trop les développer. On rejoint les quatre rubriques clés déjà évoquées dans la partie sur les méthodes : l'actualité, l'histoire économique, les mécanismes économiques et les théories d'économistes.

Voici son introduction à l'ESSEC.

Note : 18,5/20 à l'ESSEC, « Faut-il combattre les monopoles ? »

> Apple est désormais la première capitalisation boursière en 2011 dans le domaine des technologies de l'information et de la communication (TIC), bénéficiant d'externalités de réseaux importantes. Peut-on craindre le retour de « l'affaire Microsoft » ? Dans les années 1990, Microsoft inondait le marché mondial avec ses logiciels « Windows » et a été vivement critiqué par les autorités de la concurrence américaines et européennes, le monopole commercial étant une entrave à la concurrence.
>
> Le monopole désigne une position dominante sur un marché. Il peut écarter ses concurrents par le dynamisme de ses stratégies d'innovations et son avancée technologique mais la fermeture à la concurrence peut aussi résulter de l'initiative de l'État dans un souci d'équité ou par nécessité face aux défaillances du marché. Dès le XIXe siècle, à l'image de la Commission de surveillance des chemins de fer aux États-Unis, la nécessité de préserver la concurrence apparaissait clairement dans la littérature économique tandis qu'une législation de la concurrence s'établissait peu à peu. Après 1945, le monopole naturel est légitimé par l'État, « la plus grosse des entreprises »

(J. BOUVIER) de l'époque. Mais les vives critiques à l'égard des nationalisations vont conduire dans les années 1980 au processus de déréglementation.

Ainsi, à l'égard de la littérature économique et de l'histoire économique, faut-il combattre les monopoles au profit de l'économie du « just best » ? Si le monopole présente des vertus économiques (I), il n'en est pas moins que les dérives bureaucratiques et les excès en termes de pouvoir de marché mettent en danger la concurrence (II). Les évolutions contextuelles récentes – mondialisation, émergence de firmes globales – relégitiment davantage le débat et le rendent plus complexes (III).

Commentaires :

Retenez bien l'essentiel. Une introduction est réussie lorsqu'elle met en avant d'emblée un fait d'actualité, des faits historiques, la définition des termes clés et l'énoncé d'une problématique à laquelle répond le plan annoncé.

ENTRETIEN AVEC CLÉMENT

Clément est le major en ESH du concours 2014. Nous avons analysé son 20/20 à l'ESCP précédemment. J'ai voulu en savoir plus sur les raisons d'un tel niveau et d'une telle passion pour l'économie. Vous le verrez, il vous sera sans doute assez difficile d'atteindre un tel niveau car Clément s'y est pris tôt… Mais dégustez tout de même les conseils précieux qu'il nous livre ici.

Comment est née cette passion pour l'économie ? Dès le lycée ? Avant ? Grâce à un professeur ? À des lectures particulières ?

Ce n'est en tout cas pas un terrain familial, car il n'existe aucun économiste de formation dans ma famille. Si bien que ma passion m'est venue par moi-même, en seconde, classe où l'on découvre pour la première fois les sciences économiques et sociales. J'ai eu la chance d'avoir une excellente professeure de seconde et que j'airetrouvé en terminale, et qui m'a remarquablement bien préparé au lycée avant d'entrer en prépa. Avec cette professeure très exigeante, qui me faisait apprendre des auteurs et des ouvrages assez approfondis et dont la connaissance n'était aucune- ment requise pour satisfaire aux exigencesdu programme, j'ai vraiment accroché et j'ai pu très vite me perfectionner. Vint alors l'économie version classe prépa et là encore, de bons professeurs pendant deux ans qui m'ont donné envie de vivre cette passion jusqu'au bout, c'est-à-direde devenir le meilleur possible dans cette discipline. Deux années où j'ai donc gagnéen technicité, en quantité, en qualité de connaissances, et en rigueur de l'analyse.

Quels sont les ouvrages que tu recommandes aux candidats ?

Ce qui est très difficile, c'est de trouver des ouvrages qui soient très complets d'un point de vue théorique, avec en plus de tous les auteurs et mécanismes de base, des références très approfondies, très poussées, tout en ne tombant pas dans des ouvrages qui tiennent davantage à de la recherche académique ou à des contenus prépa- rant à des épreuves plus difficiles comme l'agrégation. Pour les candidats qui ne se sentent pas à l'aise en économie, l'enjeu est qu'ils maîtrisent déjà les fondements théoriques, ce qu'ils trouveront dans le *Précis d'économie* d'Emmanuel

Combe. À titre personnel, je leur déconseille le gros ouvrage Économie, Sociologie et Histoire *du monde contemporain*, anciennement dirigé par Montoussé et désormais par Corpron (éditions Bréal), car les explications théoriques sont assez complexes, pour ne pas dire obscures, ce qui, pour des élèves déjà peu à l'aise, ne présente aucun intérêt. En revanche, le contenu historique de cet ouvrage est tout à fait satisfaisant et peut être d'une très grande aide pour les élèves de tous niveaux. Un bon résumé de base de la théorie économique, très pratique à utiliser et bien fait, est aussi *l'Aide-mémoire* « Économie » d'Alain Beitone et Dollo. Je l'utilisais dès la terminale jusqu'à la veille du concours ! Quant aux élèves ayant un bon niveau, je leur conseille deux ouvrages plus approfondis : *Politique* économique (Bénassy Quéré, Coeuré, Jacquet, Pisani- Ferry, Édition De Boeck), qui donne beaucoup plus de contenu pour traiter divers sujets liés à cette thématique, ainsi que *Les grandes questions d'économie et de finance internationales* (M. Lemoine, P. Madiès, T. Madiès, Éditions De Boeck) pour approfondir les réflexions théoriques sur cette autre partie importante du programme. Ces deux ouvrages permettent d'acquérir des connaissances assez approfondies sur à peu près tout le programme. Quant à l'histoire économique, si le cours du professeur ne suffit pas, ils peuvent acheter un autre ouvrage de Montoussé intitulé *Histoire des faits* économiques, qui permet d'avoir de solides bases historiques. Le découpage de cet ouvrage est intéressant et utile pour repérer les éléments de continuité et de rupture dans l'histoire, critère cher au jury d'HEC.

Enfin, lire et relire tous les rapports de jury d'HEC, ESCP et ESSEC concernant l'épreuve d'ESH. Même s'ils sont à mon sens trop succincts et insuffisamment sérieux comparés à ceux des épreuves de culture générale, ils permettent de bien comprendre les principales attentes du jury, ce qui est évidemment essentiel.

Lisais-tu des ouvrages d'économistes ? Lisais-tu l'actualité ?

Oui, l'actualité je la lisais et il est impératif de la lire ! C'est non seulement une attente officielle des jurys, notamment à l'ESCP, mais c'est aussi un excellent moyen d'entretenir sa culture économique, de la rendre concrète, et donc c'est un moyen d'augmenter sa capacité, le jour de l'épreuve, à manier les concepts avec habilité et nuance. Je recommande à tous les étudiants de première et deuxième année de s'abonner ou au moins d'acheter régulièrement *Problèmes économiques*. C'est un très bon petit bimensuel, avec du contenu théorique, des rappels de référence, et bien sûr une analyse très fine de l'actualité facile à réutiliser.

En ce qui concerne la lecture d'ouvrages d'économistes, le problème réside essentiellement dans le temps que cela demande. Je conseille donc deux choses :

une lecture très très sélective de certains passages (uniquement des passages) de grands classiques, dans la mesure où la plupart des résumés défigurent les propos et surtout la finesse d'analyse des auteurs. Par exemple, inutile de lire toute la *Richesse des Nations* de Smith, ou l'intégralité des *Principes de l'économie politique et de l'impôt* de Ricardo, mais quelques paragraphes de Smith sur la division du travail, l'extension des marchés ou du chapitre VII de l'ouvrage précédemment cité de Ricardo peuvent être très éclairants. Et puis deuxième chose, lire quelques ouvrages d'actualité : *Sortez-nous de cette crise maintenant* de Krugman par exemple. Mais ne pas trop lire d'ouvrages d'économistes, car le contenu théorique est, normalement, amplement suffisant avec l'apprentissage via les manuels, et le temps manque en prépa.

Comment travaillais-tu sur chacun de ces ouvrages ? Fichais-tu ? Te faisais-tu des blind test de cours ?

Je dois avouer que je n'ai jamais fait une seule fiche en économie en deux ans de prépa. J'ai la chance d'avoir une excellente mémoire et une passion pour cette matière qui me faisait retenir en une ou deux lectures les contenus théoriques des manuels. La seule fiche que j'ai faite, c'est celle qui répertoriait tous les titres d'ouvrages et articles des économistes, afin de bien les mémoriser. Mais ce n'est pas le principal. Je pense cela dit que beaucoup d'étudiants ne peuvent retenir plusieurs pages théoriques complexes sans les ficher, alors qu'ils fichent ! En économie comme dans d'autres matières, chacun doit apprendre avec les méthodes qui, individuellement, marchent le mieux.

Combien d'heures travaillais-tu l'économie par semaine ? Et comment ?

Je pense l'avoir travaillé environ 10-12 heures par semaine. Essentiellement par « petites touches » d'une heure ou une heure et demie, deux fois par jours (donc deux à trois heures par jour), et jamais le week-end. La première heure, c'était la base, les références classiques, et la deuxième systématiquement de l'approfondissement, de l'apprentissage par cœur de citations, de la mémorisation de modèles plus complexes. Pour prendre un exemple que chacun comprendra, il s'agirait sur le thème du commerce international de consacrer une première heure à Smith, Ricardo, Heckscher-Ohlin-Samuelson et Stolper, puis une seconde heure aux modèles de concurrence monopolistique de Dixit, Hart, Stiglitz (fonction d'élasticité à substitution constante) qui permettent de comprendre les travaux de

Krugman (dont le modèle théorique, contrairement à certaines idées reçues, est très complexe à aborder) ou encore les modèles de Helpman, Bergstrand sur le commerce intra- branche. Bien sûr, un seul jour n'est pas nécessairement suffisant et on peut répéter ça sur 2 ou 3 ou 4 jours, mais je pense qu'il est important d'avoir cette démarche séparée entre la base et l'approfondissement.

Comment t'entraînais-tu sur la dissertation ? L'un des majors d'Henri IV m'a dit qu'il avait fait 90 sujets avec intro et plan détaillés à quelques semaines du concours… Avais-tu ce genre de démarche ?

90 sujets avec intro et plan détaillé ? J'es- père au moins qu'à ce prix-là il a obtenu 19 ou 20 partout ! Non je suis assez sceptique sur cette méthode d'apprendre des plans par cœur, car si l'on arrive à suffisamment bien maîtriser tout ce qu'il y a dans les manuels que j'ai cité ci-dessus, alors on a largement assez de bagage théorique pour répondre à n'importe quel sujet en articulant ses connaissances. D'autant que non seulement rien ne garantit qu'un sujet totalement différent des 90 préparés tombe le jour du concours, et que cette méthode demande un temps absolument énorme. Et pour ceux qui ont peur de ne pas savoir quel plan faire et qui souhaitent se rassurer en apprenant des plans par cœur, qu'ils se souviennent qu'il est parfois dommageable de vouloir appliquer un plan à un sujet qui ne s'y prête pas, et qu'en maîtrisant la théorie économique et l'histoire, le plan leur semblera assez facile. Petite astuce : pour la plupart des sujets se présentant sous la forme d'une question ouverte, comme en 2014 « Existe-t-il une fiscalité optimale pour assurer la croissance économique » (ESCP) et « Le protectionnisme a-t-il de l'avenir dans une économie de plus en plus internationalisée ? » (ESSEC), un très bon plan, simple mais très efficace, peut-être 1. La thèse centrale qui sera défendue dans la copie et rappelée en conclusion ; 2) Les limites, ce qui tend à nuancer la thèse, les obstacles objectifs tant historiques que théoriques, l'analyse des exceptions qui font quelque peu échec à la thèse ou qui la rende trop « brute » ; 3) Deux « troisième partie » possibles : soit les solutions qui permettent d'atteindre la thèse, ce qu'il faudrait pour… soit la redéfinition ou la nuance théorique d'un des termes centraux du sujet, ce qui redonne de la puissance à la thèse initiale en limitant du coup la pertinence des exceptions ou des limites décrites en deuxième partie. Avec cette technique, on peut donc faire systématiquement un très bon plan et atteindre, grâce à des connaissances approfondies qui étayent l'analyse, une note supérieure à 15 au concours. Et ça économise tellement de temps par rapport aux plans appris par cœur.

Quels sont selon toi les ingrédients d'une dissertation réussie ? N'hésite pas à zoomer sur certaines parties cléscomme l'introduction ou alors à parlerdu style…

Il y a des éléments spécifiques pour chaque épreuve que je résume au point suivant (cf. question 9). Mais pour ce qui tient du « général », je dirai qu'effectivement, l'introduction doit être absolument parfaite. En accroche, ne pas hésiter à mêler histoire économique et actualité, ça montre au cor- recteur que l'on maîtrise les deux. Ne pas hésiter non plus à briller par une citation adéquate qui met en avant un enjeu du sujet. Bien définir les termes ensuite, systématiquement, et soulever les problèmes théoriques ou historiques que pose le sujet. Pour l'annonce de plan, je faisais personnellement une annonce longue, qui explique succinctement le cheminement intellectuel, et je supprimais du coup les annonces de sous-parties (les « chapeaux ») avant chaque grande partie. Je trouve que c'est plus clair, plus fluide à lire pour le cor- recteur. Bien penser aux transitions, rédiger une solide conclusion où l'on exprime- de façon nuancée – son point de vue et qui s'attache, tout en ayant rappelé ce qui a *in fine* été démontré, à ouvrir le débat. Personnellement j'aimais bien mettre une référence théorique en ouverture, pour montrer ultimement au correcteur et au cas où il en douterait encore, l'excellente maîtrise des schémas de pensées théoriques.

Quelles sont les stratégies différentes à adopter pour les dissertations d'HEC, de l'ESSEC et de l'ESCP ?

Chaque candidat doit rédiger des copies bien différentes car les attentes ne sont en effet pas les mêmes. Pour l'ESCP, la conclusion de tous les rapports de jury résume bien la stratégie qu'il faut choisir : « En conclusion et comme les années précédentes, les bonnes copies sont celles qui ont rempli les exigences de l'épreuve : de- voir construit autour d'une problématique d'étude ; réponse précise au sujet ; capacité à se prononcer en fonction des éléments mobilisés dans l'argumentaire ; points d'appui factuels et théoriques permettant d'étayer les assertions ; maîtrise des mécanismes ; emploi d'un vocabulaire rigoureux. Ces différents critères expliquent la répartition finale des notes ». Il n'est donc pas utile de placer l'histoire économique au cœur de la démonstration, et de même, les connaissances théoriques n'ont pas besoin d'être ultra-poussées pour avoir 20.

Être clair, concis (10 ou 11 pages maximum), et bien maîtriser les connaissances de base. Avec en plus de l'actualité, ce sera parfait ! Pour HEC, le jury note plus sévère. Seuls 10 % des copies obtiennent une note supérieure ou égale à 15/20 (avec plus de copies à 15 qu'à 19 !) contre 20 % à l'ESCP, avec en plus, des candidats à HEC deux fois moins nombreux, venant souvent des 15 meilleures prépas éco et scientifique de France, et (en plus !), une moyenne des copies 2 points inférieure sur l'épreuve d'HEC (10,26 contre 12,22 en 2014). Les attentes sont donc différentes pour atteindre la note maximale à HEC : davantage d'analyse historique, des connaissances historiques très approfondies, notamment du xixe siècle, et la capa- cité à déceler des éléments de continuité et de rupture. Pour la théorie économique, les références sont d'autant plus pertinentes qu'elles se démarquent par leur étendue et leur maîtrise. Donc la copie est nécessairement plus longue, et tend à l'exhaustivité (j'ai moi-même rédigé 16 pages). C'est ce que rappellent les rapports de jury depuis 2009. Autre petite chose, le jury d'HEC aime les copies « intelligentes » et « créatives », qui se démarquent donc par une analyse originale – et donc des connaissances plus poussées qui soient capables de l'étayer. Quant à l'épreuve de l'ESSEC, elle me semble être un mixte des deux.

Concernant l'oral de l'ESCP et d'HEC, as-tu des conseils à donner aux candidats ?

Les rapports d'oraux d'HEC sont assez clairs donc j'invite les candidats à s'y reporter. Pour l'ESCP, je dirai simplement deux choses : respecter le temps de l'épreuve à savoir 15 minutes de présentation et 15 minutes de questions (beaucoup de candidats ne font que 7, 8, 9 ou 10 minutes de présentation ce qui est sanctionné), et bien maîtriser les connaissances de base de tout le programme, y compris de la sociologie. Car non seulement 1/3 des sujets sont sociologiques, mais lors de l'entretien, des questions de sociologie sont souvent posées même lorsque le sujet était économique en première partie. Il faut se rappeler que l'oral de l'ESCP a davantage pour objectif de vérifier l'acquisition du cours que de déstabiliser sur des sujets complexes.

Aurais-tu des conseils à donner dont tu n'aurais pas encore parlé ?

Comme le fait très bien ce livre, apprendre à gérer le stress ! Pour une épreuve comptant pour un aussi gros coefficient, il est normal d'être stressé, mais c'est assez dévastateur, surtout pour les candidats qui ne se sentent pas à l'aise. Et pour ce qui est de la copie, le soin dans l'écriture est important comme pour toutes les autres épreuves.

Pour nous faire saliver, quelles ont été toutes tes notes en éco aux concours ?

19/20 à HEC, 19/20 à l'ESSEC, et 20/20 à l'ESCP.

EN UN MOT LES SECRETS À RETENIR

1. Limitez le nombre d'ouvrages et de sources d'information.
2. Intégrez les 4 ingrédients clés dans toutes vos fiches : histoire, mécanismes, auteurs, actualité.
3. Faites vos propres fiches en suivant le plan du programme officiel.
4. Fichez des dissertations et bonnes copies de concours.
5. Faites des fiches de fiches !
6. Apprenez par cœur sous forme de paragraphes les concepts difficiles à comprendre.
7. Apprenez les graphiques et schémas les plus importants.
8. Faites des *blind tests* écrits et des conférences entre amis pour valider votre maîtrise.
9. Entraînez-vous toutes les semaines à faire des introductions, plans détaillés et conclusion sur des sujets de révision.
10. Respectez un minutage précis lors de vos devoirs sur table et le jour du concours.

Chapitre 15

LES ÉPREUVES ORALES DU CONCOURS

	VRAI	FAUX
L'entretien de personnalité est une matière à part entière qui demande du travail	✘	
Il est fréquent d'observer de fortes variations de notes en entretien selon les écoles	✘	
Pour être bon à l'oral en langue, il suffit d'être bon en colles de langue		✘
Le triptyque est une épreuve débat où je dois imposer mon point de vue		✘

«À Lyon, l'entretien de personnalité s'est déroulé comme dans un rêve (…) Finalement j'ai eu 7»

Loïc, ancien alumni, diplômé de l'EDHEC

L'INTRO QUI FAIT DU BIEN

Il faut oser le dire : les entretiens de personnalité sont bien souvent une loterie. Le témoignage de Loïc que vous lirez dans les pages qui suivent en est une illustration. Certaines épreuves des oraux d'HEC ne sont pas en reste : maths, culture générale, histoire… Bien souvent votre réussite à ces épreuves dépendra du facteur chance. En lisant ce chapitre, ne vous attendez donc pas à avoir des recettes miracles pour assurer une bonne note. Chaque année, des étudiants brillants déçoivent quand d'autres, moins charismatiques, surprennent. Je tâcherai toutefois de vous livrer ici un résumé concis des conseils que je donne depuis des années à tous les étudiants que j'accompagne et qui sont relayés par nos consultants experts du recrutement dans notre institut. En les respectant, vous optimiserez vos chances. Pour compléter ces conseils, il vous faudra également, en fonction de vos résultats d'admissibilité, aller glaner quelques précisions sur les spécificités des épreuves orales de chaque école, car les nouveautés y sont fréquentes, notamment après la réforme de la prépa ECG en 2021. Mais gardez en tête un élément important : travaillez énormément les écrits car ils seront votre meilleure garantie pour déjouer les aléas des épreuves orales.

GÉNÉRALITÉS *sur les oraux*

SECRET D'ALUMNI

Des oraux aux résultats inattendus

« Les oraux à Toulouse et Grenoble se sont extrêmement bien passés. Je m'en suis sorti dans ces deux écoles avec des 16, 17, 18 sans avoir été exceptionnel.

À Lyon, l'entretien de personnalité s'est déroulé comme dans un rêve, je savais répondre à toutes les questions, le jury était ultra réceptif, il se montrait complice. À la fin de l'entretien un des membres du jury m'a raccompagné à la porte de la salle en me disant « à l'année prochaine » (…) Finalement j'ai eu 7, pour des raisons obscures, un manque de maturité, d'affirmation (raisons qui m'ont été communiquées par mail au moment des résultats sur demande de ma part).

À l'EDHEC ce fut le contraire, le jury était très agressif, il me posait des questions qui n'avaient ni queue ni tête, me provoquait, se moquait ouvertement de moi sans raisons apparentes. Je suis donc sorti de là en pensant ne pas avoir plus de 4 ou 5, finalement j'ai eu 16. » Loïc, étudiant à l'EDHEC

Secret n° 1 — *Entourez-vous des bonnes sources d'information et bons ouvrages*

- *Le guide des oraux* – MyPrepa

Chaque année, mon institut publie un guide des oraux d'une centaine de pages particulièrement utile pour les candidats avec des conseils d'alumni, des informations par école, etc.

Bonus numérique
« Les secrets pour intégrer HEC » sur le site de MyPrepa

Les oraux se préparent bien en amont donc n'attendez pas la fin des écrits pour le télécharger.

- ***Le meilleur de l'actualité*** – sous la direction de Matthieu Alfré – Dunod

Cet ouvrage répond depuis des années à un besoin précieux à l'écrit comme à l'oral : savoir synthétiser l'actualité de manière concise et problématisée. Il vous permettra de gagner du temps sur les sujets qui ont marqué l'actualité de l'année scolaire en cours. Toutes les fiches ont été conçues pour répondre aux exigences d'analyse des enjeux clés sur un sujet d'actualité donné. Les pages « débats » vous seront également utiles pour le triptyque HEC. Par définition, l'ouvrage ne sera pas parfaitement à jour lorsque vous passerez vos oraux, donc prenez le temps de vous tenir au courant de l'actualité du mois en cours.

- **Podcast – BBC Global News**

Si vous avez un smartphone, je vous conseille très fortement de télécharger les podcasts en anglais « BBC Global News » qui vous seront précieux pour être à jour sur tous les sujets de l'actualité internationale tout en travaillant la compréhension orale de la langue anglaise. Les nombreux entretiens de personnalités étrangères qui y sont diffusés vous familiariseront également avec les accents du monde entier.

- ***Histoire, géoéconomie, géopolitique – Comment réussir son oral d'HEC – 100 sujets corrigés*** **– collectif d'auteurs – Nathan**

Ce livre a le mérite d'étudier 100 sujets qui sont tombés aux concours HEC. Les corrigés ne sont pas nécessairement très développés mais ils vous donneront une idée de la façon dont cette épreuve doit être appréhendée.

Pour la culture générale à HEC, je ne préfère pas vous donner d'ouvrages car il y en a énormément et ils sont souvent de bonne qualité.

- Les sites internet des Grandes Écoles

Pour bien préparer les épreuves spécifiques des Grandes Écoles de vos rêves, vous avez bien sûr la possibilité de consulter leur site internet qui, parfois, livrent de précieux conseils et annales (triptyque, oraux d'économie, de culture générale, de géopolitique). Chaque année, les sites sont mis à jour donc je ne peux vous livrer qu'un seul conseil sur ce sujet : allez y faire un tour de temps en temps !

CE QU'ON ATTEND DE MOI : *les exigences du jury à l'entretien de personnalité*

L'entretien de personnalité est sans doute l'épreuve la plus importante des épreuves orales pour toutes les écoles, hors HEC (qui ne compte pas d'épreuve d'entretien de personnalité mais une épreuve de triptyque). Comme je l'ai rappelé en début de chapitre, cette épreuve est très aléatoire et les surprises, bonnes ou mauvaises, sont fréquentes.

Plutôt que de partir des rapports de jury qui sont assez peu précis, je vous propose ici de partir des grilles d'évaluation des candidats afin de mieux cerner ce que l'on attendra de vous le jour J.

Voici une grille d'évaluation standard qui est le croisement d'une grille officielle d'une grande école et d'une grille d'entretien donnée dans certaines classes prépa :

	ÉVALUATION DU CANDIDAT			
Rubriques	Insuffisant	Médiocre	Bon	Excellent
Capacité de communication : Sens de l'écoute Présentation, maîtrise de soi Qualité de l'argumentation et de l'expression, éloquence, force de conviction				
Qualités personnelles : Enthousiasme Créativité Autonomie de jugement Détermination, ténacité, volonté				

Ouverture internationale : Connaissance et compréhension de cultures étrangères Ouverture sur d'autres façons de penser, de vivre, tolérance, curiosité Capacité de réaction face au changement, à la différence, à l'inconnu				
Aptitudes à l'action : Disposition pour évoluer en entreprise et en équipe Sens des responsabilités, réalisme et pragmatisme Sens de l'initiative Capacité à prendre des décisions				

Ces critères d'évaluation sont plus ou moins conformes à chaque école. Attention toutefois de bien vous renseigner sur les spécificités de chaque école. Par exemple à l'ESSEC, l'entretien de personnalité est plus long qu'à l'ESCP (45 minutes à l'ESSEC contre 20-25 minutes à l'ESCP) donc votre stratégie sera différente selon les écoles. À l'ESSEC, on vous sollicitera beaucoup plus qu'ailleurs sur votre analyse de l'actualité et on pourra, plus qu'ailleurs, aborder vos projets. Le rapport de jury de 2013 en est le témoin :

« L'entretien n'a pas de structure imposée. Toutefois, deux grandes familles de thèmes reviennent fréquemment, sans être en aucun cas exclusifs d'autres sujets :

- Des questions sur ce que vous êtes, ce que vous avez été, vos passions, vos expériences, vos occupations mais aussi vos motivations, vos projets ; pourquoi avoir entamé de telles études, avec quelles perspectives ?
- Des questions qui sollicitent votre connaissance, votre avis, votre réaction sur tel ou tel point de l'actualité économique ou internationale. ».

Les secrets d'un entretien réussi

Secret n° 2 — *Faites le point sur vos expériences passées dès votre entrée en prépa*

Ce conseil paraît évident mais il m'arrive parfois de coacher des étudiants qui, à quelques semaines des oraux, n'ont absolument aucune expérience professionnelle, associative ou personnelle à partager. Difficile alors de tirer son épingle du jeu. C'est d'ailleurs l'une des plus vives critiques que l'on peut adresser à l'épreuve : les étudiants qui auront eu la chance (souvent grâce aux parents) d'avoir des expériences professionnelles ou associatives seront de fait avantagés. Si vous faites partie des étudiants n'ayant pas eu cette chance, il faut absolument faire le plein d'expériences pendant vos deux années de prépa. En partant à l'étranger, en postulant pour un petit boulot pendant les vacances d'été, en intégrant une association, un cours de théâtre… À vous de calibrer cela en fonction de vos centres d'intérêts. Avec un peu d'implication, vous n'aurez aucun mal à trouver des activités riches dont vous pourrez parler en entretien.

Secret n° 3 — Profitez des vacances d'été pour accumuler des expériences enrichissantes

Certains s'y sont pris dès le lycée mais de nombreux étudiants arrivent en prépa sans véritable expérience marquante du monde associatif ou du monde du travail. Je vous conseille de combler l'éventuel vide en organisant une expérience professionnelle ou associative dès l'obtention de votre bac avant d'entrée en prépa et/ou entre la 1re et la 2e année de prépa. Les missions humanitaires sont notamment très valorisées aux concours.

SECRET D'ALUMNI

Le voyage humanitaire de Raphaëlle

« Pour avoir une expérience marquante dont je pouvais parler en entretien, j'ai choisi de partir en mission humanitaire au Costa Rica entre la 1re et la 2e année de prépa. Cette expérience très appréciée m'a vraiment aidé à l'entretien de l'ESSEC ». Raphaëlle est aujourd'hui diplômée de l'ESSEC.

Secret n° 4 — Créez un fichier pour vos entretiens de personnalité dans lequel vous répondrez aux exigences de l'épreuve

Si vous n'êtes pas sûrs d'avoir assez d'expériences à votre actif, un bon test consiste à reprendre la grille d'évaluation standard présentée quelques lignes plus haut. Faites l'exercice d'écrire sur une feuille ou sur un document Word toutes les expériences et activités qui illustrent les qualités évaluées. Si vous n'en avez pas assez, il vous faudra fouiller davantage dans votre mémoire ou vous organiser pendant vos deux années de prépa pour compléter. Le jour J, soyez prêts à convaincre sur chacun des critères évalués.

Secret n° 5 *Parlez absolument de vos passions*

Si vous avez la chance de nourrir une passion dans un domaine particulier, il est fondamental d'en parler pendant votre entretien, sans censure aucune. Pourquoi ? Tout simplement pour sortir du lot ! Lorsque vous lisez dans la plupart des rapports de jury, «*soyez vous-même*», c'est notamment cela que ça veut dire ! Pensez toujours qu'à la fin de la journée, les membres du jury doivent souvent revenir sur leurs évaluations afin d'écarter encore les notes et sélectionner les meilleurs. Ceux qui auront marqué le jury seront souvent ceux dont les expériences sont les plus atypiques ou les plus incarnées. Prenons quelques exemples pour illustrer ce point fondamental.

SECRET D'ALUMNI

Aziz et la mythologie carthaginoise

Aziz, l'un de mes anciens étudiants, à l'approche de son entretien à l'ESCP, m'a fait part de ses doutes car il n'avait quasiment aucune expérience. À son actif : une courte expérience dans une association politique tunisienne pendant le printemps arabe et une passion pour la mythologie carthaginoise. «*Cette passion est très personnelle, je ne vois pas comment cela pourrait intéresser un jury*» me lança-t-il lors de notre séance. «*Partage-moi ta passion en quelques minutes*», lui rétorquai-je. Il se lança dans son récit. C'était passionnant. Je l'incitai fortement à en parler le jour J. Après un entretien réussi, il est aujourd'hui diplômé de l'ESCP !

SECRET D'ALUMNI

Nicolas le magicien

Nicolas était passionné de magie et admissible à l'ESSEC. Lors de notre séance, il ne savait pas trop comment parler de cette passion. «*C'est très simple, tu ne sortiras pas de la salle d'entretien sans leur avoir fait un tour de magie !*»

Quelque peu circonspect au début, il s'exerça et me fit une démonstration du tour avant le jour J. Je lui avais notamment demandé de faire apparaître le jeu de cartes sans que le jury ne s'en aperçoive, comme par magie ! Le jour J, le tour a fonctionné. Vous l'aurez deviné : il est à présent diplômé de l'ESSEC !

SECRET D'ALUMNI

Omar et l'art de l'improvisation

Véritable boute-en-train dans sa prépa (selon les dires de certains de ses camarades que j'avais également dans mon équipe d'étudiants), Omar était nettement plus réservé lors de nos séances et cubait en raison d'un 8 à l'entretien de l'ESCP. Parmi ses activités atypiques, Omar était membre d'une troupe d'improvisation et avait certains talents d'imitateur.

« *En as-tu parlé l'an dernier lors des entretiens ESCP* ? » lui demandai-je spontanément. « *Non, car l'entretien n'est pas le lieu pour parler de cela* » tenta-t-il… Je l'encourageai alors très fortement à en parler lors de son entretien à l'ESCP. « *Tu verras que le jury va te demander d'improviser donc tiens-toi prêt !* ». Juste après l'entretien, il me raconta : « *lorsque j'ai parlé de l'improvisation, l'un des membres du jury m'a demandé d'improviser sur le thème "Angela Merkel et François Hollande à Bruxelles", alors je suis parti sur une imitation de François Hollande qui disait "Maman" en parlant de la chancelière…* » Sans surprise, Omar a décroché 16/20 à l'entretien de l'ESCP. Il est aujourd'hui diplômé d'HEC !

Secret n° 6 — *Illustrez en permanence et faites du storytelling*

Encore un point fondamental. Beaucoup d'étudiants « débutants » se lancent dans des développements trop généraux ou trop intellectuels qui peuvent être séduisants a priori mais qui échouent à les singulariser. Il faut au contraire connecter en permanence vos idées et vos expériences. Par exemple, à la question « quelles sont vos qualités », il ne faudra pas dire « j'ai le sens des responsabilités et une forte capacité d'adaptation » car, même si c'est vrai, l'affirmation est trop générale pour convaincre ou pour marquer les esprits. Il faudra plutôt prendre son temps en disant par exemple : « je pense que mes expériences en entreprise m'ont permis de développer un certain sens des responsabilités. Lors de mon implication il y a deux ans dans l'entreprise A, mon maître de stage m'a confié telle mission… » Je vous laisse donner une suite à l'histoire ! Car il s'agit bien d'histoires à raconter. Et il ne faudra pas hésiter à vous servir des techniques autour du « storytelling », très en vogue aujourd'hui.

En racontant vos expériences passées comme on raconte une histoire, vous influencerez les membres du jury dans leur notation. N'oubliez pas qu'à la fin de l'entretien et, a fortiori, à la fin de la journée, les membres du jury mémoriseront plus volontiers les histoires racontées, les expériences vécues, les images que vous aurez su éveiller en eux pendant l'entretien.

Secret n° 7 — Structurez votre entretien et vos réponses

Une fois que vous aurez fait le point sur les différents ingrédients qui animeront votre entretien, établissez une trame relativement précise qui dresse la liste des sujets et exemples que vous développerez. Lors de votre entretien, on vous jugera aussi sur vos capacités à structurer vos échanges et vos réponses. Cette qualité n'est pas innée : elle se travaille en amont sur le papier et demande de la pratique orale pour ne pas perdre en naturel ce que vous gagnerez en structuration du propos.

Concernant la structuration de vos réponses, ne faites pas dans le compliqué. Les structures binaires ou ternaires sont à préconiser. « Je pense que… néanmoins il est vrai que… » ou encore « j'ai effectué trois voyages marquants ces dernières années : le premier… » Bref, cadrez vos réponses sans trop de ramifications pour que les membres du jury puissent vous suivre aisément.

Cela nous amène à aborder l'entrée en matière qui se doit d'être préparée et structurée. Voyons comment.

Secret n° 8 — Réussissez votre entrée en matière en présentant le « menu »

Trop d'étudiants loupent leur entrée en matière. Trop scolaires, récitées, voire ennuyeuses, les premières minutes de l'entretien sont pourtant cruciales car elles conditionnent assez rapidement le jury dans son appréciation. Parfois, le jury vous mettra à l'aise en vous posant directement des questions mais il faut également s'attendre au fameux « présentez-vous ».

Pour réussir cette entrée en matière, évitez d'imposer au jury un sujet qui, potentiellement, ne l'intéresse pas. Se lancer directement dans le récit d'une expérience forte ou d'un projet professionnel est louable mais peut refroidir l'un des membres du jury qui voulait une présentation plus générale. Le juste milieu consiste à faire une présentation rapide mais structurée des différentes expériences fortes que vous souhaitez aborder lors de votre entretien. Par exemple :

« Bonjour, je m'appelle Léa, j'ai 19 ans et j'habite Aix-en-Provence. La meilleure façon de me présenter à vous est de vous parler de mes expériences associatives et extra-scolaires ainsi que de mes projets futurs dans votre école et dans le monde professionnel. Concernant mes expériences, j'aimerais partager avec vous ma passion pour le cinéma italien des années 1960 et mon expérience au sein de la Croix Rouge lors d'une mission humanitaire menée au Costa Rica l'an dernier. Et j'aimerais également vous parler des raisons qui me poussent à vouloir vivement intégrer l'ESSEC et ainsi vous parler de mon projet professionnel qui concerne le secteur des énergies renouvelables. Souhaitez-vous que je commence par l'un de ces sujets en particulier ? »

Remarquez deux éléments importants de cette présentation :

- La présentation est d'emblée très précise et donne envie d'en savoir plus sur le cinéma italien des années 1960, sur l'expérience au Costa Rica ou sur les énergies renouvelables. Ainsi, autre exemple, ne dites pas « j'aimerais vous parler de ma passion pour la lecture », trop banal, mais plutôt « j'aimerais vous parler de ma passion pour la lecture et notamment pour la littérature japonaise du début du XXe siècle ».
- La présentation se termine sur une question qui instaure rapidement un échange avec le jury. Cette astuce vous permettra de sortir de ce monologue long et monocorde qui caractérise le début de la plupart des entretiens.

Laissez-vous ensuite porter par la réponse du jury. S'il vous demande de choisir votre premier thème, commencez de préférence par une expérience forte : « puisque vous m'en laissez le choix, j'aimerais vous parler de… »

Secret n° 9 *Entraînez-vous à répondre aux questions fréquemment posées*

Voici deux questionnaires que les candidats admissibles aux concours devaient remplir :

- **Questionnaire ESCP**

– Quels sont vos centres d'intérêt ou activités extrascolaires ?

Soyez concis(e) et précis(e) dans vos réponses. Donnez des exemples et des détails : depuis combien de temps, quelle fréquence, etc.

– Citez un projet, une réalisation ou une prise de responsabilités dont vous êtes fier / fière

Évoquez une expérience personnelle, aboutie ou non, succès ou échec, qui fasse preuve de votre engagement ou de votre capacité d'adaptation. Ce n'est pas l'expérience en elle-même qui est importante mais ce que vous en avez appris : vous pourrez éventuellement développer ces points lors de l'entretien.

– Avez-vous déjà travaillé, quelle expérience avez-vous du monde du travail ?

Vous pouvez évoquer des stages, des « jobs » ponctuels, des rencontres marquantes, des visites d'entreprises, etc. Donnez des précisions factuelles sur ces expériences (lieu, durée, etc.) et réfléchissez à ce que vous en avez retiré.

– Quelles sont vos expériences de différentes cultures ?

Les voyages ne sont pas la seule manière de montrer sa curiosité et son ouverture sur le monde. Vous pouvez bien sûr les évoquer ici, mais également mentionner des travaux scolaires, des rencontres avec des personnes de cultures différentes, des expositions, des lectures ou toute autre occasion qui vous aurait permis de découvrir une autre culture.

– Décrivez une expérience marquante. Que vous a-t-elle appris sur vous-même ?

Décrivez en quelques mots une expérience humaine, culturelle, sportive, scolaire etc. personnellement vécue et qui vous a marqué. Là encore, vous pourrez, si le jury le souhaite, expliquer au cours de l'entretien ce que vous en avez retiré et ce que cela vous a appris sur vous-même.

- **Questionnaire EDHEC**

– Qu'est-ce qui vous attire dans le monde de l'entreprise ?
– Décrivez une situation difficile que vous avez réussi à bien négocier
– Quel trait de personnalité vous caractérise le plus ? Illustrez par un fait
– Avez-vous déjà eu l'occasion de faire preuve de courage ?

- Dans quelles circonstances avez-vous déjà pris des responsabilités ?
- Dans quel rôle êtes-vous le plus à l'aise dans un projet d'équipe ?
- De quelle réalisation personnelle êtes-vous le plus fier(e) ?
- Qu'aimeriez-vous faire progresser chez vous ?
- Sur quel sujet êtes-vous intarissable ?
- Quelle est votre conception du voyage idéal ?
- Avez-vous déjà adopté une attitude très originale ou hors norme ?
- Pour quelle cause ou quelles activités êtes-vous capable de prendre des risques ?

• **Autres questions classiques**

Voici, pour finir cette partie, d'autres questions classiques auxquelles il faut avoir réfléchi avant le jour J :

- Trois qualités / trois défauts
- Pourquoi une école de commerce ?
- Comment vous voyez vous dans 10 ans ?
- Quelle est la personnalité que vous admirez le plus
- Pourquoi vous plutôt qu'un autre ?
- Comment comptez-vous concilier vie personnelle et vie professionnelle ?
- Êtes-vous curieux ?
- Faites-nous rire
- Dans quelle association comptez-vous vous investir dans notre école ?
- Avez-vous déjà fait preuve d'initiative ?
- Avez-vous déjà expérimenté un échec ?
- Quel événement de l'actualité vous a marqué ?
- Concluez
- Avez-vous une question à poser au jury

Là encore, n'oubliez pas que vos réponses doivent être personnelles et illustrées…

Secret n° 10 — Montrez que vous avez une appétence réelle et cohérente pour le monde professionnel qui vous attend

C'est la question qui tracasse le plus les candidats : « *dois-je absolument avoir un projet professionnel ?* ». Soyons francs, 99 % des étudiants qui font une prépa n'ont pas de projet professionnel précis. À 20 ans, on ne vous en voudra pas. Mais l'objectif de l'entretien est de cerner chez le candidat une cohérence dans le parcours et un potentiel de travail dans le monde de l'entreprise. Soignez donc bien la cohérence de votre profil afin que le tout soit crédible. Par exemple, parler de sa passion pour les missions humanitaires et de son envie féroce de travailler dans un *hedge fund* semble difficile à défendre…

Si vous avez un projet en tête, essayez d'avoir creusé votre sujet tout en restant nuancés et ouverts aux autres disciplines que vous découvrirez en école. A l'inverse, si vous n'avez pas de projet, il vous faudra tout de même expliquer que le monde de l'entreprise vous intéresse. Soit en parlant de votre envie de créer, de manager, de travailler en équipe. Soit en parlant d'un intérêt prononcé que vous nourrissez pour un secteur d'activité donné. Dans tous les cas, tâchez d'être précis et d'illustrer votre propos (par vos connaissances sur un secteur ou en revenant à vos expériences passées) pour convaincre.

Secret n° 11 — Stockez toutes vos réponses et réflexions dans votre dossier dédié aux entretiens de personnalité

À la lecture de tous ces conseils, vous devez certainement vous dire qu'il y a du boulot ! Et vous avez raison : un entretien de personnalité, ça se prépare en amont, notamment lorsqu'on n'a pas eu la chance d'avoir beaucoup d'expériences marquantes. Dans tous les cas, constituez dès que possible un ou plusieurs fichiers Word pour organiser toutes les réponses aux questions qui vous sont posées ici. Une fois que le dossier est prêt, imprimez-le et relisez-le régulièrement. Corrigez-le, amendez-le, complétez-le s'il le faut évidemment.

Secret n° 12 — Adaptez votre communication au jury qui vous fait face

Indépendamment du contenu propre à chaque candidat, une qualité est explicitement évaluée lors de l'entretien (cf. grille d'évaluation) : le sens de la communication, ou, dit autrement, la capacité d'adaptation à l'auditoire et ses attentes. Si l'auditoire est constitué d'étudiants de l'École et de professeurs de sociologie, on parlera davantage de ses centres d'intérêts personnels et de la connaissance du cursus et des associations de l'École. Si au contraire, on se retrouve en face de professionnels de l'entreprise, on explicitera le projet professionnel, on parlera plus de l'actualité économique et des réflexions qu'elle éveille en nous. Si des créateurs d'entreprise nous font face, on évitera tout excès d'académisme… Le sens de l'adaptation concerne également la forme. On s'adressera posément à un jury excessivement calme tandis qu'on mettra plus d'énergie en présence d'un jury dynamique. Le tout sans perdre le naturel et la structuration de votre contenu… Cette qualité est difficilement modélisable au niveau pédagogique – sauf à s'étendre sur la programmation neurolinguistique (PNL) dont c'est l'objectif – et mobilise essentiellement à vos âges une intelligence relationnelle et humaine que seule la vie, la curiosité et les rencontres développeront.

LES ORAUX *de langue*

Lors de vos deux années de prépa, vous aurez tout le loisir de progresser lors de vos colles qui représenteront plus ou moins fidèlement les « vrais » oraux de langue. Je me contenterai ici de rappeler des points souvent négligés lors de vos colles.

Format des épreuves

Le format des épreuves de langue varie souvent en fonction des écoles. Voici par exemple le format des oraux de langue à HEC pour ceux qui ont choisi l'allemand en première langue :

« L'épreuve de première langue consiste, pour les candidats, à écouter par deux fois un texte enregistré d'une durée de 4 minutes environ lors d'une phase de préparation de 20 minutes au total. Le candidat se présente ensuite pendant 15 minutes devant les deux examinateurs pour résumer, analyser et commenter le texte enregistré et pour répondre à des questions sur le texte et la civilisation allemande.

L'épreuve de deuxième langue consiste en une préparation de vingt minutes également, lors desquelles le candidat lit un article de presse d'environ 400 mots. Ensuite, il se présente devant le jury pour un quart d'heure. L'examinateur « unique » écoute le résumé de l'article et les commentaires pendant 8 à 9 minutes. Il pose ensuite des questions sur le texte et la civilisation allemande pendant 5 à 6 minutes. » (rapport HEC 2013).

Le format est identique pour les autres langues.

Les secrets

Sur la maîtrise de la langue et les méthodes pour progresser, je vous invite à vous reporter au chapitre sur l'anglais qui est très détaillé.

Mais j'aimerais attirer votre attention sur deux qualités qu'il faudra développer tout au long de vos deux années de prépa pour réussir vos oraux de langue :

Secret n° 13 Soignez votre accent dans les deux langues

Les profs n'insistent peut-être pas dessus et c'est pourtant non négligeable. Un étudiant qui ne fait pas trop de fautes et qui a un bon accent aura toujours beaucoup plus de crédibilité que le candidat qui a un accent à couper au couteau. Et contrairement à ce que certains doivent penser, l'accent se travaille. Pour cela, lisez simplement à haute voix régulièrement, répétez à l'identique ce que vous entendez lorsque vous écoutez les podcasts de la BBC et entretenez éventuellement un carnet de mots où l'accentuation pose problème.

Secret n° 14 Entraînez-vous en conversation courante

Les colles sont l'occasion de parler avec une langue soutenue sur des problématiques intellectuelles. Mais sachez que lors des épreuves orales, vous serez amenés à parler de sujets très variés liés à vos activités de tous les jours : vos lectures, vos hobbies… Soyez donc préparés en discutant avec des amis (pas facile) ou en trouvant des correspondants étrangers prêts à jouer le jeu. Vous avez aussi une myriade de cours de conversation entièrement en ligne et proposés à des tarifs plus ou moins bon marché. À vous de creuser. Mais j'insiste, c'est un point important qui n'est pas souvent travaillé en colle. Ne vous y prenez pas à la dernière minute…

LES ÉPREUVES *spécifiques à HEC*

Les épreuves d'histoire-géo, d'économie et de maths sont assez classiques et conformes à ce que vous travaillerez pendant deux ans lors des nombreuses colles qui animeront vos fins de journée. Dès lors, j'ai choisi de vous livrer ici quelques conseils sur les deux épreuves qui font l'originalité des oraux d'HEC : l'une redoutable, la culture générale, et l'autre atypique, le triptyque.

La culture générale

Cette épreuve est redoutable et très fortement inégalitaire car les sujets sont de difficulté très variable. Entre « la forêt » et « dans quelle mesure le lecteur est-il libre ? », je pense savoir ce que j'aurais choisi le jour J… La légende raconte qu'une année, deux sujets ont donné lieu à un quadruple zéro (chaque sujet étant proposé à quatre étudiants) : « Ajax » et « Atalante »… Rassurez-vous, vous aurez de nombreuses colles pendant vos deux années de prépa pour vous y préparer. Mais sachez que le pire est malheureusement toujours possible… Dans tous les cas, reposez-vous sur une méthode solide et essayez de respecter les quelques consignes rappelées régulièrement dans les rapports de jury.

L'AVIS DU JURY

Évitez le contresens ou l'analyse tronquée du sujet

« (…) les notes les plus basses sont souvent liées à une mauvaise compréhension, voire une totale incompréhension du sujet. Il faut bien entendu commencer par lire le sujet tel qu'il est rédigé. Ainsi, « Si Dieu nous a fait à son image, nous le lui avons bien rendu » est devenu « nous ne lui avons pas rendu ». [De même,] « Il est plus beau de connaître quelque chose de tout que tout d'une chose » a entraîné des développements sur le beau qui sont évidemment hors sujet »

L'AVIS DU JURY

Maîtrisez la langue française, et soyez précis dans l'analyse lexicale du sujet

« La précision de l'expression doit être préférée à la recherche effrénée de synonymes qui, d'approximation en approximation, conduit à des inexactitudes, voire des contresens. La connaissance des familles de mots, de certaines étymologies, peut aider à cerner un sujet, à condition de ne pas les laisser prendre la place de la réflexion. »

L'AVIS DU JURY

Proposez un plan adapté et clair.

« À cet égard, les candidats doivent être vigilants sur l'exigence d'un plan explicite et net. »

L'AVIS DU JURY

Ayez une culture variée

« Il serait bon que les candidats complètent leur culture en matière d'histoire des sciences et des sciences humaines, et très souvent d'histoire tout court. Et, comme toujours, le jury souhaite entendre des références qui soient précises, que les candidats sachent situer dans le temps, dont ils connaissent plus que le titre, l'auteur et quelques descriptions générales. »

J'insiste sur ce dernier point car même si votre analyse du sujet est bonne, les examinateurs pourront se braquer si vous n'avez pas de références variées à leur proposer. Petite anecdote pour illustrer ce point : Cyril, l'un de mes camarades de promo était très brillant en philosophie. À la fin de son exposé, l'examinateur lui demanda s'il avait d'autres références en dehors de la philosophie. Malheureusement, Cyril n'en avait pas. Il obtint 5/20 à cet entretien.

Dès lors, pour éviter ce genre de mésaventures, proposez des références variées en veillant bien à sélectionner des exemples qui sont de vraies références. Les films récents ou trop populaires sont par exemple à éviter car trop risqués. Préférez la littérature et le théâtre classique, la poésie, la mythologie grecque ou la musique classique.

Pour finir, voici quelques exemples de sujets tombés par le passé :

La forêt

Qu'est-ce qu'un grand homme ?

La fiction et le mensonge

« Si Dieu nous a fait à son image, nous le lui avons bien rendu »

Cinéma et roman

La fuite

« La poésie est une hésitation prolongée entre le son et le sens »

Peut-on se passer de méthode ?

Le dogmatisme

« Il est plus beau de connaître quelque chose de tout que tout d'une chose »

La honte

« La littérature est la preuve que la vie ne suffit pas. »

« Si Dieu nous a fait à son image, nous le lui avons bien rendu »

« Qui veut se connaître, qu'il ouvre un livre. »

« La peur, base de toute société »

Comparaison n'est pas raison

Dans quelle mesure le lecteur est-il libre ?

« L'art de plaire est souvent l'art de tromper »

Le Triptyque

Précédemment appelé « Face-à-face », cette épreuve de débat a été rebaptisée « triptyque » pour signifier aux candidats qu'il ne s'agit ni d'un combat, ni d'une opposition systématique entre étudiants mais plutôt d'un échange d'analyses sur un sujet donné. Rentrons dans le vif du sujet pour y voir plus clair.

Objectif et déroulement de l'épreuve

L'épreuve, très spécifique à HEC, présente un déroulement original qu'il convient de rappeler en citant les consignes du rapport 2012 :

« L'épreuve propose aux candidats trois rôles qu'ils doivent successivement assumer dans un ordre aléatoire (convaincant/répondant/observateur).

Le convaincant se voit proposer un sujet et prépare une réflexion argumentée (15 minutes). Mis en présence d'un répondant devant les examinateurs, le convaincant présente et soutient sa réflexion sur le sujet (4 minutes). Il lui est demandé de développer une argumentation organisée, précise et pertinente.

Le répondant ne connaît pas le sujet traité par le convaincant (il n'a pas de temps de préparation). À l'issue de l'exposé du convaincant, le répondant engage la discussion (5 minutes). En fonction de sa réflexion et des arguments proposés par le convaincant, ses apports pourront compléter l'analyse en faisant apparaître des dimensions non explorées par le convaincant ou présenter une approche différente du sujet. Le convaincant et le répondant animent le débat afin de parvenir à une conclusion établissant clairement les principaux éléments de la réflexion, que les candidats soient en accord ou non sur le sujet.

L'observateur assiste à deux débats convaincant – répondant. Durant ces deux débats, il n'intervient pas dans la discussion : il prend des notes pour étayer ses observations. Il a ensuite un entretien individuel d'environ 5 minutes avec les examinateurs. Il lui est demandé une analyse critique des débats et des contributions respectives des candidats observés. »

Le rapport du jury de 2013 nous renseigne précisément sur les attentes de l'épreuve :

« Le triptyque offre aux candidats la possibilité de manifester la qualité de leur réflexion. Les trois moments de l'épreuve (convaincant, répondant, observateur) permettent aux examinateurs d'apprécier comment les candidats élaborent leur argumentation dans une situation d'interaction.

Complémentairement aux qualités intellectuelles indispensables, l'épreuve permet de manifester des qualités personnelles d'engagement, de sincérité et d'autonomie. Elle explicite comment les candidats réfléchissent et travaillent avec autrui.

L'écoute, l'intégration des idées d'autrui (sans soumission servile, mais sans opposition de principe), la créativité, l'originalité sont des qualités indispensables pour le parcours que l'école HEC propose à ses étudiants et pour leur vie professionnelle future. Ce qui est attendu et analysé à travers le prisme des trois temps de l'épreuve, c'est une compréhension intellectuelle des enjeux de notre temps, c'est une écoute responsable gage d'une pensée ouverte et autonome, et c'est l'intelligence des situations mettant en confrontation différents acteurs autour d'une réflexion commune.

Avec la mise en perspective des trois facettes de l'épreuve, avec ce mécanisme qui permet de « révéler » (au sens photographique du terme) les qualités et les faiblesses des candidats, on peut affirmer que l'épreuve remplit bien son rôle et que les difficultés pour les examinateurs de déterminer ensemble une note commune sont de plus en plus rares. »

Secret n° 15 — Suivez les précieux conseils du responsable de l'épreuve de triptyque

Au-delà de ses attentes formelles, Christian Cauvin, responsable de l'épreuve, a donné des précisions intéressantes dans plusieurs vidéos. En voici les quelques points marquants :

- Ne soyez pas trop scolaire ni trop formel ;
- Montrez vos qualités humaines, intellectuelles, de synthèse, d'écoute, de prise en compte des analyses des autres ;
- Évitez les « points de vue » ou « opinions » et privilégiez les « analyses » ;
- Appuyez vos analyses sur des références issues de votre culture en n'hésitant pas à utiliser toute votre culture ;
- Essayez de prendre du recul sur ce qui est dit : pourquoi cela est-il dit de telle façon ? À quel repère cela correspond-il ?
- N'hésitez pas à vous engager avec clarté mais aussi avec ardeur ; soyez éventuellement déterminés mais avec des arguments pour appuyer vos convictions ;
- Ne tentez pas de vous imposer à tout prix : développez plutôt votre argumentation avec rigueur, engagement et autonomie, sans l'asséner pour autant ;
- Si dans l'argumentation, vous entendez des illustrations riches, qui vous font éventuellement changer d'avis, reconnaissez-le en disant par exemple : « ce que tu dis est pertinent, je n'y avais pas pensé » ;
- En position d'observateur, attention à ne pas vous réfugier dans le formalisme. Soyez beaucoup plus sur le fond et répondez notamment à la question « y a-t-il eu une progression dans le débat ? » ;
- Ne soyez pas trop collés aux mots, à la forme.

Secret n° 16 *En tant que répondant, écoutez d'une oreille et bâtissez une argumentation pour répondre au convaincant*

C'est le piège dans lequel vous tombez souvent : écouter trop attentivement le convaincant et du coup ne pas avoir le temps de préparer un contre-argumentaire. Je vous conseille au contraire de réellement prendre le temps de réfléchir aux arguments que vous pourrez opposer au convaincant. Sur les 4 minutes d'exposé du convaincant, consacrez environ 50 % du temps à écouter ses arguments et 50 % du temps à réfléchir aux idées intéressantes qui vous viennent sur le sujet donné.

À titre d'exemple, voici des intitulés de sujets tombés par le passé :

- La loi du net est-elle la loi de la jungle ?
- Peut-on s'affranchir du passé ?
- Y a-t-il une éthique des affaires ?
- La gratuité est-elle rentable ?
- Nos sociétés modernes ont-elles encore besoin de livres ?
- Faut-il pratiquer une discrimination positive ?
- Le développement durable est-il une mode ?
- Y a-t-il un management au féminin ?
- Faut-il s'en remettre à l'opinion ?
- « Indulgence envers le loup est injustice envers le mouton » selon un proverbe scandinave. Qu'en pensez-vous ?

CAS PRATIQUE
La gratuité est-elle rentable ?

Donnons à présent une tournure pratique à cette épreuve à travers l'analyse du sujet « la gratuité est-elle rentable ? » Les arguments avancés ici ne sont en aucun cas exhaustifs : prenez donc plaisir à illustrer, compléter voire réfuter les arguments développés ci-dessous.

OUI, La gratuité est rentable pour plusieurs raisons :

– **La gratuité dans le modèle économique** des sociétés est de plus en plus générateur de profits car permet de drainer une clientèle plus large :

exemple de la presse gratuite. 20 minutes est le quotidien qui bénéficie de la plus large audience et qui parvient à être rentable grâce à la publicité. Les lecteurs de 20 minutes tirent également profit de cette gratuité en ayant accès à une information de qualité gratuitement. Autre exemple : Amazon avec la quasi-gratuité des frais de livraison permet de drainer des volumes colossaux qui en font l'une des sociétés les plus rentables du monde. Pour le lecteur, c'est également une avancée puisqu'il peut avoir accès à des extraits de livre, des ouvrages qui ne sont pas en librairie sans avoir à se déplacer.

- **La gratuité de l'éducation** est également un bienfait pour la population voire le monde entier. Exemple de la Khan Academy aux USA qui par l'enregistrement de milliers de vidéos éducatives avec accès gratuit permet au monde entier de se cultiver. On pense aussi aux grandes universités américaines (Harvard…) qui mettent en accès gratuit le contenu de tous leur cours en pdf et vidéos : permet de fédérer les étudiants autour des valeurs de l'apprentissage permanent, élévation de la société vers plus d'éducation.

- **La gratuité des soins** : permet de vivre dans une société où les gens sont en bonne santé, en harmonie. À l'inverse aux USA, système de santé inégalitaire qui crée des poches de précarité sanitaire.

- **La gratuité d'un geste, faire acte de générosité** : ingrédients constitutifs du bien-être d'un individu. Solidarité comme vertu nous rapprochant des autres, en créant du lien social. La générosité est alors rentable à tous les niveaux : pour le généreux qui se sent valorisé par son action dans son amour propre, son estime de soi; le bénéficiaire du don qui se sent intégré dans une communauté.

NON, La gratuité n'est pas rentable pour diverses raisons :

- **la gratuité a été le vecteur de transformations néfastes pour certains métiers**, certaines professions : exemple de la musique. Par la gratuité des contenus musicaux, le métier d'artiste est devenu précaire. Aujourd'hui seuls les artistes à très large audience, donc principalement les grandes stars américaines, peuvent vivre de la musique par les produits dérivés ou les concerts. À l'inverse, les artistes inconnus sont obligés de proposer leur contenu musical gratuitement alors qu'il représente un coût (enregistrement, communication…) et pour des chances de succès quasi nulles (théorie du restaurant vietnamien de Pascal Nègre, PDG d'Universal Music France : dans un restaurant vietnamien, les cartes présentent des centaines de plats mais par sécurité, les clients se réfugient sur les valeurs sûres : nems, canard laqué… Idem dans la musique : face à la profusion d'artistes, les auditeurs se concentrent sur les valeurs sûres).

– **la gratuité et ses effets pervers sur les comportements** : réseaux sociaux et explosion de la communication virtuelle au détriment du contact physique. Exemple des vidéos gratuites (streaming série, cinéma, téléchargement *peer-to-peer*, divertissements) qui limitent les sorties culturelles (expositions, cinéma en salle, spectacles vivants…). On peut donc se demander à qui profite cette gratuité… Elle profite à court terme à ceux qui en bénéficient (les internautes par exemple) mais échoue dans bien des cas à élever, éduquer les gens.

– **la gratuité comme vecteur de superficialité** : la gratuité crée chez le consommateur un appétit compulsif pour la nouveauté : usage d'Internet immodéré avec les internautes qui naviguent de pages en pages, d'information en information, de tchat en tchat sans réelle profondeur. Les apprentissages sont alors plus difficiles à développer. La capacité de concentration est une qualité qui se perd… Alors qu'avant cela, les contenus étaient moins disponibles et payants, développant ainsi des qualités d'approfondissement, de réflexion, de concentration sur l'essentiel. Le philosophe Alain Finkielkraut défend notamment cette analyse.

– **pour être rentable la gratuité doit donc être apprivoisée, éduquée** : apprendre par exemple aux internautes à sélectionner les informations bénéfiques, à faire un usage modéré des réseaux sociaux…

À travers ce cas pratique, observez la variété d'analyses que l'on pouvait imaginer. C'est finalement cette finesse de l'analyse qui rendra le débat riche et intéressant. Pas votre capacité à humilier ou terrasser votre interlocuteur…

EN UN MOT LES SECRETS À RETENIR POUR LA PRÉPARATION À L'ORAL

Généralités

1. Entourez-vous des bonnes sources d'information et bons ouvrages

Entretien de personnalité

2. Faites le point sur vos expériences passées dès votre entrée en prépa
3. Profitez des vacances d'été pour accumuler des expériences enrichissantes
4. Créez un fichier pour vos entretiens de personnalité dans lequel vous répondrez aux exigences de l'épreuve
5. Parlez absolument de vos passions
6. Illustrez en permanence et faites du storytelling
7. Structurez votre entretien et vos réponses
8. Réussissez votre entrée en matière en présentant le « menu »
9. Entraînez-vous à répondre aux questions fréquemment posées
10. Montrez que vous avez une appétence réelle et cohérente pour le monde professionnel qui vous attend
11. Stockez toutes vos réponses et réflexions dans votre dossier dédié aux entretiens de personnalité
12. Adaptez votre communication au jury qui vous fait face

Oraux de langue

13. Soignez votre accent dans les deux langues

14. Entraînez-vous en conversation courante

Triptyque

15. Suivez les précieux conseils du responsable de l'épreuve de triptyque

16. En tant que répondant, écoutez d'une oreille et bâtissez une argumentation pour répondre au convaincant

Citations motivantes et sportives

Vous sortez de DS. Vous vous êtes plantés lamentablement et la vie paraît tellement triste. Ces quinze citations sont là pour vous aider, revenez-y souvent et sans modération. Petit florilège :

« Réussir, c'est aller d'échec en échec sans jamais perdre son enthousiasme. »

Winston Churchill

« Il n'y a pas de réussite facile, ni d'échecs définitifs. »

Marcel Proust

« Jadis, j'ai compensé mon manque de talent par des litres de sueur. »

Just Fontaine

⁂

« Ce que l'on veut ardemment, constamment, on l'obtient toujours. »

Napoléon Bonaparte

« Le naturel n'existe pas, il s'acquiert. »

Paul Valéry

« Le sage ne calcule pas s'il réussira ou échouera, les chances pour ou contre.
Il fixe le but, puis il y tend. »

Lie-tzu

⁂

« Il faut toujours viser la lune car même en cas d'échec,
on atterrit dans les étoiles. »

Oscar Wilde

« Échouer, échouer encore. Échouer mieux. »

Samuel Beckett

« Chaque difficulté rencontrée doit être l'occasion d'un nouveau progrès. »

Pierre de Coubertin

« Qu'est-ce que le génie ? Avoir un but élevé
et vouloir les moyens d'y parvenir. »

Friedrich Nietzsche

⁂

« La seule chose impardonnable, c'est de ne pas oser. »

Jean-Luc Godard

« Dans la vie, rien n'est à craindre, tout est à comprendre. »

Marie Curie

« Il faut savoir s'instruire dans la gaieté. Le savoir triste est mort.
L'intelligence est joie. »

Voltaire

⁂

« Le bonheur est la plus grande des conquêtes,
celle qu'on fait contre le destin qui nous est imposé. »

Albert Camus

« Il faut répéter l'exigence. Certains ne le comprennent pas. C'est le détail qui fait la différence (…). Le buteur anglais Wilkinson, c'est deux heures de tirs au but par jour. Être doué, c'est une chose ; c'est le travail qui permet et explique la performance. »

Bernard Laporte

Remerciements

En premier lieu, je souhaite remercier les enseignants qui m'ont formé et qui m'ont impressionné par leur génie pédagogique : leur engagement a beaucoup compté dans l'éclosion de ma passion pour le plus beau métier du monde. Je pense notamment à Mme Parzysz, professeur de mathématiques et grande pédagogue dans les années 1990, mais aussi à M. Alain Nonjon, professeur de géopolitique et conférencier dont la verve et l'érudition m'ont fait adorer la prépa HEC dès le premier jour dans les baraquements ensoleillés du lycée Michelet.

Je n'oublie pas les centaines d'étudiants que j'ai croisés sur ma route, en coaching individuel ou au sein de mon institut, et qui m'ont nourri de leurs talents depuis 1996. Tous les conseils qui animent cet ouvrage en sont le rayonnement.

Dans cette aventure qui m'a conduit d'un bac sans mention à la direction d'un institut de préparation aux concours HEC, j'ai aussi eu l'immense privilège de faire la rencontre d'enseignants exceptionnels qui ont largement nourri cette nouvelle édition : Matthieu Alfré, Ken LeCoutre, Nicolas Lothon en premier lieu mais également toute l'équipe d'enseignants MyPrepa qui œuvrent quotidiennement avec passion pour la réussite de nos étudiants.

Cet ouvrage n'aurait pas vu le jour non plus sans le concours de Franck Attelan, Eric d'Engenières, Matthieu Daniel, Sophie Cohen, Tara Mazelié, Guillaume Lichy, Nathalie Bourdon, Arnaud Gautron, Jean-Baptiste Lartigue et Nicolas Nebot. Merci à vous pour votre implication et votre sens de l'écoute.

Enfin, mes remerciements les plus affectueux vont à ma femme, Caroline Jacquin, qui me soutient sans relâche depuis le début tout en me poussant vers encore plus de précision dans la conduite de mes projets. Merci du fond du cœur.

Olivier Sarfati

Table des matières

PARTIE 2

Les secrets d'une organisation gagnante

PARTIE 3
Les conseils matière par matière

82390 - (I) - OSB 80 - PCA – JME

Imprimé en France

Imprimerie CHIRAT - 42540 Saint-Just-la-Pendue

Dépôt légal : juin 2021